Ronald Hitzler | Paul Eisewicht

Lebensweltanalytische Ethnographie – im Anschluss an Anne Honer

Standards standardisierter und nichtstandardisierter Sozialforschung

Herausgegeben von Nicole Burzan |
Paul Eisewicht | Ronald Hitzler

Ronald Hitzler | Paul Eisewicht

Lebensweltanalytische Ethnographie
– im Anschluss an Anne Honer

2., überarbeitete Auflage

BELTZ JUVENTA

Die Autoren

Ronald Hitzler, Jg. 1950, Dr. rer. pol., ist Universitätsprofessor und Leiter des Forschungsgebiets „Modernisierung als Handlungsproblem" an der Fakultät „Erziehungswissenschaft, Psychologie und Soziologie" der Technischen Universität Dortmund.

Paul Eisewicht, Jg. 1983, Dr. phil., ist Ko-Leiter des Forschungsgebiets „Modernisierung als Handlungsproblem" an der Fakultät "Erziehungswissenschaft, Psychologie und Soziologie" der Technischen Universität Dortmund.

FSC www.fsc.org MIX Papier aus verantwortungsvollen Quellen FSC® C089473

Dieses Buch ist erhältlich als:
ISBN 978-3-7799-6039-3 Print
ISBN 978-3-7799-5315-9 E-Book (PDF)

2., überarbeitete Auflage 2020

in der Verlagsgruppe Beltz · Weinheim Basel
Werderstraße 10, 69469 Weinheim

Herstellung und Satz: Ulrike Poppel
Druck und Bindung: Beltz Grafische Betriebe, Bad Langensalza
Printed in Germany

Weitere Informationen zu unseren Autor_innen und Titeln finden Sie unter: www.beltz.de

Dass dieses Buch ohne *Anne Honer* (1951-2012) schlicht nicht denkbar wäre, steht außer Frage. Es zu schreiben hätte uns aber gewiss auch nicht gelingen können ohne die kollegialen Hinweise, Einreden und Korrekturen ebenso wie ohne den bedarfsweisen Zuspruch und Trost jener Menschen, die uns viel bedeuten.

Unserem Freund und Kollegen *Heiko Kirschner* danken wir für verwegene Einfälle und inspirierende Diskussionen am Rande von gemeinsamen Seminaren, Workshops und Vorträgen. Unserem geschätzten Verleger *Frank Engelhardt* danken wir für sein zwar stets freundliches, zu unserem Besten aber auch dezidiertes Beharren auf dem vereinbarten Termin der Manuskriptabgabe. Alle anderen durch unser Werkeln in Mitleidenschaft gezogenen Mitmenschen bitten wir im Nachhinein um ihre Nachsicht: Wir wussten einfach selber nicht, worauf wir uns da einlassen bei dieser Anschluss-Arbeit.

Inhalt

1 Die Ausgangsbasis

Lebensweltanalytische Ethnographie verstehen wir – ganz im Sinne von Anne Honer[1] – vor allem als Ethnographie, d. h. als investigative (aufspürende), explorative (erkundende) und interpretative (deutende) Beschreibung von Arten und Weisen menschlichen Miteinanders (vgl. Douglas 1976; Hitzler/Eisewicht 2018). Denn als „lebensweltanalytisch" bzw. ursprünglich als „lebensweltlich" deklariert hat Honer (z. B. 2000, S. 195) *eine* Variante von Ethnographie unter einer Reihe anderer.[2] Was die lebensweltanalytische Ethnographie gegenüber anderen ethnographischen Ansätzen spezifisch kennzeichnet, das ist die dezidierte Bezugnahme auf die mundan-phänomenologische Lebensweltanalyse[3], wie sie – in protosoziologischer Absicht (vgl. Luckmann 1991 und 1993) – v. a. von Alfred Schütz und Thomas Luckmann (2003) in den „Strukturen der Le-

---

1 In dieser Schrift schließen wir dezidiert an Anne Honers Arbeiten an – auch dadurch, dass wir vielfach, mehr oder weniger direkt, auf Publikationen von ihr und mit ihr (insbesondere auf Honer/Hitzler 2015) zurückgreifen und ihre einschlägigen Denkspuren weiterzuverfolgen und weiterzugehen versuchen. Zwar wissen wir nicht, ob sie *alle* unsere ‚Neuerungen' goutiert hätte. Aber wir hoffen, dass wir uns auch dort, wo wir ein paar Schritte weitergehen als sie, nicht gänzlich verirrt haben.

2 Vgl. z. B. Honer 1989 und 1993a. – Einer begriffskritischen Einrede von Hans-Georg Soeffner folgend, hat sie später der Etikettierung „lebensweltanalytisch" zugestimmt, selber aber eher Formulierungen wie „Lebensweltanalyse in der Ethnographie" verwendet (Honer 2000). – Zu Anne Honers *methodologisch-methodischen* Überlegungen siehe z. B. Honer 1989, 1993a, 1993b, 1999, 2018 sowie Hitzler/Honer 1984, 1988a, 1991, 1994, 2003, 2018 und Honer/Hitzler 2015; *empirisch* gearbeitet hat Anne Honer v. a. in solchen „Erfahrungsbereichen" wie dem von Bodybuildern, von Alkoholhelfern, von Heimwerkern, von Reproduktionsmedizinern, von Patienten und von Dementenbetreuern (vgl. zu all diesen Themen z. B. die Beiträge in Honer 2011; zu Heimwerkern auch Hitzler/Honer 1988b). Bezugnehmend darauf z. B. Soeffner 2012, Vom Lehn 2019 sowie Beiträge in Schröer et al. 2012, in Poferl/Reichertz 2015, in Hitzler/Gothe 2015 und in vom Lehn/Hitzler 2015; siehe auch http://hitzler-soziologie.de/WP/anne-honer.

3 Ein Großteil der in den und für die Sozialwissenschaften ‚heute' relevanten Phänomenologie *ist* – explizit sowohl von der Transzendental- als auch von der Existenzialphänomenologie abgegrenzte – *Mundanphänomenologie* (vgl. Hitzler 2018a; Hitzler/Eberle 2000; Knoblauch 2009b; andere für die Sozialwissenschaften relevante phänomenologische Ansätze sind v. a. die Wahrhnehmungsphänomenologie von Maurice Merleau-Ponty und in letzter Zeit zunehmend die Leibphänomenologie von Hermann Schmitz; vgl. hierzu Gugutzer 2017, S. 147f.). Die Mundanphänomenologie dient zum einen der Klärung der Voraussetzungen der Möglichkeiten und Bedingungen des angemessenen Betreibens der Sozialwissenschaften. Zum anderen fundiert sie als Verfahren zur ‚Reinigung' jeglichen Gegenstands von zufälligen Anhaftungen, also als Beschreibung der Strukturen der Korrelate des Erlebens (wobei Erleben Wahrnehmungen *und* Vorstellungen umfasst), eben auch die empirische Sozialforschung – jedenfalls in deren (explorativ-)interpretativer Form.

benswelt" vorgeschlagen worden ist. Ohne diese protosoziologische Absicht in Frage zu stellen, besteht im Hinblick auf das Betreiben von Ethnographie „die Bedeutung der Lebensweltanalyse (jedoch) vor allem darin, dass wir mit ihr die Chance verbessern, Welt(en) wenigstens annäherungsweise so zu rekonstruieren, wie die Menschen sie erfahren, statt der Welt, wie sie nach Meinung des Soziologen[4] aussieht. Die Welt des Soziologen kann selbstverständlich ebenfalls von Interesse sein, aber dann eben als Welt des Soziologen – und nicht als scheinbar ‚objektive' Welt" (Honer 2000, S. 199). Dementsprechend annoncieren wir mit diesem Beitrag zur Reihe „Standards standardisierter und nichtstandardisierter Sozialforschung" ein phänomenologie*basiertes* Forschungskonzept, das empirisch stark deskriptiv orientiert ist – und zwar genuin an dem, wie Menschen die Welten erleben, in denen sie leben, statt an sogenannten a-tergo-Ursachen dessen, was Menschen tun oder lassen. Denn (zumindest) „*bevor* man Phänomene aus Faktoren erklärt oder nach Zwecken deutet, ist", so Helmuth Plessner (1982a, S. 229), „in jedem Fall der Versuch angezeigt, sie in ihrem ursprünglichen Erfahrungsbereich zu verstehen."[5]

Unser ethnographisches Anliegen gilt also der Beschreibung von Welt(an)sichten. Welt(an)sichten anderer Menschen sind nicht unmittelbar zugänglich. Mittelbar zu erkennen meinen wir sie – in alltäglichen ebenso wie in (den meisten) außeralltäglichen Einstellungen – in Appräsentationen, also in Verweisen des uns je Gegenwärtigen auf uns aktuell oder prinzipiell nicht Gegenwärtiges (vgl. z. B. Schütz/Luckmann 2003, S. 634ff.; Luckmann 2007c, S. 100; Soeffner 2010, S. 26ff.). Teilhabe an dem, was Menschen tun, für die wir uns interessieren, erhöht u. E. die Chance beträchtlich, die Angemessenheit der Deutung(en) von Appräsentationen zu kontrollieren – allerdings unter der Bedingung, dass die Teilhabe selber analytisch reflektiert wird. Eben dazu rekurrieren wir im Rahmen unserer ethnographischen Arbeit auf die (mundan-)phänomenologische Lebensweltanalyse: Lebensweltanalyse setzt genuin an beim Erleben

---

4 Mit einer – von ihr ironisch gemeint gewesenen – Ausnahme (Honer 1994) hat Anne Honer in ihren Arbeiten stets das generische Maskulinum verwendet. Auch hierin sehen wir uns ihr verpflichtet und behalten diese pragmatische Lösung gendergerechter Vertextung hier bei.

5 Schon Mitte der 1930er Jahre hatte Edmund Husserl (1954) in einem Vortrag konstatiert, die entscheidende Ursache der „Krisis der Europäischen Wissenschaften" liege darin, dass die Protagonisten des Szientismus vergessen hätten, dass alle Wissenschaft in der Lebenswelt gründet. Das lebensweltliche Apriori der Wissenschaften aufzuklären, war für Husserl dementsprechend der Weg, um die ‚Krise' der Wissenschaften zu beheben. Denn erst wenn das „Sinnfundament" der Lebenswelt (wieder) freigelegt ist, werden, so Husserl, die wissenschaftlichen Idealisierungen nicht mehr reifiziert, und die Wissenschaften können zu einem adäquaten methodologischen Selbstverständnis gelangen (vgl. Eberle 1999; Marx 1987, S. 95ff.).

und bei den Erfahrungen des forschenden Subjekts[6] und ‚reinigt' sie im eidetischen Vollzug von idiosynkratischen ‚Anhaftungen'. Generiert wird dergestalt ein abstrakter Typus subjektiv gemeinten Handlungssinns (vgl. Schütz 2004a passim), der sozusagen als Bezugsgröße dazu dient, den Sinn und die Bedeutung dessen, was andere tun, für die wir uns interessieren, deutend zu verstehen.

Methodologisch führt das dementsprechend vom pseudo-objektivistischen *Über-Blick* (nicht nur) der konventionellen Soziologie – über die Köpfe der Akteure – weg und hin zum mühevollen *Durch-Blick* sozusagen durch die Augen der Akteure hindurch, denn „das Festhalten an der subjektiven Perspektive ist die einzige, freilich auch hinreichende Garantie dafür, dass die soziale Wirklichkeit nicht durch eine fiktive, nicht existierende Welt ersetzt wird, die irgendein wissenschaftlicher Beobachter konstruiert hat" (Schütz 2010b, S. 286). Mit Blick darauf hat Schütz zeitlebens am Problem einer ‚sicheren' philosophischen Basis verstehender Sozialwissenschaften gearbeitet. Dieses Anliegen hat er bereits 1932 in seinem ersten systematischen Werk, „Der sinnhafte Aufbau der sozialen Welt" (Schütz 2004a), deklariert und durch alle biographischen Wirrungen hindurch auch konsequent weiterverfolgt (zum Lebenswerk vgl. Endreß 1999 und 2006). Ausgangs- und Bezugspunkt dabei war für ihn Max Webers Definition der Soziologie als einer "Wissenschaft, welche soziales Handeln deutend verstehen und dadurch in seinem Ablauf und seinen Wirkungen ursächlich erklären will" (Weber 1972, S. 1). Verstanden werden soll gemäß Weber der (typischerweise) „subjektiv gemeinte Sinn", den die Handelnden mit ihrem Handeln verbinden. Folgerichtig erkennt Schütz das Hauptproblem einer methodologischen Grundlegung der Sozialwissenschaften darin, den Sinnsetzungs- und Sinndeutungsprozess sowie die stufenweise Konstitution menschlichen Wissens zu analysieren.

Dieser von Schütz erkannte Bedarf an einer phänomenologischen Fundierung der Sinn-Deutung resultiert aus der ‚schlichten' Einsicht, dass Handeln sich *weder* beobachten *noch* ‚sicher' erfragen, sondern nur erleben und erfahren lässt, da „es sich beim Handeln um eine Bewusstseinsleistung und nicht um eine objektive Kategorie der natürlichen Welt handelt" (Schütz/Luckmann 2003, S. 454). Das heißt, genau genommen weiß (letztlich) nur der Handelnde,

6 Thomas Eberle (2013, S. 196) beschreibt das ausgesprochen einfühlsam: „What do I see, hear, touch, smell and taste? Which phenomena do I perceive and how is their meaning or sense constituted? What is their mode of givenness: spatially, temporally, in terms of typicality and relevance? Are they distinct or vague, general or concrete, anonymous or personal, strange or familiar? Which connotations are activated by my biographically determined, subjective stock of knowledge at hand? Which assumptions are involved when constituting the phenomena of my life-world? What happens if they are bracketed and reduced step by step? If we perceive not just objects but other human beings our assumptions and intentionalities are more complex…"

ob er handelt. Ob wer handelt, stets auch weiß, *dass* er handelt, ist – zumindest dann, wenn damit *explizites* Wissen gemeint ist – möglicherweise eine zu starke Annahme.[7] Ganz sicher jedoch handelt, wer *weiß*, dass er handelt. Er – und tatsächlich letztlich nur er – weiß überdies, woraufhin er handelt, woraufhin er gehandelt hat und ob bzw. inwiefern das, was er sich damit eingehandelt hat, dem (hinlänglich) entspricht, was er erhandeln wollte; und er weiß vielleicht sogar, *weshalb* er gehandelt hat bzw. *warum* er so und nicht anders gehandelt hat, denn „was das Handeln vom Verhalten unterscheidet, ist … das Entworfensein der Handlung, die durch das Handeln zur Selbstgegebenheit gelangen soll" (Schütz 2004a, S. 157). Das bedeutet allerdings keineswegs, dass er sich für all dieses Wissen interessieren, geschweige denn, dass er sich dazu oder darüber Gedanken machen oder gar äußern müsste. Und noch weniger bedeutet das, dass andere Menschen – aufgrund welcher Erinnerungen, Theorien oder Offenbarungen auch immer – nicht der *Meinung* sein könnten, sie wüssten besser als der Handelnde selber, ob und gegebenenfalls woraufhin und/oder weshalb er handelt.

Besser zu wissen, was sie tun bzw. welchen Sinn ihr Tun hat, als die Akteure selber, betrachten wir also keinesfalls als Anliegen bzw. als Aufgabe lebensweltanalytischer Ethnographie. Unsere Aufgabe als lebensweltanalytisch interessierte Ethnographen sehen wir vielmehr in der dezidiert affirmativen Explikation des in seiner Typik rekonstruierbaren impliziten Handlungssinns und in der ‚Übersetzung' der expliziten Wissensbestände der je von uns untersuchten Akteure. Das, was wir zur und bei der Bewältigung dieser Aufgabe tun, im Rahmen dieses Buches nachvollziehbar zu machen, erfordert zunächst die Klärung einiger methodologischer Fragen und im Weiteren dann eine komprimierte Erläuterung der wesentlichen Methoden unserer Arbeiten im Feld und am Schreibtisch. Um zu zeigen, wie lebensweltanalytische Ethnographie empirisch angewandt werden kann, greifen wir auf zwei Beispiele aus unser beider je eigenen Forschung zurück.[8] Zum Schluss diskutieren wir, welche Konsequenzen aus der Arbeit an der Bewältigung der im Anschluss an Anne Honer selbstgestellten Aufgabe für die Rolle des lebensweltanalytisch interessierten Ethnographen resultieren (können).

---

7 Legt man hingegen die lebensweltanalytische Aufschichtung des subjektiven Wissensvorrats von Schütz/Luckmann (2003, S. 149-251) zugrunde, bezieht also das Rezeptwissen, das Gebrauchswissen, die Fertigkeiten und schließlich auch die Grundelemente in den Begriff des Wissens mit ein, dann steht außer Frage, dass wer handelt – zumindest irgendwie – auch weiß, dass er handelt.

8 Andere aktuelle Forschungsarbeiten auf Basis der lebensweltanalytischen Ethnographie liegen u. a. von Carsten Bender und Marion Schnurrnberger (2017) zu Menschen mit Sehbeeinträchtigung, von Babette Kirchner (2018) zur Bewegungskompetenz im Sportklettern, von Pao Nowodworski (2019) zum Körperwissen im Skateboarding oder von Denise Wilde (2015) zum Sammeln trivialer Objekte vor.

2 Die Methodologie

2.1 Lebensweltanalyse

Der Begriff „Lebenswelt" im hier gebrauchten Sinne bezeichnet das Korrelat menschlicher Welterfahrung (vgl. Hitzler/Honer 2018). Er ist von Edmund Husserl in dessen Spätwerk „Die Krisis der europäischen Wissenschaften und die transzendentale Phänomenologie" als Korrektiv gegen die Reflexionslosigkeit der positivistischen Wissenschaften in die philosophische Grundlagendiskussion eingeführt worden.[9] Husserl hat beabsichtigt, damit eine Art Meta-Wissenschaft zu begründen, die nicht in den Reigen der anderen Disziplinen integriert werden kann, sondern die diesen vielmehr ein reflexives Fundament liefert (vgl. Husserl 1954, § 73; im Überblick zu Husserls Werk vgl. Held 1985) – und zwar dadurch, dass gegen den – hinsichtlich seiner Vermessungsakribie und seiner technisch-technologischen Umsetzungen überaus erfolgreichen, erkenntnistheoretisch jedoch naiven – Objektivismus wissenschaftlicher Betätigung die „leistende Subjektivität" wiedergewonnen wird: durch eine systematische, methodisch kontrollierte Rückbesinnung auf die Lebenswelt als der allen reflektierenden Deutungen vorausliegenden Welt, wie sie dem erlebenden Subjekt gegeben und vorgegeben ist. „Lebenswelt" kann man dementsprechend ausschließlich vom konkreten subjektiven Bewusstsein ausgehend beschreiben – als selbstverständlichen, „unbefragten" Boden sowohl jeglichen alltäglichen Erlebens und Handelns[10] als auch jeden Träumens, Phantasierens und Theoretisierens.[11] Erfassen lässt sich Lebenswelt weder mittels eines Modells von ‚Au-

---

9 Insofern ist er, wie Aron Gurwitsch in einem Brief an Schütz bemerkt hat, auch als „polemischer Begriff" intendiert gewesen (vgl. Schütz/Gurwitsch 1985, S. 358-362).

10 Die *alltägliche* Lebenswelt ist „der aus pragmatischen Gründen ‚ausgezeichnete' Wirklichkeitsbereich der Lebenswelt" (Honer 2011, S. 12). Solche pragmatischen Gründe sind z. B., dass wir in die Alltagswelt intersubjektiv erkennbar körperlich eingreifen können, dass unser Handeln auf intersubjektiv erkennbare Widerstände stößt und dass wir in der Alltagswelt – und *nur* in der Alltagswelt – intersubjektiv erkennbar mit anderen interagieren und kommunizieren können (vgl. Schütz/Luckmann 2003, S. 29).

11 Analytisch lassen sich neben der alltäglichen drei grundlegende, universalhistorisch vorfindliche, nicht-alltägliche Arten von Einstellungen zur Welt unterscheiden (vgl. Schütz 2003a): 1. die *träumende* Einstellung. Träumen tun wir – um nur den augenfälligsten Unterschied aufzuzeigen –, im Gegensatz zur Alltagswelt, unabdingbar *alleine*: Wir teilen unseren Traum mit niemandem (wir teilen ihn allenfalls danach aus der Erinnerung *mit*). Im Traum verändern sich unsere Kriterien dafür, was unter welchen Umständen relevant ist, und auch die erlebte Abfolge von Ereignissen kann im Traum z. B. ganz anderen Regelmäßigkeiten folgen als in der Alltagswelt. Andere Formen der Erfahrung eröffnen sich 2. in der *phantasierenden* Einstellung. In unseren Phantasien können wir

ßen versus Innen' noch mit Hilfe sozialzeitlicher und räumlicher Messungen. Sie ist weder etwas, worin das Subjekt eingesperrt ist, noch etwas, worin es herumirrt. Lebenswelt meint eher den Wahrnehmungs-, Orientierungs- und Handlungshorizont des Subjekts. Sie existiert nicht ohne das Subjekt, und das Subjekt existiert nicht ohne sie. Das Subjekt *ist* aber nicht seine Lebenswelt, es *hat* sie. Sein Verhältnis zu ihr und zu sich ist – um Plessner (1981a, S. 360ff.) zu zitieren – bestimmt durch die „exzentrische Positionalität" des Subjekts, durch den „doppeldeutigen Charakter" von dessen Existenz in den Modi der Orientierung in der gelebten Zeit, im Erfahrungs- und Handlungsraum, im konkreten Umgang mit den Dingen und dem Zeug, mit der eigenen Leiblichkeit und mit anderen (als solchen vermeinten) Subjekten.

Erkenntnistheoretisch ambitionierte Phänomenologen[12] versuchen nun, auf dem Wege kontrollierter Abstraktion die fundierenden Schichten von Bewusst-

---

gleichsam entschweben oder versinken: beim Spielen z. B., oder in der religiösen Ekstase bzw. der religiösen Verzückung, oder bei Tagträumereien usw. Und von der phantasierenden hinlänglich abgrenzbar ist 3. die *theoretische* Einstellung. In der Theorie wird das pragmatische Interesse des Alltags (das stets diktiert wird von der Notwendigkeit, ‚irgendwie' sein Leben zu leben) abgelöst von einem rein kognitiven Interesse, von dem Interesse, einen Sachverhalt nicht praktisch zu bewältigen, sondern ihn zu analysieren. Theoretisieren ist also eine lebensunpraktische (nicht etwa lebensuntaugliche) Einstellung. Denn die theoretische Einstellung *ist* die Einstellung, in der wir gänzlich uninteressiert daran sind, uns den pragmatischen Notwendigkeiten zuzuwenden – außer in dem Sinne eben, dass wir diese Notwendigkeiten praktisch distanziert zur Kenntnis nehmen und darüber nachdenken. Eine theoretische Haltung einzunehmen heißt demnach, die Lebensinteressen, die unser alltägliches Handeln leiten, einzuklammern.

12 Maurice Natanson (vgl. 1963, S. 273) zufolge sind alle Theorien „phänomenologisch" zu nennen, die soziale Handlungen vom Bewusstsein und von der subjektiven Bedeutung her zu erfassen suchen. – Literaturnotorisch sind vor allem drei traditionelle Formen der (im weiteren Sinne husserlianischen) Phänomenologie: I. *Transzendentalphänomenologen* betrachten das entleiblichte, entweltlichte (d. h. das enträumlichte, entzeitlichte und entsozialisierte), existenzenthobene und damit „reine" bzw. eben transzendentale „Bewusstsein von" (allem Sein als Korrelat des Bewusstseins) als Endpunkt phänomenologischer Reduktionen. – II. *Existenzialphänomenologen* wenden gegen die Transzendentalreduktion kritisch ein, dass Bewusstsein von etwas zumindest die Tatsache der Existenz voraussetze; dass also jene aller Konkretion entkleidete Form von Existenz zu klären sei, welcher eben Bewusstsein (von etwas) eigne. Terminologisch wird in dieser Tradition dann alles, was kein (erkennbares) Bewusstsein hat, als schlicht „seiend", alles, was Bewusstsein (von etwas) hat, als „existierend" bezeichnet. Bereits der Begriff „Existenz" impliziert hier also Bewusstsein von etwas. Existenzialphänomenologen sehen, vereinfacht formuliert, den Endpunkt phänomenologischer Reduktionen im non-egologischen, präreflexiven Bewusstsein (von etwas). – III. *Mundanphänomenologen* schließlich betrachten ein immer schon in der Welt lebendes Subjekt und dessen mithin auch unabdingbar weltbezogenes Bewusstsein (letztlich: von dieser Welt) als plausiblen Endpunkt phänomenologischer Reduktionen. Für sie endet die Frage nach voraussetzungsloser Erkenntnis bei Ego inmitten von Alter Egos und anderem (d. h. von *non* Alter Egos) in seiner Welt, die terminologisch gefasst ist eben als „Lebenswelt". Auch dieses welterlebende Ego ist phänomenologisch seiner Konkretionen zu entkleiden. Zu klären ist demnach also, unter

seinsprozessen abzutragen, die universalen Strukturen subjektiver Konstitutionsleistungen aufzudecken und so mittels vielfältiger Reduktionen zum „Reich ursprünglicher Evidenzen" (Husserl 1954, S. 130), zum Apriori der Geschichte, zu völlig abstrakten, unwandelbaren Grundstrukturen des menschlichen Welt-Erlebens – wie dessen zeitliche, räumliche und soziale Dimensionierung, wie den Aufschichtungen von Wissensformen, wie Relevanzsetzungen und Typisierungen, Handeln und Handlungen, Transzendenzen und Transzendenzbewältigungen, usw.[13] – vorzudringen, um „die historisch objektivierten Sinnstrukturen einer Kultur und Gesellschaft ... in eine alle Teilkulturen, Gesamtkulturen und Epochen übergreifende ‚universale' menschliche Hermeneutik zu übersetzen" (Luckmann 1989, S. 35).[14]

Mit diesem von Alfred Schütz und Thomas Luckmann (2003) begonnenen mundanphänomenologischen ‚Unternehmen', universale Strukturen des menschlichen Welterlebens aufzudecken, soll – basierend auf der Grundannahme, dass alle gesellschaftlich konstruierte Wirklichkeit aufruht auf der subjektiven Orientierung *in* der Welt und auf dem sinnhaften Aufbau der *sozialen* Welt – eine Formalsprache („mathesis universalis" – Luckmann, z. B. 1979) entwickelt werden, mittels derer sich multiple sozialwissenschaftliche Daten (im weitesten Sinne) aufeinander beziehen lassen. Die Entwicklung dieser Universalmatrix ist bislang allenfalls ansatzweise geleistet bzw. eher erst begonnen worden. Wenn und in dem Maße wie das ‚Unternehmen' – das am ehesten wie eine Art von ‚Parallelaktion' zur Mathematisierung des Universums in den Naturwissenschaften begriffen werden kann – jedoch gelingt, lässt sich idealer-

---

welchen Voraussetzungen das erlebende Ego generalisiert werden kann. Zu klären ist im Weiteren, was die allgemeinsten Strukturen dessen sind, *wovon* das maximal generalisierte Bewusstsein Bewusstsein ist. – In Abgrenzung und ‚Nachbarschaft' finden sich u. a. die Wahrnehmungsphänomenologie von Maurice Merleau-Ponty, die sog. Neue Phänomenologie bzw. Leibphänomenologie von Hermann Schmitz, die responsive Phänomenologie von Bernhard Waldenfels, die Struktur- und Tiefenphänomenologie von Heinrich Rombach oder die Postphänomenologie von Don Ihde usw. (zu Überblicken vgl. u. a. Gallagher 2012; Gugutzer 2015; Kühn/Staudigl 2003). Eine intensive und konstruktive Auseinandersetzung mit bzw. ein Austausch zwischen den verschiedenen Phänomenologien ist sicher geboten, jedoch kein Anliegen im Rahmen dieser Schrift.

13 Diese Grundstrukturen der Lebenswelt sind jedem Menschen zu jeder Zeit und an jedem Ort gegeben. Auf der Basis dieser invarianten Vor-Gegebenheiten erleben sich Menschen in ihren sozio-historisch variablen Lebenswelten. Das heißt, prinzipiell erlebt sich zwar jeder Mensch in seiner besonderen, im strengen Sinne *einmaligen* Lebenswelt. Gleichwohl scheinen die je individuell konkreten Lebenswelten nur *relativ* verschieden zu sein.

14 Damit liegt sozusagen auf der Hand, „dass diese Ebene der conditio humana sehr abstrakt ist. Sie transzendiert Zeit und Raum und bringt daher die historisch konkreten Bedeutungssysteme in ihrer Relativität nicht zum Ausdruck" (Berger/Kellner 1984, S. 69). Sie ist die primordiale Sphäre, der selbstverständliche, unbefragte Boden sowohl jeglichen alltäglichen Handelns und Denkens als auch jeden wissenschaftlichen Theoretisierens und Philosophierens.

weise klären, in Bezug worauf je (historisch-empirisch) konkrete Lebenswelten sich letztendlich gleichen, ähneln und unterscheiden. Dieser, von Thomas Luckmann (z. B. 1991 und 1993) als „Protosoziologie“ bezeichneten, methodologischen Grundlagenarbeit[15] liegt die Annahme zugrunde, dass die multiplen Lebenswelten faktisch verschieden, aber eben nur *relativ* verschieden sind, weil – und damit beginnt dann die ‚eigentliche‘ soziologische Arbeit – Menschen Teile ihres Erlebens appräsentieren und als Erfahrungen kommunizieren und dergestalt die Sinngehalte ihres Erlebens (in vielgestaltigen komplizierten Prozessen) aufeinander abstimmen (zu Luckmanns anthropologischem Konzept vgl. Hitzler 2018b). Dadurch entstehen Gewissheiten (in) der *alltäglichen* Lebenswelt (z. B. die der „Reziprozität der Perspektiven“), auf die zumindest hellwache, normale Erwachsene zur Bewältigung ihrer Existenz-Probleme typischerweise in typischer Art und Weise zurückgreifen. Dementsprechend ist die Alltagswelt gegenüber den anderen Sub-Sinnwelten (des Träumens, des Phantasierens, des Theoretisierens) mundanphänomenologisch denn auch bestimmt als *einzige* Intersubjektivität ermöglichende pragmatische Bewusstseinsspannung (vgl. Schütz 2003a).

Vice versa ist Intersubjektivität in der *alltäglichen* Lebenswelt der Grund für nachgerade alles, was wir tun und lassen. Denn in der „natürlichen Einstellung des Alltags“ (Schütz/Luckmann 2003, S. 31) gehen wir nicht nur ganz fraglos davon aus, dass andere Menschen ebenso wie wir selber körperlich existieren, vor uns existiert haben und – ceteris paribus – auch nach uns existieren werden, dass diese Menschen ein Bewusstsein (so ähnlich) wie wir selber haben, dass für sie die Dinge (prinzipiell) so sind, wie für uns selber, dass sie diese Dinge auch so ähnlich ‚sehen‘ wie wir (jedenfalls so sehen würden, wären sie an unserer Stelle), dass das, was wir tun, sich irgendwie auf sie auswirkt, so wie sich das, was sie tun, auch irgendwie auf uns auswirkt, und schließlich, dass wir prinzipiell zueinander in (eine) Beziehung treten können. Folglich glauben wir auch, dass wir uns zwar vielleicht nicht über (alle) strittigen Fragen verständigen, dass wir uns aber grundsätzlich wechselseitig verständlich machen, dass wir also

15 Dabei geht es auch tatsächlich um nichts anderes als um eine Grundlagenarbeit – und (mit Dank für diesen Hinweis an Thomas S. Eberle) nicht etwa bereits um das, worauf eidetische Beschreibungen konkreten Erlebens abzielen (zum Letzteren siehe Kapitel 3.2.2 Phänomenologie). Seit den 1970er Jahren wird die Relevanz dieser Grundlagenarbeit zu einer mundanphänomenologischen Protosoziologie bzw. zu einer Methodologie verstehender Sozialwissenschaften intensiv diskutiert – beginnend etwa mit Maurice Natanson, Thomas Luckmann und Harold Garfinkel; im deutschsprachigen Raum forciert – exemplarisch – von Hansfried Kellner, Richard Grathoff und Hans-Georg Soeffner, von Ilja Srubar, Elisabeth List und Thomas S. Eberle. Die meisten der gegenwärtig an der Diskussion um „Phänomenologie und Soziologie“ beteiligten Wissenschaftlerinnen und Wissenschaftler sind versammelt in dem gleichnamigen, von Jürgen Raab, Michaela Pfadenhauer, Peter Stegmaier, Jochen Dreher und Bernt Schnettler (2008) herausgegebenen Band zum einschlägigen „state of the art“ im deutschsprachigen Raum.

irgendwie miteinander *kommunizieren* können. Intersubjektivität – als eine selbstverständliche Gewissheit des alltäglichen Weltglaubens – ist folglich eine der konstitutiven Qualitäten der sozialen Struktur der alltäglichen Lebenswelt (vgl. Schütz/Luckmann 2003, S. 98ff.).[16] Und wegen dieser besonderen pragmatischen Bedeutung setzt die mundanphänomenologische Beschreibung der Lebenswelt eben auch an bei der *alltäglichen* Welterfahrung – um sie analytisch dann jedoch auf das Insgesamt des Erlebens des Menschen hin zu überschreiten.[17]

Phänomenologisch gesehen ist jede Welt, die nicht eine im Sinne dieser strukturellen Bestimmung *erlebte* Welt ist, die also nicht *Lebens*welt ist, eine Fiktion – z. B. eine des galileisch-kopernikanisch-newtonschen Paradigmas (vgl. Luckmann 2007a), das grundlegend ist für das, was ‚modern' denkende Menschen typischerweise für ‚objektiv richtig' halten. Teil einer symptomatisch modernen Lebenswelt ist also auch der Glaube daran, zumindest im Prinzip (alles) Wissen erlangen zu können, das der galileisch-kopernikanisch-newtonschen Erkenntnistheorie entspricht. Die evidente Relevanz des – Husserl und Schütz zufolge genuin egologischen – Lebenswelt-Konzepts für die Soziologie und die Ethnographie besteht folglich vor allem darin, dass es das (in sich nicht begründete bzw. begründbare) Thomas-Theorem („If men define situations as real, they are real in their consequences" – Thomas/Thomas 1928, S. 572) epistemologisch fundiert (und zwar entgegen der eher sozialbehavioristischen Denkweise von William I. und Dorothy S. Thomas selber), denn es weist das

---

16 Daraus erklärt sich z. B. jene in einem Brief vom 1. Januar 1956 an Aron Gurwitsch zu findende Feststellung von Alfred Schütz, dass Engel *keine* Lebenswelt haben (vgl. Schütz/Gurwitsch 1985, S. 363f.) – jedenfalls dann nicht, wenn man sich Engel so vorstellt, wie Thomas von Aquin sie in seiner „Engelslehre" (in der „Summa Theologiae") beschreibt: Engel haben keine Lebenswelt, weil sie keine Lebewesen, keine lebenden Organismen sind, sondern Gedanken eines Gottes, die zu Taten werden. Und der als „allmächtig und ewig" gedachte Gott hat keine Lebenswelt, weil er Welt schlechthin hat. Engel haben teil am allgegenwärtig Ewigen. Sie sind *keine* Subjekte, sondern Teile des göttlichen Ganzen. So verstandene Engel können mithin – entgegen vielerlei romantisierenden Phantasien – auch weder einsam sein, noch können sie Gemeinsamkeit erfahren. Tote sind entweder engelsgleich und haben teil an einer ewigen Allseligkeit. Oder sie sind eben tot. Jedenfalls können Tote – ebenso wie Engel – Elemente der Lebenswelten lebender Menschen sein. Sie können aber, weil sie eben keine Lebewesen (mehr) sind, selber keine Lebenswelt haben.

17 Lebende Organismen erleben, was ihnen ihre Sinnesorgane zu erleben ermöglichen. Zumindest Menschen erleben mehr als das, was zu erleben sie wahrnehmen. Unser Erleben ist so banal, dass wir zumeist gar nicht darauf achten, dass wir *stets* etwas erleben. Wenn wir uns unserem Erleben zuwenden, machen wir Erfahrungen. Wenn wir den Eindruck haben, *dass* wir etwas erleben, dann erleben wir in aller Regel etwas vom normalen Erleben Unterschiedenes. Das vom normalen Erleben unterschiedene Erleben wird uns zum Erlebnis. Sinnhaft abgrenzbare Zusammenhänge von Erlebnissen wiederum bilden vom alltäglichen Erleben unterschiedene, besondere bzw. genauer: besonderte *Erlebniswelten* (vgl. Hitzler 2008).

Erleben bzw. die getätigte bzw. akzeptierte *Bestimmung* („Definition“) von Sachverhalten – und eben nicht irgendeine (sozusagen von außen vermeinte) ‚Objektivität‘ von Sachverhalten – als für die Wahrnehmung einer Situation und für deren (Handlungs-)Konsequenzen konstitutiv aus. „Situation“ selber impliziert dabei je *aktuelles* Erleben, das das Subjekt stets unweigerlich vor die – zumeist völlig routinemäßig beantwortbare – Frage stellt, was (hier und jetzt) eigentlich los sei bzw. vor sich gehe.[18]

Aus dem Nucleus der Situationsdefinition heraus entwickelt sich dann – aus Sicht jedenfalls des auf Mundanphänomenologie rekurrierenden Soziologen (vgl. Knoblauch 1996) – (erkenntnis-)‚*logisch*‘ die gesellschaftliche Konstruktion der Wirklichkeit (Berger/Luckmann 1969). Empirisch hingegen findet jede Situationsdefinition – wie *alles* Handeln – selbstverständlich *in* der gesellschaftlich konstruierten Wirklichkeit bzw. in gesellschaftlich konstruierten Wirklichkeiten statt. Habitualisierungen, Typisierungen, Institutionalisierungen, Funktionalisierungen, Legitimationen, Sozialisationen usw. sind nur einige der begrifflichen Grundbausteine bei der Rekonstruktion der damit implizierten, hochkomplexen ‚Dialektik‘ von Externalisierungen, Objektivationen und Internalisierungen. Wissenssoziologisch gesehen geht es dabei wesentlich darum, zu verstehen, wie Bedeutungen entstehen und fortbestehen, wann und warum sie „objektiv“ genannt werden können, und wie sich Menschen die gesellschaftlich objektivierten Bedeutungen wiederum *deutend* aneignen, aus diesen objektivierten Bedeutungen ihre je subjektiven Sinnhaftigkeiten herausbrechen und dadurch wiederum an der sozialen Konstruktion der Wirklichkeit mitwirken.

---

18 Jean Paul Sartre (1991) bezeichnet als „Situation“ das in Beziehung auf die Verwirklichung eines Entwurfs dem Bewusstsein als Gegebenheit erscheinende Sein. Strukturell verstanden ist Situation also, worauf Bewusstsein sich als Widerständigem bezieht: Mein *aktueller* Platz, meine *aktualisierte* Vergangenheit, mein Körper *jetzt*, meine *jetzt* erlebte Umgebung, mein *aktuelles* Wissen um meinen Tod und – in unserem Zusammenhang von besonderem Interesse – auch mein ‚Nächster‘ bzw. in der – weniger pathetischen – Terminologie von Schütz/Luckmann (2003, S. 98 ff.): mein Mitmensch (und andere *jetzt* für mich relevante Zeitgenossen). Eine solche egologische Situationsdefinition unterscheidet sich damit von einem interaktionistischen Verständnis – was besonders prägnant in Erving Goffmans Begriffsfassung deutlich wird, derzufolge Situationen „vergehen, wenn die vorletzte Person den Schauplatz verläßt“ (1971, S. 29). Auch wenn Goffman ein anderes Begriffsverständnis anlegt, so fragt er u. E. (1977, S. 16) auch in einem ziemlich (existenzial-)phänomenologischen Sinn danach, wie unsere Situationserfahrungen strukturiert sind bzw. wie wir sie organisieren, um auf dieser Basis dann die soziologische Frage zu stellen, wie Menschen in *sozialen* Situationen handeln und sich verständlich machen, wie sie ihr Handeln und ihre Handlungen wechselseitig wahrnehmen und wie sie sie aufeinander abstimmen; kurz: welche Interaktionsordnungen sich im gesellschaftlichen Leben erkennen lassen. – Zu einem im weiteren Sinne phänomenologisch fundierten Situations-Konzept vgl. auch Bahrdt 1996. – Insgesamt vgl. auch Hitzler 1999.

2.2 Wirklichkeits(re)konstruktionen

Wirklichkeitskonstruktionen sind, darauf hat schon William I. Thomas (1931; vgl. auch 1965) hingewiesen, nichts anderes als (relative) Konsense. Denn auch wenn das, was wir individuell wissen, empirisch vor allem aus dem aufgebaut wird, was gesellschaftlich an Wissen verfügbar ist, setzt sich der soziale Wissensvorrat logisch doch aus – vergangenen und gegenwärtigen – subjektiven Bewusstseinsleistungen zusammen. Individuelle Erfahrungen, die sich lebenspraktisch bewähren, werden über Sozialisationsprozesse an Andere vermittelt und verfestigen sich in komplizierten gesellschaftlichen Konstruktionsprozessen allmählich zu einer eben hinlänglich konsensuellen Sicht von Wirklichkeit. Anders ausgedrückt: Mitglieder einer Gesellschaft ‚einigen' sich im Laufe der Zeit (bzw. ihrer Geschichte) darauf, bestimmte subjektive Situationsdefinitionen ‚anzuerkennen', und erheben diese dadurch zu allgemein gültigen (und dergestalt objektivierten') Wirklichkeitsbestimmungen, an denen sich im Weiteren Vorstellungen von (Wohl-)Verhalten orientieren (sollen). Berger und Luckmann (1969, S. 56ff.) beschreiben diesen Prozess bekanntlich etwas differenzierter: „Jede Handlung, die man häufig wiederholt, verfestigt sich zu einem Modell, welches unter Einsparung von Kraft reproduziert werden kann und dabei vom Handelnden als Modell aufgefasst wird." Wird habitualisiertes Wissen über Stufen der Typisierung und Institutionalisierung zu einem allgemeingültigen Maßstab für Verhalten, dann wird es eben objektiviert. Und als objektiviertes Wissen tritt es dann – quasi von außen – den Mitgliedern einer Gesellschaft gegenüber und zwingt sich ihnen auf. Objektivierungen sind mithin Prozesse, in denen Wissen gesellschaftlich akzeptiert und seine Nicht-Beachtung sanktioniert wird. Objektiviertes Wissen ist Wissen, das in den allgemein als ‚relevant' approbierten Wissensvorrat einer Gesellschaft eingegangen ist.

Auf diesen phänomenologischen und soziologischen Grundlagenarbeiten basierend, lassen sich dann wiederum – sozialstrukturell erklärbare – Spezifika des Lebens in *modernen* Gesellschaften identifizieren und unter mannigfaltigen Aspekten beobachten (vgl. Berger et al. 1975; Beck et al. 1996). Dieses moderne Leben ist signifikant *pluralisiert* (d. h. es vollzieht sich auf einem ‚Markt' von Weltdeutungsangeboten – vgl. Berger/Luckmann 1995; Berger/Pauli 2015), optionalisiert (d. h. es vollzieht sich unter dem Zwang, zwischen Alternativen zu wählen – vgl. Gross 1994; Prisching 2007) und immer stärker *individualisiert* (d. h. es vollzieht sich ohne subjektiv hinlänglich verlässliche ‚Anleitungen' – vgl. Beck/Beck-Gernsheim 2002 und 1994; Hitzler/Honer 1994; Hitzler/Pfadenhauer 2004a): Objektivationen der Wirklichkeit treten (teilweise, aber eben nur teilweise korrelierend mit vertikalen sozialen Ungleichheiten[19]) in

19 *Wir* gehen davon aus, dass wir es gegenwärtig weder mit einer ordentlich in Stände, Klassen und Schichten gegliederten noch mit einer zu einem hypostasierten Mittelstand

sozial differenzierten ‚Versionen' auf – was sich z. B. in divergenten Sprach- und Sprechmilieus manifestiert.[20] Dementsprechend sind die Relevanzstrukturen verschiedener Gesellschaftsmitglieder nur noch sehr bedingt und *ceteris paribus* die gleichen. Die Proportionen der allgemein bekannten Bedeutungen und die der jeweils ‚nur' in Teilgruppierungen der Gesellschaft gewussten Sachverhalte verschieben sich relativ zueinander: Sonderwissensbestände nehmen zu und entfernen sich mehr oder weniger stark vom Allgemeinwissen. Daraus folgt, dass sich die Zusammenhänge auflösen zwischen dem, was jedermann weiß, dem, was eben nicht *Alle*, und dem, was jeweils nur relativ *Wenige* wissen. Wenn nun aber, wie Schütz und Luckmann (2003, S. 427) schreiben, „im Grenzfall, der Bereich des gemeinsamen Wissens und der gemeinsamen Relevanzen unter einen kritischen Punkt zusammenschrumpft, ist Kommunikation innerhalb der Gesellschaft kaum noch möglich. Es bilden sich ‚Gesellschaften innerhalb der Gesellschaft' heraus."

Die Zugehörigkeit zu diesen „Gesellschaften", genauer: zu diesen mannigfaltigen Teilgruppierungen, Lebensstilformationen und Deutungsmilieus ist nur in seltenen Fällen und nur für relativ wenige ihrer ‚Mitglieder' bzw. der an ihnen Teilhabenden dauerhaft verlässlich. Selbst die *tradierten* Formen der von Berger und Luckmann (1995) so genannten „intermediären Institutionen", wie Familie, Nachbarschaft, Gemeinde, Betrieb usw., sind typischerweise nicht mehr einfach biographiewahrend ‚da', sondern müssen von ihren Interessenten und Protagonisten gewählt, hergestellt und (oft mühsam) ‚gemanaged' werden – und bieten somit kaum noch zeitstabile Sicherheiten. Kurz: Unter den Bedin-

---

hin nivellierten Gesellschaft mit eingeschmolzenen sozialen Antagonismen zu tun haben, sondern mit einer Gesellschaft, in der die – zum Teil bizarren – Konsequenzen sozialstrukturell wirksamer Modernisierungsprozesse erst allmählich überhaupt zum Tragen kommen: Wir haben es mit einer komplexen Gesellschaft zu tun, in der zumindest die Masse der sie bildenden Menschen mannigfaltige kulturelle, wirtschaftliche, politische, religiöse und andere Optionen hat. (vgl. dazu Beck 1986; Schulze 1992; Soeffner 2000a; Prisching 2009, aber auch bereits Luckmann 1967).

20 Die Verwendung von Sprache, das Sprechen, ist zwar nur eine, aber eben die bei weitem pragmatisch wichtigste Form kommunikativen Handelns (vgl. Luckmann, z. B. 1989; siehe dazu vor allem auch die nicht nachlassenden Bemühungen insbesondere von Hubert Knoblauch, die *kommunikative* Konstruktion von Wirklichkeit bzw. das *kommunikative* Handeln zu beschreiben und zu analysieren – exemplarisch für viele: Knoblauch 1995, 2005, v. a. S. 167-201, und 2016; zu Sprache und Gruppenzugehörigkeit vgl. Eisewicht 2018a; zum Verhältnis von Sprache und Gesten vgl. McNeill 1985, 2000). Von *kommunikativem* Handeln sprechen *wir* dann, wenn sich die Um-zu- und Weil-Motive von Interagierenden wechselseitig verschränken. Kommunikatives Handeln ist also, sehr vereinfacht gesprochen, eine Handlungskette, in der das Um-zu-Motiv des Einen zum Weil-Motiv des Anderen wird und das Um-zu-Motiv des Anderen wiederum zum Weil-Motiv des Einen, und so weiter. Kommunikatives Handeln findet statt unter Verwendung von Zeichen, also von intersubjektiv gültigen, normalerweise sozial objektivierten Bedeutungsträgern (vgl. auch Luckmann 2007c).

gungen etwelcher Modernisierungsprozesse werden die ehemals engen Verbindungen zwischen sozialen Lagen und individuellen Handlungsorientierungen zunehmend gelockert und verlieren tradierte Gewissheiten ebenso wie soziale Normen und kulturelle Imperative ihre prägende Kraft für das Handeln individueller Akteure (vgl. Beck 1994; zum Management von Zugehörigkeiten vgl. Grenz/Eisewicht 2012; Eisewicht et al. 2018a).

Infolgedessen sind die dergestalt individualisierten Akteure typischerweise in eine Vielzahl von *disparaten* Beziehungen, Orientierungen und Einstellungen verstrickt. Sie müssen ständig mit heterogenen Deutungsschemata umgehen und nicht aufeinander abgestimmte Um-Orientierungen vornehmen, um am sozialen Leben teilnehmen zu können. Sie müssen ihr Leben sozusagen zusammenbasteln aus Teilhaben an verschiedenen (Arten von) „Gesellungsformen", in denen oft völlig heterogene Relevanzsysteme gelten, von denen jedes lediglich einen *begrenzten* Ausschnitt ihrer Erfahrungen betrifft (vgl. z. B. Keupp 1988 sowie die Beiträge in Berger/Hitzler 2010). Das heißt, das Leben vollzieht sich zu großen Teilen in sinnhaft besonderten Teilzeit-Orientierungen, die subjektiv grosso modo als sozial bzw. kulturell vor-konstruiert erlebt bzw. erfahren werden.[21] Dabei bezeichnen wir prinzipiell *alle* außergewöhnlichen Bewusstseinsenklaven, die vom sie erlebenden Subjekt so gedeutet werden, dass ihre ‚Rahmenbedingungen' *von anderen* mit der Intention her- und bereitgestellt seien, zumindest auch vom erlebenden Subjekt benutzt, also (im weitesten Sinne) konsumiert zu werden, als *kulturelle Erlebniswelten* (vgl. v. a. zu von uns im Rahmen der Szeneforschung untersuchten Teil(zeit)kulturen Hitzler et al. 2001; Hitzler/Pfadenhauer 2004b; Eisewicht/Grenz 2010; JuBri 2018; Böder et al. 2019).

So verstandene kulturelle Erlebniswelten verweisen mithin auf den *intersubjektiven* Aspekt sogenannter kleiner sozialer Lebenswelten (vgl. Hitzler/Honer 1988a, noch im expliziten Rekurs auf Benita Luckmann 1970)[22]: Kleine soziale

21 Dieser Befund scheint mit dem Konzept der „social worlds" von Anselm Strauss (1978b; vgl. dazu auch Zifonun 2016) zu korrespondieren: Eine ‚soziale Welt' im Sinne von Strauss ist als soziales Kollektiv zu verstehen, das eine den Mitgliedern *gemeinsame* Perspektive der Welterfahrung, d. h. ausgrenzbare Interaktions- und Kommunikationsstrukturen sowie Wissens- und Relevanzsysteme aufweist. Allerdings klärt Strauss, der damit an die Bezugsgruppentheorie von Tamotsu Shibutani (1955) anknüpft, eben nicht bzw. unzureichend den epistemologischen Status dessen, was er „social world" nennt, so dass „Welt" bei ihm einen eher metaphorischen Gehalt hat (vgl. auch Strauss 1987, S. 230f.).

22 Die intersubjektiv gewussten Relevanzsetzungen kleiner sozialer Lebenswelten konstituieren sich im individuellen Bewusstsein als temporäre thematische Kerne, die unter anderem den individuellen Lebensvollzug strukturieren. Der Sinn der je aktuellen Partizipation konstituiert sich in der vergleichenden Erinnerung an frühere (gleiche, ähnliche, andere und ganz andere) Partizipationen bzw. Partizipationstypen. Aktuelle Erfahrungen gewinnen Sinn durch den Rückgriff auf den biographisch erhandelten subjektiven Wissensvorrat, der natürlich vor allem einen individuellen Ausschnitt aus dem jeweils verfügbaren sozialen Wissensvorrat darstellt. D. h.: Der *subjektive* Sinn einer kleinen sozia-

Lebenswelten sind in sich strukturierte Fragmente der Lebenswelt, innerhalb derer Erfahrungen in Relation zu je speziellen, verbindlich bereitgestellten intersubjektiven Wissensvorräten statthaben. Kleine soziale Lebenswelten implizieren subjektives Erleben der Wirklichkeit in Teil- bzw. Teilzeit-Kulturen. „Klein" sind solche Welten also nicht etwa deshalb, weil sie grundsätzlich nur kleine Räume beträfen oder nur aus wenigen Mitgliedern bestünden. „Klein" nennen wir sie vielmehr deshalb, weil in ihnen die Komplexität *möglicher* Relevanzen reduziert ist auf *bestimmte* Relevanzhierarchien und -systeme. Und „sozial" nennen wir kleine soziale Lebenswelten deshalb, weil diese Relevanzsysteme jeweils intersubjektiv verbindlich sind für gelingende Teilhaben. Anders ausgedrückt: Unter kleinen sozialen Lebenswelten verstehen wir von anderen vordefinierte und in ihrer ‚Zwecksetzung' intersubjektiv gültig gemachte Ausschnitte aus der *alltäglichen* Lebenswelt, die subjektiv als Zeit-Räume der Teilhabe an je besonderen Sinnsystemen erfahren und im Tages- und Lebenslauf aufgesucht, durchschritten oder auch nur gestreift werden. Kleine soziale Lebenswelten reihen sich im Bewusstseinsstrom aneinander. Sie strukturieren die *erlebte* Zeit und koordinieren sie – unter Rückgriff auf physikalische Zeiteinteilungen – mit der kommunikativ konstruierten sozialen Zeit (vgl. Luckmann 2002a, S. 55-67). Kleine soziale Lebenswelten sind mithin Teilzeit-Perspektiven im Insgesamt subjektiver Welterfahrungen in der Moderne. Sie lassen sich auch verstehen als durch Interpretation eigener Lebensplanung motivierte, thematisch begrenzte Relevanzsysteme sozialen Handelns. Das heißt, die kleine soziale Lebenswelt eines wie auch immer identifizierbaren Akteurstypus ist die Welt, wie *er* sie typischerweise erlebt, bzw. die Welt, wenn wir sie aus der Perspektive dieses Typs unter Zugrundelegung *seines* Relevanzsystems betrachten.

Die Lebenswelt des modernen Menschen setzt sich– nicht nur, aber wesentlich und symptomatischer Weise – zusammen aus mannigfaltigen derartigen kleinen sozialen Lebenswelten, innerhalb derer er mit jeweils verschiedenen anderen vielfältige Zwecke bzw. Interessen verfolgt (vgl. Marx 1987). Die je approbierten Deutungs- und Lösungsmuster solcher sozio-kultureller Teilzeit-Aktivitäten stellen allerdings, wie bereits angedeutet, typischerweise keinen Generalplan für die Bewältigung seiner individuellen Gesamtbiographie bereit – auch wenn die expliziten Weltanschauungsproduzenten und impliziten Sinnlieferanten vieler Zweckformationen und Interessengruppierungen einen solchen Anspruch artikulieren und in unterschiedlichster Weise die Transformation des vereinzelten Einzelnen in irgendeine Form von „Gruppenseligkeit" propagieren (Bahrdt 1980, vgl. dazu auch Gebhardt 1996). Gleichwohl lassen

---

len Lebenswelt konstituiert sich im Rekurs auf gehabte individuelle Erfahrungen. Die *intersubjektive* Bedeutung einer kleinen sozialen Lebenswelt hingegen erscheint dem Einzelnen als interaktives und kommunikatives Konstrukt.

sich, trotz aller biographisch bedingten Divergenzen und Differenzen, in kleinen sozialen Lebenswelten anscheinend immer wieder hinlängliche Gemeinsamkeiten finden, um das zu bewirken, was (auch) Max Weber in Anlehnung an Ferdinand Tönnies mit „Vergemeinschaftung" gemeint hat.[23]

Phänomenologisch gesprochen, d. h. die je subjektive Perspektive des sich vergemeinschaftenden Individuums strukturell rekonstruierend, erscheint eine Vergemeinschaftung mithin schlicht als Entwicklung eines – als idealerweise reziprok unterstellten – ‚gefühligen' Wir-Bewusstseins (vgl. Hitzler 2012a). Das heißt, das Verhältnis zu einem, zu mehreren, zu vielen anderen konstituiert sich im Akt der Vergemeinschaftung zumindest in – emotionshaltiger – Abgrenzung zu einem, zu mehreren oder zu vielen ‚Dritten', bzw. zugespitzt: in Ausgrenzung dieses oder dieser ‚Dritten' aus der Wir-Beziehung. Die ‚Dritten', das können prinzipiell alle anderen und das kann auch ‚die Gesellschaft schlechthin' sein, in der das Individuum lebt und die es erlebt als eine Art Dickicht relativ undurchschaubarer, ja teilweise unerklärlicher sozialer Umstände und Gegebenheiten: Denn auch die moderne Gesellschaft *scheint* dem Individuum vielerlei Verhaltensweisen – mitunter fast unumgänglich – aufzuerlegen, scheint es insbesondere in bestimmte, großteils verselbstverständlichte Verkehrsregeln im Umgang mit anderen hineinzuzwingen und ihm, sozusagen im Gegenzug, die Einhaltung der je sozial approbierten Verkehrsregeln durch die anderen Gesellschaftsmitglieder zu garantieren (vgl. dazu Plessner 1981b, Gebhardt 1999). Nicht vor und nicht nach, sondern *innerhalb* solcher Vollzugsroutinen moderner Gesellschaftlichkeit also entstehen, sozusagen kontingent, die Bedingungen für das, was wir als „*post*traditionale Vergemeinschaftung" bezeichnen können (vgl. Hitzler 1998; Hitzler et al. 2008) – und zwar eben *nicht* als konstellative soziale Zwangsläufigkeit, sondern infolge der Mutmaßung gemeinsamer, gegenüber anderen spezifizierbarer Interessen und einer als geteilt unterstellten „Begeisterungschance" (Rehberg 1993, S. 24) für diese Interessen. Diese Begeisterungschance bzw. das diese evozierende Interesse muss dem Individuum lediglich gewichtig genug erscheinen, um andere soziale Antagonismen wenigstens vorübergehend in den Hintergrund seines Relevanzsystems treten zu lassen.

In dem Maße, in dem das Wir-Bewusstsein also eine – wie auch immer geartete – gemeinsame *Praxis* (im Sinne Sartres 1967, S. 369ff.) verspricht, scheint dergestalt die monadische Struktur der individuellen Vergesellschaftung zugunsten einer so verstandenen, in mannigfaltigen Formen sich konkretisierenden Vergemeinschaftung durchbrochen zu sein. Aber nicht nur ist prinzipiell

23 „‚Vergemeinschaftung' soll eine soziale Beziehung heißen, wenn und soweit die Einstellung des sozialen Handelns – im Einzelfall oder im Durchschnitt oder im reinen Typus – auf subjektiv gefühlter (affektueller oder traditionaler) Zusammengehörigkeit der Beteiligten beruht" (Weber 1972, S. 21; vgl. Lichtblau 2000).

ungewiss, wie, in welchem Umfang und mit welchen Konnotationen dieses Wir-Bewusstsein von dem oder den anderen Beteiligten tatsächlich geteilt wird. Ungewiss ist auch, ob und inwieweit aus einem stattgehabten gemeinsamen Erlebnis tatsächlich irgendeine Form einer gemeinsamen Praxis in der Zukunft resultiert, ob und inwieweit also aus einem konstitutiven Akt der Vergemeinschaftung heraus sich (eine) *Gemeinschaft* stabilisieren kann (vgl. Hitzler/Pfadenhauer 2008; Hepp/Hitzler 2014).[24] Die in solchen kulturellen Erlebniswelten sich entwickelnden habituellen Eigen- und Besonderheiten, die je speziellen Praktiken und Riten, die identitätsstiftenden Deutungsschemata und Distinktionsmarkierungen sind keineswegs nur von exotischem Interesse. Sie erweisen sich vielmehr als zentrale Gegenstände einer Diagnose gesellschaftlicher Umstrukturierungen im Rahmen aktueller Modernisierungsprozesse. Im mit herkömmlichen Sozialstrukturmodellen immer weniger fassbaren Pluriversum der wie auch immer zu etikettierenden ‚anderen' Moderne fungiert die sozialwissenschaftliche Ethnographie deshalb sozusagen als professionelles Grenzgängertum zwischen all den je eigensinnigen Vollzugspraktiken symbolisch mehr oder weniger deutlich voneinander abgegrenzter Teil- und Teilzeitkollektive (vgl. Pfadenhauer 2005). Allerdings pflegt der gemeine Alltagsverstand – auch der so mancher Sozialwissenschaftler – üblicherweise zu übersehen, „dass die Herstellung von Intersubjektivität nicht nur ein Problem für den Anthropologen in einer fremden Kultur darstellt, sondern auch für die Teilnehmer der Alltagswelt" (Knorr Cetina 1984, S. 44).

Wie eingangs bereits notiert, ist der lebensweltanalytisch orientierte Ethnograph daran interessiert, zu verstehen, wie Menschen ihre Welt(en) als sinnhaft erfahren. Wissenschaftlich beschreiben und erklären können Ethnographen diese Ausschnitte von Welt, indem sie das Spezifische des Erlebens und der Erfahrung in diesen kleinen sozialen Lebenswelten übersetzen und anschlussfähig machen an andere gesellschaftlich geteilte Motive, Handlungen, Erfahrungen und Bewertungen (zur Analogie als Basisverfahren wissenschaftlicher Arbeit vgl. Hofstadter/Sander 2014). Wie alle wissenschaftlichen Erklärungen sind

24 Aus der Spannung zwischen subjektiv erlebter Zusammengehörigkeit bzw. dem, was Menschen erleben, und intersubjektiv wirksamer Gemeinschaft bzw. dem, was von Ego aus Alter Ego nur unterstellt werden kann, resultiert auch die soziologische Kritik an phänomenologischen Unternehmungen (vgl. Bohnsack 2003, S. 559f.). Wir verstehen phänomenologische Zugänge dem entgegen als Bereicherung soziologischen Arbeitens, da hiermit ein Zugang zu Daten ermöglicht wird, der in dieser Qualität mit keiner anderen Methode erreicht werden kann. Dies enthebt den Forscher nicht der Notwendigkeit, auch andere Zugänge aufzutun. Vielmehr bereichern phänomenologische Überlegungen seine methodenplural angelegte Arbeit und leiten diese an (vgl. Burzan 2016; Burzan/Hitzler 2016). Konventionell disziplinierte Soziologen und Ethnographen scheinen dagegen ihre Vorannahmen und Vorurteile bei der Analyse sozialer Phänomene allenfalls unzureichend einzuklammern und im ungünstigsten Fall damit ihre eigene Perspektive, aber nicht die der Beforschten zu rekonstruieren (vgl. Maso 2011, S. 138).

auch diese semantischen Übersetzungen (Abbott 2004, S. 29ff.) im alltäglichen Verstehen des Menschen begründet.[25] Die Erklärungskraft (und Gültigkeit) einer Ethnographie besteht somit darin, dass sie nachvollziehbar macht, warum ein Fremder – bzw. ein Anderen in seinem Tun als fremd(artig) erscheinender Mensch – das tut, was er tut, und auf welche Weise er es tut. Dies gelingt, wenn einem ein soziales Phänomen so vertraut wird, dass man sich mit subjektiv hinlänglicher Gewissheit in die soziale Lage versetzen und sich damit vorstellen kann, warum jemand aus welchen Gründen etwas so und nicht anders tut und wie er dieses Tun und dessen Folgen (typischerweise) erfährt. Insofern unterscheidet sich das methodisch kontrollierte Fremdverstehen des Sozialwissenschaftlers nicht vom Interesse am – allerdings nur notwendig hinreichenden – Fremdverstehen, wie es von Menschen in ihrem Alltag beständig gefordert ist.[26] Im Unterschied zum Alltagsmenschen, der davon ausgeht, dass sein Wissen als idealisiertes „Und-so-weiter" und „Ich kann-immer-wieder" (Schütz/Luckmann 2003, S. 48) auch morgen noch Bestand hat, und für den dieses Wissen ausreicht, sofern es eine hinreichende Orientierung und Handlungsfähigkeit sichert, ist der Sozialwissenschaftler vom methodischen Zweifel an der Gültigkeit und Reichweite seines Wissens über soziale Phänomene geleitet. Er sucht im Vertrauten (auch) das Fremde zu verstehen, um (sich) eben dadurch Handeln zu erklären. Das heißt, als Sozialwissenschaftler befremdet er das Vertraute und begreift es dadurch als erklärungsbedürftig.[27]

Der sozialwissenschaftliche Ethnograph muss jene Fremde(n) mitten in seinem modernen Alltag oftmals erst einmal wieder *entdecken* bzw. *sehen lernen*, die der ethnographisch arbeitende Ethnologe gemeinhin fast zwangsläufig existenziell erfährt, weil und indem seine alltäglichen Routinen im Feld genuin als fremdartig vermeinter Kulturen oft ziemlich brachial erschüttert werden (vgl. auch Hirschauer 2010). Der seiner eigenen Gesellschaft zugewandte Ethno-

25 Insofern diese Erklärungen typischerweise unter Rückgriff auf Sprache erfolgen, gilt es zu berücksichtigen, dass einerseits Sprache die meisten Erlebnisse dadurch zugänglich und vermittelbar macht, dass sie sie in unserem elaboriertesten Zeichensystem erfasst, dass andererseits in Sprache Qualitäten des Erlebens aber auch verschleiert und überdeckt werden, indem Nicht-Sprachliches und nicht zu Versprachlichendes quasi unsichtbar (gemacht) wird (zu alternativen Darstellungen ethnographischer Forschung – wie z. B. Filmdokumentationen – vgl. Russell 1999).

26 Mitunter ist diese phänomenologische Parallele gerade der Grund dafür, dass Alfred Schütz mit seinem Ansatz gleichsam als einer der ‚Entdecker des Alltags' für die Sozialwissenschaften gilt (vgl. Srubar 2007, S. 63-70).

27 Der Sozialwissenschaftler provoziert damit eben jene ‚Krisis', die der Alltagsmensch (und der Sozialwissenschaftler in seinem Alltag ebenfalls) im Hinblick auf (über)lebenspragmatische Relevanzsetzungen tunlichst vermeidet (vgl. Schütz 2011, S. 64). Soziologie ist nicht nur Krisenwissenschaft im ‚großen Maßstab', indem sie als solche virulente bzw. virulent gemachte soziale Probleme untersucht, sondern auch ‚im Kleinen' und in der Forschungspraktik selbst, indem der explorative Sozialforscher eben jene Herausforderungen (auch seines wissenschaftlichen Denkens-wie-üblich) sucht.

graph muss sich typischerweise also der Fremdheit des scheinbar Bekannten und Vertrauten in dieser seiner eigenen Gesellschaft durch eine artifizielle Einstellungsänderung erst (wieder) bewusst werden. Er muss selber begreifen und ggf. auch Dritten begreiflich *machen*, dass er – wie jeder ‚Außenstehende' – die Sprache, die Sitten, Regeln und Gewohnheiten des von ihm je untersuchten Feldes tatsächlich *nicht* ohnehin und selbstverständlich beherrscht und dass sich seine Auslegung solcher gruppenspezifischer Kulturmuster eben *nicht*, jedenfalls nicht ohne weiteres, „mit der unter den Angehörigen dieser Gruppe geläufigen Selbstauslegung deckt. Im Gegenteil", so Alfred Schütz (2011, S. 68): „In der Art und Weise, Dinge zu betrachten und Situationen handzuhaben, muss er mit grundlegenden Unterschieden rechnen."

Das heißt, er muss ‚die Fremde' *suchen*, sozusagen entgegen der Gewissheit des „Denken in den gewohnten Bahnen" und der „Vertauschbarkeit der Standorte" (vgl. Schütz 2011, S. 64; Schütz 2010a, S. 341), mit denen der gemeine Alltagsverstand – auch mancher Soziologen – alles zu okkupieren pflegt, was als einigermaßen vertraut oder auch nur bekannt in seinem Horizont erscheint. Durch den artifiziell nicht verfremdeten, sondern befremdenden Blick (vgl. Hirschauer/Amann 1997) auf das ihn je interessierende Phänomen erst versetzt er sich in die Lage, sein eigenes, frageloses Vor-Wissen über dieses Phänomen zu *explizieren*. Diesen befremdenden Blick gewährleistet erkenntnistheoretisch eben die phänomenologische Epoché, das artifizielle, methodische Einklammern von Alltagsgewissheiten, das man (in einer ‚naiven' Variante) auch als „Attitüde der künstlichen Dummheit" (Hitzler 2001) bezeichnen kann. „Künstliche Dummheit" als Kunstgriff, um sozusagen wie ein Fremder auf (scheinbar) Vertrautes zu schauen, dient dazu, die Relativität sozialer Konstruktionen jedweder Art zu erkennen. Sie ist ein Hilfsmittel sowohl der ethnographischen Exploration als auch der hermeneutischen Interpretation von Weltsichten anderer Menschen.

Ethnographie als Forschungskonzept impliziert mithin grundsätzlich eine quasi-ethnologische Gesinnung des Sozialwissenschaftlers gegenüber wie auch immer besonderten Kulturfeldern, d. h. die Bereitschaft und die Befähigung, soziale Praktiken in den mannigfaltigen Sinnwelten moderner Gesellschaften so unverwandt anzuschauen, als ginge es dabei um exotische Sitten, Gebräuche und Weltanschauungen. Durch einen solchen befremdenden Blick (vgl. auch Wolcott 1999) auf die ihn je interessierende soziale Lebenswelt vermag der sozialwissenschaftliche Ethnograph gelingender Weise, sein eigenes, frageloses Vor-Wissen über diese Welt zu *explizieren* und reflexiv in seine Untersuchung einzubeziehen.

Im Gegenzug zu diesen Strategien der *Befremdung* – wie sie für soziologische Ethnographien typisch sind und wie sie in der lebensweltanalytischen Ethnographie v. a. in der Analyse durch die phänomenologische Methode spezifiziert angeleitet sind – gilt für die lebensweltanalytische Ethnographie zudem auch die dialektische Orientierung (vgl. als „anthropological destrangement/enstrangement" Maso 2011; als „emics/etics" Pike 1967; Headland et al. 1990), das Fremde bzw. fremd gemachte in der Feldarbeit so *vertraut* zu machen und sich anzuverwandeln, dass zumindest näherungsweise und mit der Zeit zunehmend solche Erfahrungen gemacht werden, wie sie typisch für die Menschen in dem untersuchten Feld sind. Diese Evidenzerfahrungen für das, worum es dem Ethnographen jeweilig in seiner Arbeit zu tun ist, können dann wiederum mittels anderer Datensorten kontrastiert und in der Analyse befremdet werden. Forschungstechnisch bedeutet dies wiederum, ‚im ersten Schritt' die meisten der üblicherweise von Normalsoziologen als wichtig erachteten Fragen auszuklammern und stattdessen zu fragen, was denn *den Untersuchten* wichtig ist, was *sie* also als ihre Welt erfahren. Und von diesen Wichtigkeiten aus geht es im Weiteren dann um möglichst genaue Informationen *über* das, was den Untersuchten wichtig ist – und warum. ‚Perspektivenübernahme' ist folglich die ideale Haltung *im Feld*. Und das heißt eben: Teilnehmen – auch im Sinne von Mitmachen gemäß den in einem Feld je geltenden ‚Stammesgewohnheiten'.[28]

28 Die Etikettierung als „qualitativer" Ansatz scheint uns für die aus dieser Haltung resultierende Vorgehensweise durchaus ungeeignet zu sein. Wir verstehen unser Anliegen dezidiert als *explorativ-interpretativ* (vgl. Hitzler 2006, 2015a, 2016d). Zum einen geht es uns um die Konstruktion der Wirklichkeit qua Handlungen und Handlungssedimenten, die vom Forscher deutend verstanden werden müssen (vgl. Bohnsack 1999; Rosenthal 2005, S. 39). Zum anderen sind entsprechende Untersuchungen zu Beginn ergebnisoffen und haben einen erkundenden, entdeckenden Charakter (vgl. Kleemann et al. 2009, S. 19f.). Die Bezeichnung „(explorativ-)interpretative" Sozialforschung erfasst das, was wir tun, wesentlich pointierter als Etikettierungen wie „qualitative", „rekonstruktive" oder auch „nichtstandardisierte" Sozialforschung. Traditionell werden qualitative und quantitative, standardisierte und nichtstandardisierte, interpretative und analytisch-nomologische Forschung einander gegenübergestellt (vgl. Kromrey 2009, S. 24f.). Zugleich wird der Oberbegriff „empirische Sozialforschung" traditionell gern als Bezeichnung lediglich für so genannte quantitative Verfahren reklamiert (vgl. Atteslander 2003; Diekmann 2007; Häder 2006; Kromrey 2009; Schnell et al. 2011). Mit Jo Reichertz (2007, S. 197) betonen wir demgegenüber die Vielfalt der Methoden in den Sozialwissenschaften (und damit angesichts der beständigen Methodenentwicklung auch die Problematik der Entgrenzung ‚qualitativer' Forschung vgl. Eisewicht/Grenz 2018). Und entgegen der Tendenz im amerikanischen Raum, zunehmend von ‚qualitative' statt von ‚interpretative research' zu sprechen (vgl. Corbin/Strauss 2008, S. VIII), schließen wir uns ggf. eher noch dem Vorschlag von Andrew Abbot (2004) an, statt zwischen quantitativer und qualitativer Sozialforschung zwischen syntaktischen und semantischen Erklärungen zu differenzieren.

2.3 Ethnographieren

Wenn der Ethnograph sich auf die kleinen sozialen Lebenswelten und die mannigfaltigen Wirklichkeiten in seiner eigenen Gesellschaft einlässt[29], als wäre er ein Fremder, wenn er dann wieder ‚zurückkehrt' und von den im Feld erlebten Begegnungen und gemachten Beobachtungen anderen Wissenschaftlern berichtet (und dergestalt in der Disziplin als relevant erachtete Forschungsfragen zu beantworten sucht), dann stellt sich die Frage, wie er dies prinzipiell bewerkstelligen kann. Im Laufe der mittlerweile fast 150 Jahre währenden Geschichte ethnographischen Arbeitens (vgl. im Überblick Berg/Fuchs 1993; Clair 2003; Hahn 2013, S. 61ff.; Hirschauer 2010; Honer 1993a, S. 32ff.)[30] wurden auf diese Frage verschiedene Antworten entwickelt und ausgearbeitet, die entgegen augenscheinlichen Ähnlichkeiten zunehmend (auch) gravierende Unterschiede des ethnographischen Arbeitens erkennen lassen. Diese deutliche Pluralisierung ethnographischer Ansätze (und generell elaborierter methodischer Zugriffe) lässt sich vor allem in jüngerer Zeit beobachten. Bis in die 1970er Jahre hingegen lag der Fokus ethnographischer Arbeiten vor allem auf der ethnographischen Erzählung, dem Bericht über die erlebten Abenteuer des Feldforschers sowie auf den dabei gewonnenen Ergebnissen (vgl. Gobo 2008, S. 37f.; Wolcott 2001, S. 86).[31] Methodische Ausführungen im strengeren Sinne scheinen, kei-

29 In dieser Zuwendung zur *eigenen* Gesellschaft unterscheidet sich soziologische Ethnographie grundsätzlich von ethnologischen Arbeiten (im Überblick hierzu vgl. auch Scheffer/Meyer 2011; vgl. zur Ethnologie Hahn 2013). Näher zu sein, zumindest in der Beobachtung innerhalb der eigenen Gesellschaft, scheint soziologische Ethnographie der volkskundlichen Ethnographie (vgl. z. B. Warneken 2006), sowie Konzeptionen einer psychologischen (Thomas 2017) und pädagogischen Ethnographie (Lüders 2006; Zinnecker 2000), die beide bislang im deutschsprachigen Raum jedoch (noch) eher marginalisiert als etabliert sind.

30 Han F. Vermeulen (2015) argumentiert in seiner Arbeit „Before Boas", dass der Anfang *explizit* ethnographischer Arbeiten als *systematische* Beschreibung von Menschen bereits im 18. Jahrhundert, in der Aufklärung im deutschsprachigen Raum, liegt. Als Begründer der Ethnographie sieht Vermeulen (2015, S. 132ff.) Gerhard Friedrich Müller in Ausarbeitung seiner „Völker-Beschreibung", die Müller v. a. in seinen Schriften über seine Expeditionen nach Sibirien in den 1730-40er Jahren entfaltet. Als ebenso grundlegend gelten Vermeulen die analytischen Konzeptionen von Ethnographie (als beschreibender Methode) und Volkskunde (als Interpretation dieser Beschreibungen) von August Ludwig von Schlözer in Göttingen (ebd., S. 269ff.) aus den 1760-70er Jahren. Auch wenn Beschreibungen fremder Kulturen und Menschen spätestens seit der griechischen Antike bekannt sind, haben sowohl der Begriff „Ethnographie" (erstmals bei Johann Friedrich Schöpperlin 1767 in einem lateinischen Text zur Geschichte Schwabens in Abgrenzung zu dem der „Geographie") als auch die methodisch angeleitete, systematische Beschreibung von Kulturen ihren Ursprung in den deutschen „volks-" und „völkerkundlichen" Arbeiten des 18. Jahrhunderts.

31 Wobei jedoch vor dem Hintergrund der Entwicklungsgeschichte sog. ‚qualitativer Methoden' die etwas abwertende Bewertung früher ethnographischer Arbeiten als methodisch

neswegs nur dem Ethnologen Gerald D. Berreman (1962, S. XVII) zufolge, ausgesprochen rar gewesen zu sein[32]:

> „Zu selten haben Ethnographen die Methoden expliziert, mit denen die Informationen in ihren deskriptiven und analytischen Arbeiten gewonnen wurden. [...] Jemand, der sich zum ersten Mal der Feldarbeit zuwendet [...], könnte vermuten, dass Ethnographen diesbezüglich eine Verschwörung zur Verschwiegenheit etabliert haben. Wenn er selber guten Glaubens daran Ethnograph wird, könnte er unbeabsichtigter Weise dieser Verschwörung beitreten, oder er würde sich dazu verpflichtet fühlen, nicht nur um die Geheimnisse der Ethnographie zu beschützen, sondern auch, um sich selbst zu schützen" (eigene Übersetzung).

Im Anschluss an diese (und ähnliche) Kritik an weitgehend fehlender methodischer Reflexion erfolgte v. a. ab den 1970er Jahren eine dezidierte Auseinandersetzung über die methodische Konsolidierung der Ethnographie (vgl. McCall/Simons 1969 mit dem ersten methodischen Sammelband zur teilnehmenden Beobachtung), die bis Mitte/Ende der 1980er Jahre anhielt und von Norman Kent Denzin und Yvonna Lincoln (1994, S. 8) als „golden age of rigorous qualitative analysis" bezeichnet wurde (vgl. zur Ethnographie in den 1970er und 80er Jahren Eisewicht 2020).[33] Die meisten der aktuellen Standardwerke der Ethnographie entstanden in diesem Zeitraum und wurden bzw. wer-

---

‚hemdsärmelig' durchaus diskutabel bzw. eine moderne Erzählung ist, vor dessen Hintergrund moderne Ansätze als Weiterentwicklung gelten sollen (vgl. Eisewicht 2018b).

32 Auch wenn die Arbeiten der frühen Ethnographen (eher beiläufige) methodische Ausführungen beinhalten und sich aus diesen Arbeiten methodische Anleitungen ableiten lassen, finden sich dezidierte Methodiken nur vereinzelt – wie etwa die „Notes and Queries on Anthropology" (Garson/Read 1892, orig. 1874), eine Sammlung von Beobachtungsbögen, Tests und Anleitungen für Feldforscher (eingeteilt in Anthropographie und Ethnographie) des Royal Anthropological Institute oder das aus Vorlesungsmitschriften von Denise Paulme kompilierte „Handbuch der Ethnographie" von Marcel Mauss (2013, orig. 1947). Lange Zeit galten unter den wenigen Ausführungen Bronislaw Malinowskis Einführungskapitel zu „Argonauts of the Western Pacific" (1922) für exotische Felder und Wiliam F. Whytes forschungspraktischer Anhang zur 2. Auflage der „Street Corner Society" (1955) für sozialräumlich ‚nähere' Gebiete als zentrale Referenzpunkte (vgl. Wolcott 2001, S. 86). Aber auch heute noch ist v. a. im englischsprachigen Raum die Ethnographie als spezifische narrative Form der Ergebnispräsentation ohne methodische Erwägungen prominent (vgl. zu jüngeren Beispielen Goffman 2014; Martin 2015; Venkatesh 2008).

33 Denzin und Lincoln verorten diese Phase v. a. ab Ende der 1960er und (mit Vorbehalt) bis in die Mitte der 1980er Jahre. Als programmatisch betrachten sie dabei die Orientierung an Qualitätskriterien der quantitativen Sozialforschung sowie an der Kombination verschiedener Methoden der Datenerhebung und Auswertung (darunter auch Formen standardisierter und formalisierter Auswertung). Als prototypisch für diese Neuorientierung gelten ihnen die Studien „Boys in White" (Becker et al. 1961), „The Discovery of Grounded Theory" (Glaser/Strauss 1967) und „Awareness of Dying" (Glaser/Strauss 1965)..

den in immer wieder aktualisierten Auflagen weiterentwickelt (z. B. Agar 1980; Clifford/Marcus 1986; Emerson 1983; Geertz 1973; Hammersley/Atkinson 1984; Lofland/Lofland 1984; Spradley 1980).[34] Fokussiert auf methodische Grundlagen ging es dabei zunächst um die Verständigung über Basiskriterien ethnographischen Arbeitens und die Kodifizierung formalisierter Verfahrensschritte, v. a. der teilnehmenden Beobachtung.[35] Im Zuge dieser Bestrebungen wurde aus einer kaum systematisierten, kodifizierten und daher kaum (adäquat) gelehrten Methode (vgl. McCall/Simmons 1969, Preface o. S.) „eine der Standardforschungstechniken im Repertoire des Soziologen" (Platt 1983, S. 379; eigene Übersetzung; vgl. Hammersley/Atkinson 1995, S. 1).

Einschneidend für die weitere Entwicklung der Ethnographie (bzw. richtungweisend für die Herausbildung verschiedener ethnographischer *Forschungsprogramme*) war Clifford Geertz' „Local Knowledge" (1983) und James Cliffords „On Ethnographic Authority" (1983), welches die „Krise der Repräsentation" in der Ethnographie einleitete (Marcus/Fisher 1986, S. 7; vgl. Berg/Fuchs 1993; Denzin/Lincoln 1994, S. 24; auch als „Writing Culture" Debatte nach dem gleichnamigen Sammelband von James Clifford und George E. Marcus von 1986).[36] Das Grundproblem bestand in der bis dahin ungelösten Frage, wie die vielschichtigen Bedeutungen im Feld durch (prinzipiell im Feld fremde und teils wenig involvierte, beobachtende) Forscher interpretiert und in Texten – mit denen gezwungenermaßen eine Deutungsautorität einherging – (re-)präsentiert werden könnten (vgl. Marcus/Fisher 1986; Denzin 1997, S. 4ff.). Die Pluralisierung ethnographischer Ansätze – in einer Zeit, in die auch die Anfänge der lebensweltanalytischen Ethnographie fallen – lässt sich als Ausdruck dieser Krise, jeder der Ansätze als spezifischer Lösungsversuch derselben lesen. Kurz: aufbauend auf den konsolidierenden Arbeiten und provoziert durch die Herausforderung der Deutungshoheit des Forschers setzte im Fol-

---

34 Damit überrascht es auch nicht, dass gerade in dieser Zeit Wiliam F. Whyte sein ethnographisches Einführungsbuch „Learning from the Field" (1984) vorlegt.

35 Auch wenn umstritten war, woraufhin Ethnographie betrieben wird – z. B. fokussiert auf die Rekonstruktion kulturellen Wissens, die Identifikation sozialer Interaktionsmuster oder die holistische Beschreibung von Gesellschaften –, ging es methodisch vor allem um die möglichst objektive, dichte Beschreibung und um das Aufschreiben von Beobachtetem im Feld infolge eines wiederholen und anhaltenden Kontakts mit den Menschen in sog. ‚natürlichen', d. h. eigentlich kulturtypischen, Situationen (weshalb die Begriffe „Ethnographie" und „teilnehmende Beobachtung" teils synonym verwendet bzw. als verwandt bezeichnet wurden). Für ein Verständnis von Ethnographie noch als einer Methode vgl. Hammersley/Atkinson 1984, S. 23; Jerolmack/Khan 2018, S. XI).

36 Zwei weitere ‚Quellen' oder ‚Wellen' einer Kritik an traditionell bzw. positivistisch etikettierten Ethnographien sind zum einen marxistische, poststrukturalistische Arbeiten (z. B. Clough 1992; Nelson/Grossberg 1988) und zum anderen (und mitunter im Zuge dessen) eine rege Diskussion bzw. Reevaluation Anfang der 1990er zur Qualität von Whytes Street Corner Society (vgl. Boelen 1992; Denzin 1992; Jermier 1991; zu Whytes Antwort und im Überblick der Kritik vgl. Whyte 1993).

genden eine *Phase der Differenzierung* ein, welche die heutige Vielfalt ethnographischer Forschungsprogramme begründet (vgl. Hammersley 2017; Wilis 2007).[37]

Die gegenwärtige Vielfalt ethnographischer Forschungsprogramme lässt sich nicht mehr in eine einheitliche und klar bestimmte Kategorie (zurück) ‚pressen' und sozusagen im Catch-All-Verfahren als „Ethnographie" etikettieren (zu begründeten Versuchen vgl. Atkinson et al. 2003; Hammersley 2017).[38] Die damit u. E. nach gebotene Reflektion dieser Vielfalt ethnographischen Arbeitens bzw. die Spezifikation des eigenen Zugangs verstehen wir weniger als ‚bloßes Glasperlenspiel', als bibliothekarische Ordnungsaufgabe oder als wissenschaftsbiographisches ‚Marketing vermeintlicher Methodeninnovationen', sondern vielmehr als Sensibilisierung für unausweichliche forschungspraktische Entscheidungs- und Fokussierungsfragen angesichts der Komplexität sozialer Wirklichkeiten und der ‚Flut' an Daten die in ethnographischen Arbeiten anfallen und im Rahmen forschungsökonomischer Limitationen irgendwie bewältigt werden müssen (als „sensitizing concepts" Blumer 1954, S. 7; vgl. Jerolmack/Khan 2018, S. XVIIIf). In diesem Sinne brauchen wir methodologisch differenzierte Konzeptionen auf dem Stand der Forschung,

> „um uns [in der Feld- und Forschungsarbeit; Anmerkung R.H. und P.E.] aufrecht zu halten, während wir durch ein Gelände navigieren, das sich bewegt und verschiebt,

37 Amanda Coffey et al. (1996) konstatieren zu dieser Entwicklung Mitte der 1990er Jahre: „Die einst stabile Kategorie Ethnographie, ein gut etablierter Ansatz zur Sozialforschung in der Anthropologie und einigen soziologischen Schulen (wie dem symbolischen Interaktionismus), unterliegt derzeit einem Prozess der Fragmentierung. Zentrifugale Kräfte haben zum Auftauchen einer Vielzahl von Standpunkten geführt. Man kann nun eine nahezu karnevalistische Vielfalt an Zugängen erkennen, die zum Teil inspiriert sind von der Abkehr von bisherigen analytischen Traditionen" (eigene Übersetzung; in kritischer Position zu dieser Pluralisierung vgl. auch Atkinson et al. 2003).

38 Methodische Arbeiten weisen bisher kaum auf diese konkurrierende Vielfalt hin und verwenden typischerweise den Singular ohne adjektivische Präzisierung. Nicht nur in der Benennung, auch im Inhalt werden so „Markenzeichen der Ethnografie" (Breidenstein et al. 2013, S. 31; vgl. auch Thomas 2019) benannt, die von anderen Ethnographen jedoch durchaus nicht fraglos geteilt werden. Angesichts der Pluralität ethnographischer Zugänge werden so entweder Minimaldefinitionen von Ethnographie bemüht (denen in der Forschungspraktik dann kaum ein Ethnograph folgt und folgen kann und die nicht den aktuellen Stand der methodischen Debatte widerspiegeln), oder der eigene Zugang wird gegenüber anderen Zugängen zum allein ‚richtigen' stilisiert, weil andere Zugänge ausgeblendet werden. In beiden Fällen erscheint uns die methodische Etikettierung als „Ethnographie" lediglich als eine Rückkehr zu Berremans Verschwörung zur Verschwiegenheit. Kurz: Ethnographie lässt sich methodisch nicht bloß auf die einfache Losung „Go into the field, get the feeling, become acquainted with the people" (Robert E. Park nach Haas 1999, S. 173) bringen. Vielmehr stellen sich Fragen wie: Wo ist das Feld? Wie weit muss und kann ich gehen? Wie komme ich an die mich interessierenden Felderfahrungen? usw. – Vgl. dazu auch Hitzler 2016a.

während wir versuchen, es zu durchqueren" (Burawoy 1998, S. 4; eigene Übersetzung).

Nicht nur hinsichtlich methodischer Transparenz, sondern auch mit Blick auf die Forschungspraktik (dem methodologisch möglichen, notwendigen und weniger geeigneten Vorgehen) stellt sich damit – jedenfalls für uns – die Frage, wie sich die *lebensweltanalytische* Ethnographie zu anderen ethnographischen Ansätzen verhält, worin Unterschiede bestehen und welche Vorteile wir in der lebensweltanalytischen Ethnographie für unsere (bzw. für die meisten unserer) Problemstellungen sehen.[39]

Eine augenfällige Besonderheit liegt eben in der grundlegenden Orientierung an den mundanphänomenologischen Arbeiten von Alfred Schütz und Thomas Luckmann. Dementsprechend erachten wir die lebensweltanalytische Ethnographie vor allem als für jene Forschungsfragen geeignet, die sich mit dem typisch gemeinten subjektiven Sinn (dem Erleben, der Orientierung und dem Handeln in und Erfahren von Welt(en)) befassen. Ausgangspunkt ist dabei die primordiale Bezogenheit des menschlichen Subjekts auf die Bewusstseinsgegebenheit(en) der es umgebenden Phänomene. Fokussiert werden Akteure (und ihre Lebenswelt) folglich dahingehend, wie, d. h. mit welchen Relevanzen und Orientierungen[40], sie handeln und welchen Sinn ihre Handlungen, die Handlungen Anderer und die Folgewirkungen dieser Handlungen für sie haben. Der lebensweltanalytisch interessierte Ethnograph rekurriert folglich auf einen streng subjektiven Handlungsbegriff in dem Sinne, wie Alfred Schütz ihn in der konstruktiven Kritik an Max Webers Handlungstheorie sozialphilosophisch fundiert und formuliert hat: Handeln meint das Vollziehen einer sinnhaft vorentworfenen Erfahrung und Handlung meint die sinnhafte Einheit vollzogenen Handelns. Der Schütz'sche Subjektbegriff ist also in dem Sinne

39 Vorschläge zur Klassifikation und Binnendifferenzierung von Ethnographien finden sich u. a. auf Basis des jeweilig verwendeten theoretischen Paradigmas bei Giampietro Gobo (2008); Margaret LeCompte & Jean J. Schensul (1999), Jerry W. Willis (2007), Jaber F. Gubrium (1988); entlang von Feldspezifika bei Hy Mariampolski (2006, S. 44), entlang der Art der Ergebnisdarstellung bei John van Maanen (2011) und David Jacobson (1991) oder entlang der Differenzierung induktiver und deduktiver Ethnographien bei Colin Jerolmack und Shamus Khan (2018). Als Überblick vgl. Eisewicht 2016b.

40 Alfred Schütz (2004b) unterscheidet bekanntlich drei interdependente Relevanzsysteme: Motivationsrelevanzen, welche die „Auswahltätigkeit meines Bewusstseins" (S. 122) leiten und aus denen sich die Interessen des Handelnden konstituieren, dadurch bestimmte thematische Relevanzen, welche die „Probleme für Denken und Handeln" (S. 124) und das für deren Lösung notwendig erachtete Niveau des Wissens bzw. der Wissensaneignung bestimmen, sowie Auslegungsrelevanzen, die dazu dienen „den Sinn dessen zu erfassen, was sich jetzt im thematischen Kern seines [Wahrnehmungs]feldes befindet" (S. 98). Diese Relevanzsysteme „verhelfen den Menschen in ihrer natürlichen und soziokulturellen Umwelt ihr Auskommen zu finden und mit ihr ins Reine zu kommen" (Schütz 2010a, S, 334).

‚dick', als er das Subjekt als Lebewesen mit Bewusstsein versteht, dem (s)eine Lebenswelt gegeben ist und das eben intentional, d. h. sinnhaft handelt.

Mit lebensweltanalytischer Ethnographie lässt sich folglich prinzipiell jedes Feld erschließen, sofern es dabei darum geht, „durch die Augen eines idealen Typs (irgend) einer Normalität" (Honer 1993a, S. 41) hindurch zu sehen. Damit unterscheidet die lebensweltanalytische sich z. B. von solchen Ethnographien, die feldspezifisch differenziert sind und deren Protagonisten davon ausgehen, dass verschiedene Felder aufgrund ihrer spezifischen Eigenheiten jeweils ein spezielles Vorgehen erfordern. Solche feldrelativen Konzepte finden sich z. B. in der Organisationsethnographie (vgl. Bachmann 2009; Van Maanen 1979), in der Ethnographie der Bildung (vgl. Goetz/LeCompte 1984), in der internetfokussierten Ethnographie (als Netnography vgl. Kozinets 2002) oder der Designethnographie (vgl. Crabtree et al. 2012; Müller 2018). Statt Feldspezifika dergestalt zu substanzialisieren, geht es in der lebensweltanalytischen Ethnographie um die Rekonstruktion etwelcher Feldspezifika im Sinne der Spezifik des *Welterlebens* von Teilnehmern in diesen Feldern. Rekonstruiert werden folglich die Relevanzen und Wissensbestände der Feldteilnehmer in ihrer Inkohärenz, Unklarheit und Widersprüchlichkeit, wie sie von ihnen selbst als hinreichend kohärent, klar und konsistent erfahren werden (vgl. Schütz 2011, S. 62f.).

Dieser Zugang steht in gravierendem Kontrast zu „Beobachtungstheorien" (Knoblauch 2008, S. 67) und dadurch angeleiteten ethnographischen Verfahren, welche die Erklärung bzw. die Sinnhaftigkeit sozialer Phänomene außerhalb des Subjekts verorten. Dies betrifft z. B. *interaktionistische* Ethnographien (vgl. Prus 1996; Strauss 1978a; als Praxeografie vgl. Mol 2002; Schmidt 2011), die beanspruchen, soziale Praktiken zu rekonstruieren, also „nicht Personen, sondern Situationen, Szenen, Milieus – Einheiten, die über eine eigene Ordnung und Logik verfügen" (Breidenstein et al. 2013, S. 32).[41] Die Fokussierung auf Situationen beruht auf der Annahme, Sinn entstehe im für Situationen konstitutiven Wechselspiel von Rahmungen, in den durch diese bedingten Praktiken und in deren Konsequenzen, weil typische Praktiken typische Folgen haben und daher aus typischen Gründen in Erwartung dieser Folgen vollzogen werden (vgl. Strauss 1978a).

---

41 Interaktionistischen Arbeiten liegt oft ein ‚dünner' Subjektbegriff zugrunde, der mit einem behavioristischen Handlungsverständnis (also genauer genommen mit einer Verhaltenstheorie) einhergeht. In Interaktionsgeflechten sind dementsprechend nicht nur sinnhaft handelnde Subjekte engagiert, sondern auch andere als mit Handlungsmacht ausgestattet deklarierte Akteure und Aktanten. Weil mithin zwischen Verhalten und Handeln nicht trennscharf unterschieden, sondern *beides* als beobachtbar begriffen wird, können diesem Verständnis zufolge nicht nur alle Arten von Tieren, sondern können auch Objekte handeln. – An einem diskussionswürdigen Konnex zwischen interaktionistischer und lebensweltanalytischer Ethnographie arbeitet Darius Zifonun (2015 und 2016).

Der lebensweltanalytische Ansatz steht aber auch in Kontrast zu *strukturalistischen* Ethnographien (vgl. Evans-Pritchard 1940; Levi-Strauss 1963 und 1969, Radcliffe-Brown 1952 im Überblick vgl. Gubrium 1988; Jacobson 1991, S. 27ff.), zu poststrukturalistischen Diskursethnographien (Wundrak 2016) und zu ‚anti-identitären' (Seidman 1993; vgl. Green 2007) Konzepten, wie sie z. B. poststrukturalistisch orientierten feministischen (Stacy 1988) oder als „kritisch" deklarierten (Thomas 1993) Ethnographien zugrunde liegen.[42] Hier liegt der Fokus nicht auf handelnden Subjekten oder auf Praktiken in sozialen Situationen, sondern auf dem Feld und den darin wirksamen Kausalitäten, Normalitäten und sozialen Funktionen. Das Subjekt ist lediglich eine Art Spiegelungsfläche handlungsermöglichender und -behindernder struktureller Faktoren (wie soziale Herkunft, Ethnie, Geschlecht etc.). Strukturalistische Ethnographien beschäftigen sich vorrangig mit den Beziehungen zwischen sozialen Positionen, statt mit Beziehungen zwischen oder dem Verhalten von sinnhaft handelnden Individuen (vgl. Jacobson 1991, S. 22 im Verweis auf Van Velsen 1967, S. 148 im Verweis auf Radcliffe-Brown 1952, S. 192).

Geht es darum, zu verstehen, was der Sinn sozialer Phänomene ist, dann lösen interaktionistische und strukturalistische Ethnographien das Problem der Sinnkonstitution nicht, sondern sie „verschieb[en] das von Weber und Schütz aufgeworfene Problem lediglich vom Handelnden auf den Beobachtenden. Denn wenn der Sinn nicht im Handeln, sondern in der Beobachtung [von Interaktionen und sozialen Funktionen – Anmerkung R.H. und P.E.] liegt, dann stellt sich eben die Frage, wie die ‚Beobachter' Sinn zuschreiben" (Knoblauch 2008, S. 67). Insbesondere dann also, wenn es darum geht, zu verstehen, wie und warum Menschen typischerweise handeln und wie sie die von ihnen erhandelte Welt sinnhaft auslegen, erweisen interaktionistische und strukturalistische Ethnographien sich prinzipiell als unzulänglich und mithin als inadäquat.

Das je der erkenntnisleitenden Forschungsfrage zugrundeliegende theoretische Paradigma – ob explizit oder implizit formuliert – ist also ganz wesentlich dafür, welche Daten im Feld überhaupt erhoben werden können und welche Methoden für die Beantwortung welcher (theoriefokussierten) Forschungsfragen als geeignet erscheinen. Entscheidend ist dabei die Frage, *wo* der Sinn sozialer Phänomene lokalisiert und von da ausgehend rekonstruiert wird. Dergestalt können herkömmlicherweise strukturalistische, interaktionistische und subjektorientierte Perspektiven unterschieden werden (vgl. Ritzer 1975). Im angloamerikanischen und deutschsprachigen Raum dominiert dabei jeweils eine Zweiteilung: Während im englischsprachigen Raum typischerweise zwischen behavioristischer Action Theory (bzw. Interaktionismus) und (Post-)Struk-

---

42 Es ist bezeichnend für die Pluralisierung ethnographischer Zugänge, dass die Bezeichnung als strukturalistische Ethnographie vergleichsweise neu ist und dabei vor allem ‚traditionelle' Verfahren der Ethnographie bezeichnet (vgl. Gubrium 1988, S. 24).

turalismus unterschieden wird, wird im deutschsprachigen Raum v. a. zwischen subjektverstehender Handlungstheorie (bzw. Phänomenologie) und strukturalistischen Zugängen differenziert (vgl. Dawe 1970; Vanberg 1975; im Überblick vgl. Krieken 2002; Bertschi 2010). Dies hängt einerseits mit den sozialphilosophischen Traditionen in den jeweiligen Sprachräumen zusammen, andererseits mit den dort in der Gründungszeit der Soziologie jeweils prominenten Entwürfen (d. h. mit aus dem amerikanischen Pragmatismus und behavioristischen Konzeptionen entwickelten Ideen zu einem symbolischen Interaktionismus in der Chicago School, prominent durch George Herbert Mead gegenüber aus dem hermeneutischen und phänomenologischen Anspruch deutenden Verstehens heraus entwickelten Zugängen zum subjektiv gemeinten Sinn bei Max Weber und Alfred Schütz).[43]

Dementsprechend radikalisiert die lebensweltanalytische Ethnographie die in Ethnographien gängige Einstellung der Befremdung des Vertrauten (als „anthropological enstrangement", vgl. Maso 2011, S. 137; Schütz 2011; O'Reilly 2009, S. 160; vgl. als etische Perspektive vgl. Pike 1967, S. 37-72) durch die Betonung der phänomenologischen Epoché, d. h. des Ausklammerns der eigenen Vorannahmen und Vorurteile qua eidetischer Reduktion und Variation.[44] Sie radikalisiert auch das Vertrautmachen mit dem Fremden („anthropological destrangement" vgl. Maso 2011, S. 137; als emischer Standpunkt vgl. Pike 1967, S. 37-72) durch die existenziell engagierte beobachtende Teilnahme im Feld (vgl. Hitzler/Honer 1988a; Honer 2012; siehe auch die im Votum für eine umfassende Teilnahme vergleichbare Forderung des „radical engagement" bei Ferrell 1998, S. 25 oder als „dichte Teilnahme" bei Spittler 2001). „Ein phänomenologischer Ansatz erfordert, dass Wissenschaftler tiefgreifend engagiert sind in den interessierenden Gruppen ähnlicher Phänomene [und damit in Feldern und mit den Menschen darin – Anmerkung R.H. und P.E.], um zu entdecken, auf welche Idee diese verweisen" (Maso 2011, S. 143; eigene Übersetzung). Die im Vergleich zur teilnehmenden Beobachtung radikalisierte Teilhabe im Feld (siehe auch Kapitel 2.4 zum existenziellen Engagement) ist dabei nicht Ergänzung von Interviews und Beobachtung, sondern Basis sinnverstehender Rekonstruktionen typischen Erlebens des Handelns im Feld. Interviews

43 Deutlich wird dies besonders in den divergenten sozialwissenschaftlichen Konzeptionen von ‚Community' (als interaktionistischem Handlungszusammenhang) und ‚Gemeinschaft' (als subjektivem Erleben von Zusammengehörigkeit; vgl. Grenz/Eisewicht 2012). Zur Theorie-Empirie-Debatte und zum Stellenwert theoretischer Arbeiten für explorativ-interpretative Sozialforschung vgl. Kalthoff et al. 2008.

44 Die meisten interpretativen Verfahren verfügen über je spezifische Verfahren der Befremdung – wie z. B. die Krisenexperimente in der phänomenologisch informierten Ethnomethodologie (vgl. Garfinkel 1967), das Aufbrechen von Texten im Kodierprozess der Grounded Theory (Glaser/Strauss 1967) oder die Bildung von Lesarten und das verlangsamte Lesen in hermeneutischen Verfahren (vgl. z. B. Schröer 2002).

und Beobachtung ergänzen in der lebensweltanalytischen Ethnographie also eher die Teilhabe als umgekehrt. (Einmal mehr) pointiert formuliert: Teilhabe ist kein ‚nice-to-have', sondern ein ‚must-have' lebensweltanalytischer Ethnographie. Es geht uns dabei um (noch) *mehr* als nur um das, was Robert Ezra Park (laut McKinney 1966, S. 71 in einem bis dahin unveröffentlichten Statement nach Aufzeichnungen eines Studenten aus den 1920er Jahren) fordert:

> „Ihnen wurde gesagt die Bibliotheken zu durchforsten, um Massen an Aufzeichnungen und Bücherstaub anzusammeln. Ihnen wurde gesagt, Probleme vorzuziehen, wo auch immer Sie muffige Stapel amtlicher Akten finden können, die auf trivialen Aufstellungen basieren, aufbereitet von müden Bürokraten und ausgefüllt von unwilligen Bittstellern oder kleinlichen Weltverbesserern oder desinteressierten Angestellten. Das nennt man ‚seine Hände in echter Forschung schmutzig machen'. Diejenigen, die Ihnen dazu raten, sind klug und ehrenwehrt; die Argumente, die sie anbieten, haben einen großen Wert. Aber noch etwas ist nötig; Beobachtung aus erster Hand. Gehen Sie und sitzen Sie in den Lounges der Luxushotels und auf den Eingangstreppen zu den Absteigen; sitzen Sie auf den Gold Coast Sofas [eine Art Ledersofa – Anmerkung R.H. und P.E.] und den Notbetten der Elendsviertel; sitzen Sie in der Konzerthalle und in der Star and Garter Burlesque [ein Chicagoer Varieté – Anmerkung R.H. und P.E.]. Zusammenfassend, Gentlemen [sic!], gehen Sie und machen Sie sich den Hosenboden in echter Forschung dreckig" (eigene Übersetzung).

Uns geht es nicht nur darum, sich einen dreckigen Hosenboden zu ersitzen und lediglich Beobachtungserfahrungen zu machen, sondern (auch) darum, in der radikalisierten Feldteilnahme sich gegebenenfalls die Hände *beim Mitmachen* schmutzig zu machen (siehe auch das Kapitel 5.1 Dirty Hands).[45]

Ein deutlicher Unterschied besteht damit zu Ethnographen, die bei teilnehmender Beobachtung *stehen* und die in diesem Sinne im Feld immer Fremde bleiben (bzw. die Teilnahme nur soweit als notwendiges ‚Übel' erachten, damit sie möglichst gut beobachten können). Ihnen mag die existenzielle Teilhabe als ‚Verschmutzung' der Daten gelten, sie mag problematisch und für interaktionistische Fragestellungen auch als nicht notwendig erscheinen (wenn es denn lediglich um das Erfassen beobachtbaren Verhaltens geht).[46] In der methodi-

---

45 Robert C. Prus (1996, S. 119) bemerkt dazu, dass Park und andere Lehrende das Wagnis der Beobachtung aus erster Hand selber eher selten wagten, dass tatsächlich vielmehr die Schüler der Chicago School, vor allem die Schüler Everett C. Hughes – nämlich u. a. William Foote Whyte, Howard S. Becker, Erving Goffman und Anselm L. Strauss – diese Forderung in die Tat (und die uns bekannten bahnbrechenden Studien) umsetzten.

46 Was alle ethnographischen Vorgehensweisen eint, ist die Annahme, dass Feldforschende, die sich tatsächlich auf das Feld einlassen, soziale Phänomene unvermittelter studieren können, als dies z. B. durch Dokumente und Interviews über das oder Artefakte aus dem

schen Präferenz für (teilnehmende) Beobachtung wird jedoch prinzipiell das Problem deutenden Verstehens von Praktiken der Feldteilnehmer unterschätzt bzw. verkannt. Dies gilt auch für die Rezeption – nicht hingegen für die Intention – des in der aktuellen Methodendiskussion prominenten Vorschlags von Hubert Knoblauch (2001) zu einer „fokussierten Ethnographie" *in der Soziologie*. Während Knoblauch selber die fokussierte Ethnographie als Ergänzung der lebensweltanalytischen Ethnographie verstanden wissen will, missverstehen (zu) viele ‚Nutzer' der fokussierten Ethnographie diese als Vorschlag, das Konzept des Mit(er)lebens durch das der schnelleren und technisch (scheinbar) objektivierteren Datenerhebung zu substituieren.[47] Nach wie vor sehen wir als *essentiell* für Ethnographie schlechthin (also für ethnologische *und* soziologische) an, dass „eine Feldforscherin sich über längere Zeit in einer fremden Kultur aufhält" (Knoblauch 2001, S. 125) und an dieser Kultur teilhat.[48]

Im Wechsel zwischen existenziellem Engagement im Feld (als Vertrautmachen) und phänomenologischer Epoché in der Datenauswertung (als Befremdung) sehen wir zwei konstitutive Elemente lebensweltanalytischer Ethnographie, die sie damit auch von anderen Verfahren beobachtender Teilnahme (wie der Autoethnographie; vgl. Adams et al. 2018; Ellis et al. 2011; Geimer 2011; Hemmingson 2009) unterscheiden. Die Perspektive der Feldteilnehmer zu rekonstruieren erfordert u. E. vor allem anderen, deren Binnenperspektive und damit auch ihre Binnenmoral werturteilsfrei zu beschreiben und keinesfalls von einer Position persönlicher Betroffenheit und vermeintlichen Besserwissens aus zu kritisieren. Einigen gegenwärtig modischen Formen von Ethnographien liegt demgegenüber die Intention einer explizit *wertenden* Ergebnisdarstellung zugrunde. Hierzu zählen Verfahren, die auf eine Verbesserung der Zustände und/oder des Verhaltens im Feld abzielen, wie z. B. praktische (Gubrium 1988, S. 23ff.), pädagogische (vgl. Heinzel et al. 2010), kritische (Thomas 1993), queere (Greene 2007) oder militante (Apoifis 2017; Juris 2007) Ethnographien und

Feld allein möglich wäre (vgl. Becker/Geer 1957; De Munck 1998, S. 43; Jerolmack/Khan 2014). Damit wird die Frage virulent, welche Positionen Feldforschende im Feld einnehmen können (vgl. Gold 1958; Spradley 1980, S. 58ff.; Adler/Adler 1987, Schwartz/Schwartz 1955; zur geforderten ethnographischen Kompetenz des Forschers vgl. Schmid 2015), auch um zu unterscheiden, „was tatsächlich vor sich geht statt dem, was an der Oberfläche der Dinge lediglich vor sich zu gehen scheint" (Park 1950b, S. IX; eigene Übersetzung).

47 Unsere sozusagen innerethnographische Kritik gilt damit generell solchen Verfahren, bei denen die Teilnahme im Feld durch Beobachtungen mittels technischer Geräte *ersetzt* wird. Die in aller Regel überaus sensiblen und zunehmend auch aufzeichnungstechnisch armierten Erhebungen, die z. B. Knoblauch unermüdlich vorlegt, hingegen liefern unzweifelhaft detaillierte Beschreibungen und ungemein präzise Analysen sozialen Handelns (vgl. z. B. Heath et al. 2016).

48 Auch Erving Goffman z. B. hat für die ethnographische Arbeit zu seiner Dissertation zwei Jahre forschend auf den Shetland Islands zugebracht (vgl. Goffman 1953).

partizipative Forschung (Whyte 1991; von Unger 2013; LeCompte/Schensul 2016). Die Transformation, Beschädigung oder Zerstörung des Feldes (in Übereinstimmung mit den Intentionen ebenso wie gegen die Intentionen der Feldakteure[49]) durch die ethnographische Arbeit wird dabei (aus forschungsethisch ‚guten Gründen') in Kauf genommen. Oft zielen solche Arbeiten – in Sympathie mit ‚weniger mächtigen' Akteuren – auf die Kritik an Akteuren in als ‚machtvoll' diskreditierten Positionen sowie an oppressiven Strukturen ab. Das Problem solcher als „kritisch" deklarierter Verfahren (zur Unterscheidung von positivistischer Soziologie vgl. Luhmann 1993) liegt in der Legitimation der Position, von der aus bestimmte vom Forscher ausgewählte Aspekte des Feldes fokussiert und verändert werden sollen. Die von uns geforderte Einklammerung eigener Vorannahmen bei der Betrachtung der durch die Teilhabe erhobenen Daten wird dabei durch eine Betonung persönlicher Betroffenheit bei dieser Teilhabe und damit verbundener – zumindest implizierter – politischer Forderungen ersetzt (vgl. Khosravi 2010).

Wenn es vor dem Hintergrund dieser Topographie gegenwärtiger ethnographischer Forschung also einen guten Grund gibt dafür, *eine* Ausprägung des Betreibens von Ethnographie als „lebensweltanalytisch" zu qualifizieren, dann ist es – zugespitzt formuliert – der, dass lebensweltanalytisch interessierte Ethnographen dezidierter und expliziter als andere damit befasst sind, zu erkunden, wie Menschen ihre Welt und die diese prägenden Wichtigkeiten erleben, denn „Lebenswelt" meint eben tatsächlich nichts anderes als das Insgesamt des Erlebens bzw. als die Welt, wie sie erlebt wird (s. o.). Lebenswelten *anderer* Akteure zu erkunden, erfordert gegenüber der phänomenologischen Deskription *eigenen* Erlebens (und auch gegenüber der teilnehmenden Beobachtung von Praktiken) naheliegender Weise etliche zusätzliche Vorkehrungen und Maßnahmen, denn in dem Maße, in dem zum Gegenstand des wissenschaftlichen Interesses die Lebenswelt eines *anderen* Subjekts wird, wird das Problem methodologisch virulent, inwieweit und wie es überhaupt gelingen kann, die Welt mit den Augen dieses anderen Subjekts zu sehen (vgl. Plessner 1983), *seinen* subjektiv gemeinten Sinn *seiner* Erfahrungen zu verstehen – und *dadurch* sein Handeln und im weiteren die Folgen seines Handelns im (durchaus nicht nur harmonischen) Zusammenspiel mit dem Handeln anderer (im Sinne Max Webers 1972, S. 1) zu erklären.

---

49 Eine Intervention *gegen* die Feldteilnehmer liegt vor, wenn z. B. Drogenkonsumenten ethnographisch erforscht werden, um diese von ihren illegalisierten Verhalten abzuhalten. Zu verstehen, wer, warum welche Drogen nimmt, interessiert dabei nur, insofern es darum geht, diesen Konsum einzuschränken. Eine Intervention *mit* den Feldteilnehmern liegt vor, wenn von Feldteilnehmern artikulierte Probleme in der Forschung (oder in Konsequenz der Ergebnisse dieser Forschung) gelöst, z. B. wenn Angebote der Drogenhilfe evaluiert und verbessert werden sollen.

Alfred Schütz selber hat zwar darauf vertraut, dass der Wissenschaftler „– freilich nach ganz bestimmten Bildungsgesetzen – die dazugehörigen personalen Idealtypen [konstruiert], mit denen er die soziale Welt, wie er sie eben zum Gegenstand seiner Wissenschaft zu machen wünscht, bevölkert denkt" (Schütz 2010c, S. 191). Die von Schütz propagierte Konstruktion wissenschaftlicher Homunculi betrifft jedoch erst die theoretische Reflexion bereits analysierter Daten, keineswegs aber die Generierung von Daten. Weil ausgesprochen fragwürdig ist, ob *Mitteilungen* anderer über soziale Phänomene als Daten der Phänomene selber gelten dürfen, ist gegenüber der Qualität von Daten, die von anderen übermittelt werden, grundsätzlich Skepsis geboten (vgl. Becker/Geer 1957). Zweifelsfrei nämlich sind diese (zunächst) einfach Daten der Mitteilung, Daten darüber, wie ein Sachverhalt (von wem auch immer) situativ *dargestellt* wird.[50] Als wesentlich valider betrachten wir demgegenüber Daten, die daraus resultieren, dass der Feldforscher *praktisch* in einem sozialen Kontext mithandelt, dabei seinen konkreten Standpunkt als Teilnehmer am sozialen Geschehen mitreflektiert und (sich) Rechenschaft darüber ablegt, wie und wo er selber mit welchen erkennbaren Konsequenzen im Geflecht sozialer Beziehungen zu verorten ist.

Das prinzipielle, auf der Unüberschreitbarkeit „mittlerer Transzendenz"[51] beruhende Dilemma, dass das subjektive Wissen des Anderen nicht ‚wirklich'

---

50 Interviews unterliegen dabei einer dreifachen Selektion: Der Befragte muss 1. die Frage, die ihm gestellt wird, verstehen (mitunter versteht er dabei unter bestimmten Begriffen etwas anderes als der Interviewer oder wählt solche Aspekte der Frage aus, die er beantworten *will*). Er muss 2. Antworten generieren und sich dafür innerhalb einer für Gespräche üblichen Zeit erinnern bzw. selbst befragen. Und er muss 3. diese Antwort seinem Gegenüber vermitteln wollen und können, d. h. bei einem typischen Face-to-face-Interview wiederum möglichst zeitnah verbalisieren. Juha Laurilla (1997) verweist darauf, dass nicht jeder Mensch, mit dem man im Feld Kontakt hat, daran interessiert ist, dem Forscher aufrichtig, umfangreich und ausgiebig Auskunft zu geben. Laurilla schlägt eine Unterscheidung von Befragten in Survivors, Disbelievers, Cautious Analyzers und Candid Analyzers vor. Während *Survivors* das Interview lediglich überstehen und dabei so wenig wie möglich preisgeben wollen, behalten *Disbelievers* eine prinzipiell skeptische Haltung bei und geben daher wenig oder gar falsche Auskunft, *Cautious Analyzers* sind zwar weniger misstrauisch, verheimlichen aber heikle Informationen. Nur *Candid Analyzers* geben detailliert und offen Auskunft (was sie zu präferierten und gesuchten Gesprächspartnern und Gatekeepern macht). Eigene Teilnahmeerfahrungen erleichtern es u. E. entsprechende Gesprächspartner einschätzen und deren Aussagen gewichten zu können.

51 Die Rede von der „mittleren Transzendenz" (vgl. Schütz/Luckmann 2003) besagt, dass der Andere sozusagen eine pragmatische Unterstellung (vgl. Luckmann 2007b), dass er lediglich ein Phänomen (allerdings ein merkwürdig ‚widerständiges' Phänomen – Hitzler 2015b) des je subjektiven Bewusstseins ist. Zu klären ist mithin (je konkret), *wie* (bei wem und aufgrund welcher Weltsicht) in einem subjektiven Bewusstsein etwas gegeben sein muss, um sich als Anderer zu konstituieren. Denn grundsätzlich ist jeder Mensch in der Lage, etwas Äußeres (d. h. für ihn Sichtbares bzw. Präsentes) als Ausdruck bzw. als An-

direkt zugänglich ist, dass es aber gleichwohl die selbstverständlichste Datenbasis sozialwissenschaftlicher Untersuchungen darstellt, lässt sich dadurch zwar auch nicht lösen, aber es lässt sich unserer Meinung nach doch einigermaßen dadurch ‚kompensieren', dass der Forscher am Leben in seinem jeweiligen Feld längere Zeit teilnimmt und es dabei möglichst wenig von *äußeren* Wertsetzungen her beeinflusst und verändert, sondern dass er vielmehr *das* als wichtig anerkennt, was *denen* wichtig ist, für die er sich interessiert – und dass er ggf. auch die damit möglicherweise einhergehenden (moralischen) Konsequenzen mehr oder weniger billigend in Kauf nimmt und (er-)trägt (vgl. Eisewicht 2015; Eisewicht/Hitzler 2019; Schmid 2015). Das impliziert u. E. unabdingbar, dass der Forscher sich *so* vorbehaltlos auf die Weltsichten (und die damit korrespondierenden, besonderen Praktiken) der ihn jeweils interessierenden Akteure einlässt, dass er ihren Eigen-Sinn tatsächlich mit-erlebt, deren ‚Schicksal' zumindest ein Stück weit teilt und dergestalt einen (zeitweiligen) Perspektivenwechsel vollzieht.

2.4 Existenzielles Engagement

Existenzielles Engagement, das sollte in den bisherigen Ausführungen bereits deutlich geworden sein, betrachten wir als zentrale Idee des Betreibens *lebensweltanalytischer* Ethnographie. Die Aufforderung zum existenziellen Engagement leiten wir her aus der genuin *phänomenologischen* Begründung der von uns protegierten Form von Ethnographie, denn das Betreiben von Phänomenologie unterscheidet sich vom Betreiben anderer wissenschaftlicher Unternehmen nachhaltig eben dadurch, dass der Phänomenologe ansetzt – und zwar erkenntnistheoretisch begründet *exklusiv* ansetzt – bei *seinem* subjektiven Erleben. Was immer dann an phänomenologischen ‚Operationen' auf welches Erkenntnisinteresse hin auch vollzogen wird: die alleinige, weil allein evidente Datenbasis des Phänomenologen sind (und bleiben eben) seine eigenen Erfahrungen. Andere wissenschaftliche Unternehmen, unter anderem auch die Soziologie, sind hingegen, so Thomas Luckmann (2007a), *kosmologisch* orientiert. Methodisch heißt das, dass (auch) die Protagonisten wissenschaftlicher Unternehmungen sich üblicherweise, sozusagen epistemologisch naiv aber erfolgreich, im Wesentlichen auf Daten vom Hörensagen stützen; dass sie das, was

---

zeichen von etwas Innerem (d. h. für ihn Nicht-Sichtbarem bzw. Absentem) zu deuten (vgl. Luckmann 2007c). Eben deshalb sind wir gezwungen, uns unser wechselseitig qua *Kommunikation* zu versichern, denn nur Kommunikation lässt (auch) nicht Präsentes als präsent erscheinen und nur qua Kommunikation scheine ich eine bestimmte Art von sich Appräsentierendem als eben mehr oder weniger ‚vollgültiges' Alter Ego bzw. als Anderen wahrzunehmen, „ohne dass", so Hans-Georg Soeffner (2010, S. 27) „letztlich das so appräsentierte andere Ich ‚zur wirklichen Präsenz' gelangte".

die Forscher lesen und – in der Soziologie vor allem – gesagt bekommen, als Basis ihrer Sekundärkonstruktionen von Wirklichkeit (vgl. Schütz 2010a) verwenden.

Wir meinen nun durchaus *nicht*, man solle den Kanon feldadäquater Erhebungsverfahren, wie sie insbesondere im Rahmen des sogenannten ‚interpretativen Paradigmas' bereitstehen (vgl. Wilson 1970; Keller 2012), durch die phänomenologische Methode *ersetzen*. Wir meinen auch *keineswegs*, dass man statt methodengeleiteter praktischer Feldforschung – also den Leuten zuzuschauen, ihnen über die Schultern zu sehen, ihre Dokumentationen, d. h. ihre Texte und sonstigen Artefakte zu studieren, (dabei) stets das Gespräch mit ihnen zu suchen und mit ihnen zu reden – nunmehr ‚Introspektion' betreiben sollte. Wir plädieren jedoch dafür, das, was Phänomenologie zu betreiben zuvörderst und unabdingbar impliziert, nämlich sein eigenes Erleben, seine eigenen Erfahrungen als evidente Daten zu reflektieren, stärker in den Kanon empirischer Sozialforschung zu integrieren. Denn da man naheliegender Weise nur über Erfahrungen reflektieren kann, die man (gemacht) hat (vgl. dazu auch Douglas 1976, S. 107ff.), muss man als Ethnograph stets systematisch mitbedenken, *welche* (Art von) Erfahrung man – bezogen auf eine bestimmte Thematik – denn nun *tatsächlich* selber (gemacht) hat: Wenn man über eine Thematik (wieviel auch immer) gelesen hat, dann hat man eine Leseerfahrung; wenn man mit einschlägig befassten bzw. mit einschlägig involvierten Leuten (wie auch immer) geredet hat, dann hat man eine (spezifische Art von) Kommunikationserfahrung; und wenn man solchen Leuten zugeschaut hat, dann hat man eben eine Beobachtungserfahrung (gemacht). Über das interessierende Phänomen sammelt man dergestalt vorrangig Bekanntheitswissen, über die eigene Forschungspraktik sammelt man dabei Erfahrungswissen. Vertraut wird man so tatsächlich zuerst mit den Methoden, während man über das Feld lediglich als hinreichend erachtetes Wissen sammelt.

Und wenn man alle diese Verfahren der Datenerhebung kombiniert, dann hat man zunächst einmal einen methodenpluralen Zugang zu (s)einer Thematik – gleichviel, ob es um die Verknüpfung sogenannter „quantitativer" mit „qualitativen" (vgl. Burzan 2010 und 2016; Soeffner 2004b) oder um die Kombination verschiedener sogenannter „qualitativer" Methoden geht (vgl. Breuer/Reichertz 2002). Aber entgegen gewissen Gepflogenheiten in der englischsprachigen Literatur, bereits die Verwendung sogenannter „qualitativer" Methoden als „Ethnography" zu bezeichnen[52], entspricht weder die erstere noch die letzte-

52 Vgl. bereits McCall/Simmons 1969 zur Ethnographie bzw. teilnehmenden Beobachtung als ‚umbrella term' bzw. Sammelbegriff qualitativer Forschungsmethoden; sowie Atkinson/Coffey 2001. – Unter dem Etikett „Ethnography" subsummiert werden oft auf die Analyse mehr oder weniger beiläufiger sozialer Praktiken fokussierte – im Kern symbolisch interaktionistisch fundierte – *Mikrostudien*, wie sie u. v. a. exemplarisch etwa Erving Goffman (z. B. 1974 und 2009) betrieben hat. Solche – vor allem wiederkehrende bzw.

re Verknüpfungsvariante bereits einem als „ethnographisch" qualifizierbaren Forschungsdesign (darin sehen wir uns mit den Repräsentanten anderer ethnographischer Ansätze durchaus einig – vgl. z. B. Breidenstein et al. 2013; Dellwing/Prus 2012; Thomas 2019). Bei einem methodenpluralen Zugang stellt sich naheliegenderweise die Frage, wie die einzelnen Verfahren der Datenerhebung und Auswertung zueinander ins Verhältnis gesetzt werden. Da sich die Widersprüchlichkeit von Daten nicht immer auflösen lässt, geht es darum, entsprechend dem jeweiligen Forschungsinteresse nach einer Methode zu suchen, nach der die anderen Methoden orchestriert werden können. Im Falle lebensweltanalytischer Ethnographie ist dies eben die beobachtende Teilnahme – einerseits weil die Teilnahme exklusive (Erfahrungs-)Daten erzeugt, an die in anderen Situationen angeschlossen werden kann, andererseits weil die Teilnahme Zugänge zu Menschen eröffnet, für die weniger die Distanziertheit des Forschenden als vielmehr seine Bereitschaft, sich auf das Feld einzulassen, Grundlage dafür ist, wiederum sich auf *ihn* einzulassen (vgl. dazu auch Pfadenhauer/Grenz 2015).

Die in der Ethnographie übliche Integration verschiedener Methoden muss nun keineswegs problemlos gelingen. Wenn z. B. etwas beobachtet wird, das den Angaben der Menschen im Feld zufolge nicht oder ‚anders' passiert ist, dann ist es nur scheinbar ein ‚leichter' Weg, diesen Widerspruch entweder als einen zwischen sozialer Praktik und Inszenierung in die eigene Arbeit einzuholen, oder problematische weil inkongruente Daten zu ignorieren und hinsichtlich der Ergebnisse schlicht auf eine Narrationsanalyse zu setzen. Deshalb schlagen wir demgegenüber eben vor, zu versuchen, an Beobachtetem und Berichtetem bzw. Behauptetem *teilzunehmen* (bzw. die Bereitschaft zur Teilnahme den Menschen im Feld deutlich zu machen; verstanden als Teil eines „Methodological Impression Management" Gengler/Ezzell 2018).[53] Über das eigene Engagement im Feld (inklusive dabei geführter Gespräche, gemachter Beobachtungen, gesammelter Artefakte und gehabter Erfahrungen) lernt der

stereotype kommunikative Situationen, Interaktionsarten, Tätigkeitsformen, Verhaltensmuster usw. aufzeigende Mikrostudien sind für die Rekonstruktion gesellschaftlicher Wirklichkeitskonstruktionen ausgesprochen wertvoll. Unbeschadet dessen führt es semantisch in die Irre, sie als „Ethnographien" zu etikettieren.

53 „Methodologisches Impression Management ist ein wichtiger und stetiger ‚Schritt' im Forschungsprozess, der [Forschenden] hilft, eine Reihe potentiell heikler Interaktionsdynamiken während ihrer Feldarbeit zu durchdenken. Wir regen Ethnographierende an, einen strategischen Plan zum Management ihrer Selbstrepräsentation und zur Darstellung ihrer Forschung zu entwickeln […] Dies beinhaltet auch das akribische Durchdenken einer Vielzahl von Wegen, wie man sich und sein Forschungsprojekt Teilnehmenden und Gatekeepern im Feld darstellen kann, im Bedenken, wie diese Darstellungen von verschiedenen Menschen wahrgenommen werden können, und in der Reflexion der möglichen ethischen [moralischen; Anmerkung P.E./R.H.] und methodologischen Konsequenzen dieser Wahrnehmung" (Gengler/Ezzell 2017, S. 2; in eigener Übersetzung).

Forscher mitunter zu verstehen, warum Anderen über das Geschehen nicht oder anders berichtet wird, z. B. weil sie als nicht vertrauenswürdig eingeschätzt werden oder weil sie nicht das notwendige Wissen haben, das man nach Ansicht der ‚Natives' braucht, um das zu verstehen, was man beobachten kann (zur Teilnahme als Zugang zu sogenannten ‚hidden populations' vgl. Adler/Adler 1987; Johnson et al. 2006; Laurilla 1997; Weisheit 1998).

Zumindest dann, wenn man an den im Forschungsfeld üblichen Handlungsweisen und deren Bedeutungen interessiert ist, kann man auf beobachtende Teilnahme als ethnographische Basisarbeit also kaum verzichten, denn Handlungsweisen lassen sich weder schlicht abfragen noch über Dokumente etwelcher Art (ohne weiteres) rekonstruieren. Abfragen oder dokumentarisch rekonstruieren lässt sich tatsächliches Handeln vor allem deshalb so schwer, weil Handelnde ihr routinisiertes Wirken in aller Regel weder reflektieren noch explizieren, weil vielmehr zahlreiche Fertigkeiten und selbstverständlich gewordene Geschicklichkeiten in ihre Körper gleichsam ‚eingeschrieben' sind (vgl. dazu Gugutzer 2002 und 2012, Knorr Cetina 1984, Neumann-Braun/Deppermann 1998). Ungeachtet dessen lässt sich Ethnographie aber keineswegs auf eine rein registrierende Form der Datengewinnung beschränken (vgl. Bergmann 1985). Ihr Erkenntnisinteresse erstreckt sich selbstverständlich auch auf solche feldrelevanten Vorgänge, an denen der Ethnograph (warum auch immer) *nicht* teilnehmen kann. Das wiederum bedeutet vor allem: Man muss mit den Menschen reden (mitunter auch in Form von Interviews[54]), aber eben auch: man muss Dokumente und Artefakte[55] sammeln und rezipieren. Damit hat man aber noch keine Erfahrung der in Frage stehenden Thematik (im Dilthey'schen Sinne) *von innen*. Nochmals: Eine solche lässt sich nur gewinnen, wenn man sich auf ein Thema (auch) *existenziell* einlässt, wenn man das Thema wenigstens für eine gewisse Zeit selber (alltags-)praktisch ‚bearbeitet', wenn man bei dem, was die Leute tun, für die man sich interessiert, mitmacht.

Mitmachen im Sinne beobachtender Teilnahme meint also – entschieden – mehr als lediglich anwesend zu sein bei dem, was andere tun (d. h. es geht um deutlich mehr als darum, sich dort aufzuhalten, wo man etwas beobachten will, was für teilnehmende Beobachter in der Regel ja bereits als Teilnahme gilt; vgl.

54 „Das Interview ist typischerweise dadurch motiviert, dass einer der Beteiligten versucht, bei dem anderen Äußerungen über etwas hervorzulocken, was in der Interviewsituation selbst (so) *nicht* präsent ist; d. h.: *durch* den anderen etwas Bestimmtes in Erfahrung zu bringen; in der Regel eben etwas, das schon vergangen ist, das also – durch das Interviewen – re-präsentiert werden muss, ohne dass anhand des Interviews mit Sicherheit geklärt werden könnte, wie genau die ursprüngliche Situation dabei gewusst, und wie *genau* dieses Wissen wiederum verbalisiert wird bzw. werden kann" (Honer 2003, S. 95)

55 Ulrike Froschauer (2009) und Manfred Lueger (2010) begreifen nicht nur Dokumente, sondern alle Arten von Artefakten als Materialisierungen von Kommunikation und damit auch als Objektivationen sozialer Beziehungen und gesellschaftlicher Verhältnisse (vgl. Lueger/Froschauer 2018).

Dechmann 1978, S. 18). Beobachtende Teilnahme meint über die situative Präsenz hinausgehendes Engagement (vgl. Ferrell 1998). Beobachtende Teilnahme impliziert, das auch selber zu machen, was interessierende Andere typischerweise tun. Und das bedeutet forschungspraktisch eben, dass man versucht, im Feld idealer Weise einer zu werden wie die, deren ‚Sicht der Dinge' man (warum auch immer) verstehen will – und sei sie von außen betrachtet noch so befremdlich (vgl. dazu Hitzler 1995; Kirschner 2015a; Eisewicht/Kirschner 2015; zu Herausforderungen dieser Perspektivübernahme vgl. Eisewicht 2015; Eisewicht/Hitzler 2019).

Im Rahmen eines solchen existenziellen Engagements, einer solchen anvisierten Mitgliedschaft, die vor allem eben eine grundlegend andere, zusätzliche *Qualität* von Daten konstituiert – welche unseres Erachtens für das *Verstehen* menschlichen (Sozial-)Handelns von immenser Bedeutung ist, lassen sich dann auch nicht nur mannigfaltige ‚quasi-natürliche' Beobachtungen anstellen. Aufgrund der daraus resultierenden intimen Feldkenntnis erhöht und verbessert man auch seine Kontaktchancen und kommt dementsprechend in der Regel auch besser an gewünschte bzw. benötigte Informationen und kann diese auch besser einschätzen.[56] Anders ausgedrückt: Der Anspruch, zu verstehen, erfordert vom Sozialforscher zwingend, sich die Perspektive dessen, den er zu verstehen trachtet, *typisch* anzueignen, denn „[n]ur dieses methodologische Prinzip allein gibt uns die notwendige Garantie dafür, dass wir es tatsächlich mit der wirklichen, uns allen gemeinen sozialen Lebenswelt zu tun haben, die auch als Objekt der theoretischen Forschung ein System reziproker sozialer Beziehungen bleibt, die alle durch die gemeinsamen subjektiven Interpretationen der sich darin befindlichen Handelnden gebildet werden" (Schütz 2010b, S. 292).

Eben dies aber ist eine *praktisch* zumeist höchst problematische Prämisse, denn der lebensweltanalytische Forschungsansatz, bei dem wir das Perspektivenproblem ins Zentrum der methodologisch-methodischen Überlegungen rücken, ist unter anderem z. B. auch immer wieder mit der Schwierigkeit konfrontiert, dass die Übernahme bestimmter Perspektiven empirisch – aus unterschiedlichen, die Felderschließung beschränkenden Gründen – gar nicht möglich ist: An manchen ‚Veranstaltungen' kann man als nicht ohnehin genuin Dazugehörender überhaupt nicht partizipieren, an manchen kann man aufgrund persönlicher Voraussetzungen – wie Alter, Geschlecht, Ausbildung usw. – nicht partizipieren, an manchen kann man aufgrund besonderer Umstände oder zu bestimmten Zeiten nicht partizipieren usw. Manche Felder hingegen sind im alltagspraktischen Sinne zwar zugänglich, aber (die) Menschen, die

---

56 Durch das eigene Erfahrungswissen im Feld weiß man in aller Regel besser, wie man mit Menschen im Feld sprechen und sich diesen gegenüber verhalten muss. Der Anschluss an die geteilten konjunktiven Erfahrungsräume erleichtert es auch, überhaupt mit den Menschen ins Gespräch zu kommen.

man dort aufsucht, leben in *so anderen* Welten, dass es kaum gelingt, ihre ‚Sicht der Dinge' kennenzulernen, geschweige denn sie zu verstehen (vgl. Honer 2011, S. 121-139). Entgegen der (Über-)Betonung notwendiger Distanz und Befremdung meinen wir aber zumindest, dass es lohnenswert ist – auch bei Rückschlägen und Widerständen –, nach Möglichkeiten der Teilnahme zu suchen (anstatt vorschnell auf ‚schlechtere', weil vermittelte Daten oder eine ‚bloße' Interviewstudie zurückzufallen). Christian Schmid (2015) fasst die Herausforderungen des Feldzugangs etwas martialisch als „extra-methodologische" Anforderung an den Forschenden, „ethnographic game" zu sein.[57] Schmid zufolge kann eben – und für die Forderung existenziellen Engagements in der lebensweltanalytischen Ethnographie gilt dies besonders – nicht jeder Ethnograph (jedenfalls nicht ohne weiteres) in *jedes* Feld hineingelangen und sich hinlänglich problemlos darin bewegen. Das heißt nichts anderes, als dass (nicht nur lebensweltanalytisch interessierte) Ethnographen feldspezifische Kompetenzen haben bzw. entwickeln und ggf. demonstrieren und dass sie Felder finden müssen, in denen sie diese Kompetenzen haben oder entwickeln können, wenn sie am Geschehen teilhaben wollen. Es reicht für diese Art von Forschung also nicht, nur über Wissen zu sozialwissenschaftlichen Methoden und über Wissen zu dem je interessierenden Feld zu verfügen. Unabdingbar ist vielmehr die (seriöse) Bereitschaft(sanzeige) dazu, sich mit dem Feld ‚anzufreunden' (auch über das eigene Forschungsinteresse hinaus, auch bei Rückschlägen usw.) und dies, von den Feldteilnehmern akzeptiert bzw. geduldet, auch zu dürfen.

Wenn man aber – warum auch immer – *keine* Innensicht qua Mitgliedschaft erwerben kann, bedeutet das, dass man die in Frage stehende Welt tatsächlich *nur* vermittelt über Indizien und *Darstellungen*, über (zeichenhafte und anzeichenhafte) Appräsentationen, Repräsentationen und/oder Objektivationen[58] dessen kennenlernen kann, was dort erlebt und erhandelt wird. Das ist natürlich eine triviale Einsicht, und sie wäre auch kaum erwähnenswert, würde

57 Schmid (2015, S. 291) entlehnt den Begriff „game" der Ausbildung von Kampfhunden. Ein Kampfhund, der game ist, zeichnet sich durch Kampfbereitschaft und Durchhaltevermögen aus. Die Demonstration dieser Eigenschaften fordert Schmid auch für den Ethnographen als „soziologischem Nahkampfexperten". Wo Schmid mit Bourdieu durchaus von sozialstrukturell determinierten Passungsverhältnissen von Feld- und Forscherhabitus ausgeht, deuten wir Schmids Vorschlag eher als Notwendigkeiten eines kontrollierten feldadäquaten und -angemessenen Ausdrucks im Umgang mit Menschen in der eigenen Forschung (anglehnt an Goffman als methodologisches Eindrucksmanagement vgl. Gengler/Ezzell 2018; bzw. als Annäherung an das Zugehörigkeitsmanagement im Feld vgl. Grenz/Eisewicht 2012; Eisewicht et al. 2015).

58 Solche Objektivationen sind ‚im Feld' vorfindlich z. B. in Form schriftlicher Äußerungen (jedweder Art), aber auch in Form sonstiger Artefakte (wie unbewegten und bewegten Bildern und allen möglichen Gegenständen). Und selbstverständlich gehören dazu auch alle mündlichen Äußerungen (z. B. Gespräche, Diskussionen, Reden), unbeschadet der Frage, ob sie vom Forscher initiiert werden oder nicht.

sie nicht in aller Regel allenfalls proklamiert, kaum jedoch auch systematisch berücksichtigt bei der Frage nach der Validität der Daten und der damit begründeten Güte der Interpretationsarbeit. Allzu oft jedenfalls neigen auch sogenannte „qualitative" Forscher dazu, Darstellungen von Erfahrungen nicht zunächst einmal als *Darstellungen* von Erfahrungen, sondern sogleich und vor allem als Darstellungen von *Erfahrungen* zu deuten – und sie selber dann wieder wie Erfahrungen (statt wie Darstellungen) darzustellen. Solche Kurzschlüsse aber tragen nicht unwesentlich dazu bei, jene Pseudo-Objektivität zu perpetuieren, mit der Sozialwissenschaftler, vermeintlich ‚positionslos' alles gesellschaftliche Geschehen beobachtend, menschliche Wirklichkeit beschreiben oder gar erklären zu können glauben. Damit verkennen sie, dass sie sich in ihren Texten in eben jene Problematik der Legitimation *ihrer* Repräsentation sozialer Wirklichkeit hineinmanövrieren, obwohl diese Problematik in der Ethnographie seit geraumer Zeit bekannt und breit diskutiert ist. Unseren Erfahrungen nach lassen sich auch weder die Pluralität der angewandten Verfahren noch gar die Erlangung eines Teilnehmerstatus durch den Forscher ohne Verlust von Interpretations- und Rekonstruktionskompetenz ersetzen. Gerade *elementare* Bestandteile menschlichen Welterlebens und menschlicher Wirklichkeitskonstruktionen sind durch Befragungen, gleich welcher Art, kaum eruierbar.

3 Die Methodik

3.1 Feldarbeit

3.1.1 Beobachtung und Teilnahme

Beobachtung dient – zunächst einmal ungeachtet der eher in forschungs*ethischer* Hinsicht zu bedenkenden Frage, ob sie nun verdeckt oder offen, sowie der forschungs*praktischen* Frage, ob sie standardisiert oder nichtstandardisiert, ob sie nicht-teilnehmend oder teilnehmend stattfindet – dazu, Sinneseindrücke zu gewinnen, Erfahrungen zu machen und Phänomene zu registrieren (vgl. Gilham 2008). Direkte Beobachtung von Verhaltensweisen in Ko-Präsenz bzw. Kontakt mit den Beforschten bildet aber auch die beim Betreiben von Ethnographie übliche Basis dafür, mit den Leuten zu reden und Materialien aller möglichen Art einzusammeln. Beobachtung ist mithin die grundlegende Technik der Datenerhebung im Rahmen ethnographischer Feldforschung schlechthin.[59] Die Diskussion über die verschiedenen Rollen, die der Forscher im Feld in verschiedenen Settings einnehmen kann, ist dementsprechend rege (grundlegend vgl. Schwartz/Schwartz 1955; Gold 1958; Junker 1960, S. 32ff.; Snow et al. 1986; Lofland et al. 2005, S. 33ff.; Bryman 2016, S. 434ff.). Auffällig ist jedoch durchgängig, dass die meisten Ethnographen für teilnehmende Beobachtung – als vermeintlicher Balance von Teilnahme und Beobachtung, Nähe und Distanz sowie Subjektivität und Objektivität – votieren (vgl. Hammersley/Atkinson 2007, S. 84; Johnson et al. 2006, S. 111; O'Reilly 2009, S. 150ff.).

Teilnehmende Beobachtung meint aber lediglich eine *solche* Beobachtungsform, bei der Teilnahme insoweit stattfindet, als sie notwendig ist, um Beobachtungen überhaupt durchführen zu können (vgl. DeWalt/DeWalt 2012) bzw. um vielmehr informelle Gespräche aufzuschnappen (vgl. Forsey 2010, S. 67) und

---

59 *Prinzipiell* nutzen Ethnographen das gesamte Methoden-Arsenal empirischer Sozialforschung. Allerdings hat sich gezeigt, dass sich nichtstandardisierte Verfahren für ethnographische Erkenntnisinteressen in der Regel besonders gut eignen, weil Standardverfahren (vgl. Burzan 2015) nicht oder nur ungenügend greifen – zum Beispiel, wenn es darum geht, (relativ) unerforschte Phänomene zu entdecken und zu erkunden, wenn das Feld sich als ‚sperrig' erweist gegenüber standardisierten Methoden, wenn sich das Erkenntnisinteresse auf typologische Konstruktionen (statt auf kategoriale Zuordnungen; zu typologischen Konstruktionen vgl. Burzan/Hitzler 2018; Eisewicht 2018c) oder auf die empirisch begründete Bildung von Theorie (statt auf die Prüfung von Hypothesen) richtet, und vor allem wenn der Forscher geneigt ist, sich von „the natives' point of view" (Geertz 1984), d. h. von den in seinem Untersuchungsfeld geltenden statt von seinen professionellen Relevanzen leiten zu lassen.

bei der die Art des Beobachtens nicht von vornherein festgelegt ist (vgl. Spradley 1980). Fokussiert werden Beobachtungen im Rahmen von Teilnahmen idealerweise vielmehr theoriebildungsgeleitet während des Forschungsprozesses – und zwar tendenziell zunehmend. Das heißt: die Beobachtungen werden im Verlauf des Forschungsprozesses sozusagen gesiebt, also präzisiert und systematisiert und dann wie in einem Trichter allmählich zusammengeführt.[60]

Teilnehmende Beobachtung als das ethnographische Basisverhalten schlechthin, wird in der *lebensweltanalytischen* Ethnographie nun symptomatischer Weise transformiert in eine verfahrenstechnisch reflektierte Form des Mit-Erlebens, die wir als „beobachtende Teilnahme" bezeichnen: Beobachtende *Teilnahme* unterscheidet sich von der teilnehmenden Beobachtung 1. hinsichtlich der Intention: es geht um die Produktion von Beobachtungsdaten *und* von Erlebens- bzw. Erlebnisdaten, 2. hinsichtlich der Technik: Teilnahme hat – im unumgänglichen Entscheidungsfall – Vorrang gegenüber Beobachtung, 3. hinsichtlich der Datenqualität: gewollt ist die Erlangung einer existenziellen Innensicht durch subjektives Erleben, statt einer distanzierten Außensicht, und 4. schließlich hinsichtlich der Auswertungsproblematik: die Interpretation subjektiver Erlebensdaten erfordert – will man psychologisierende oder gar moralisierende ‚Betroffenheitslyrik' vermeiden – eine Analyse im Rekurs auf Techniken eidetischer Deskription und typologischer Reflexion.

Beobachtende Teilnahme unterscheidet sich aber auch von der ‚normalen' Teilnahme – und zwar ebenfalls sozusagen hinsichtlich der Intention: Der beobachtende Teilnehmer versucht in ethnographischer Absicht (die Welt an der er teilnimmt zu verstehen und dieses kontrollierte Verstehen als Forschungsergebnis darzulegen), immer mehr zu erleben und mehr zu erfahren, als er, *als Teilnehmer*, eigentlich braucht. Er versucht dabei zunächst erstmal so teilzunehmen, wie die ihn interessierenden Menschen am sozialen Geschehen typischerweise teilnehmen (siehe Kapitel 3.1.4 zu Passagen), um so dem nahe zu kommen, wie und was Menschen dabei typischerweise erfahren. Er versucht, an

60 Während der Forscher typischerweise wechselnde Akteure in wechselnden Situationen zu verschiedenen Zeiten an verschiedenen Orten beobachtet, agiert er selber in der Rolle des ‚professionell distanzierten' Beobachters (vgl. Brewer 2000, S. 59f.; Fetterman 2009, S. 37; als ‚professioneller Fremder' Agar 1980), des ‚verständnisvollen werturteilsfreien' Zuhörers (vgl. Cassell 1988, S. 95) bzw. in „sympathetisch[er] Fremdheitshaltung" (Schütze 1994, S. 189). Damit bleibt seine soziale Position im Feld weitestgehend gleich. Der Vorteil einer von Feldteilnehmern als legitim erachteten und dergestalt sozusagen ‚etablierten' Beobachterposition besteht darin, dass (technisch unterstützte) Beobachtungen offen durchgeführt werden können (vgl. Crang/Cook 2007, S. 43). Weniger vorteilhaft ist in der Regel hingegen, dass der Forscher als mehr oder weniger ausschließlich auf Beobachtung fokussierter Teilnehmender im Feld wegen seiner ‚Distanz' auch allenfalls ein ‚akzeptiert Inkompetenter' bleibt (vgl. Lofland 1971, S. 100f.). Dementsprechend eignet sich (teilnehmende) Beobachtung selbstverständlich auch für den Verfolg quantifizierender Forschungsinteressen (vgl. Häder 2006, S. 297ff.; Stanley 2011).

möglichst Vielem teilzunehmen, was geschieht, und er versucht, auch über das, woran er *nicht* teilnehmen kann, etwas zu erfahren. In der Übernahme *verschiedener* Rollen und im Sichvertrautmachen auch mit divergierenden bzw. konkurrierenden Perspektiven im Feld unterscheidet sich der Forscher dergestalt vom ‚normalen' Feldteilnehmer. Beobachtende *Teilnahme* meint also zunächst einmal: Sich in möglichst Vieles existenziell zu involvieren bzw. involvieren zu lassen, in verschiedene Rollen zu schlüpfen, mit zu tun, was zu tun je ‚üblich' ist, und dabei nicht nur andere, sondern auch sich selbst zu beobachten – beim Teilnehmen ebenso wie beim Beobachten. Das ist eine durchaus diffizile Operation, weil Teilnehmen und Beobachten (gleichviel mit welcher Schwerpunktsetzung) eigentlich *widersprüchliche* Verhaltensweisen sind. Wenn man wirklich teilnimmt, beobachtet man kaum noch. Wenn man wirklich beobachtet, kommt man kaum noch zum Teilnehmen (wie man u. v. a. zum Beispiel am Tanzen sehen kann). Und über beide Operationen gelangt man zu verschiedenen Einsichten, denn

> „[d]em handelnden Ich und dem deutenden Beobachter präsentiert sich nicht nur die einzelne sinnhafte Handlung und ihr Sinnzusammenhang, sondern auch das Ganze der Sozialwelt in völlig verschiedener Perspektive" (Schütz 2004a, S. 88; vgl. Schütz 2011).

Die Forderung, Teilnahme und Beobachtung zu balancieren, kann also forschungs*methodisch* gefordert sein, forschungs*praktisch* jedoch stellt sie den Ethnographen ständig vor die Entscheidung für und gegen Beobachtung (und gesicherter Aufzeichnung), Selbstbeobachtung oder Teilnahme (die später erinnert werden muss und bei der sich immer die Frage stellt, ob sie und ggf. inwiefern sie typisch für das Feld ist).

Auch wir haben für dieses Dilemma keine grundsätzliche Lösung, sondern versuchen, es von Fall zu Fall und „irgendwie" pragmatisch zu bewältigen. Es impliziert aber tatsächlich, dass wir im unumgänglichen *Entscheidungsfall* weniger versuchen, teilnehmend zu beobachten, als vielmehr beobachtend teilzunehmen (auch im Wissen darum, dass uns Aufzeichnungen oft kaum oder gar nicht möglich sind. Und das bedeutet vor allem, dass wir in das soziale Feld, das wir untersuchen, *intensiv* hineingehen und – bis hinein in kommunikativ intendierte und habituelle Besonderheiten – versuchen, den Menschen (genauer: manchen von den Menschen), die wir untersuchen, möglichst ähnlich zu werden – auch wenn wir uns dabei ggf. ‚die Hände schmutzig machen'. Das gelingt natürlich – wie erwähnt: aus vielerlei Gründen – nicht immer und schon gar nicht immer gleich gut: Tatsächlich müssen fast immer Kompromisse geschlossen werden zwischen dem Idealvollzug lebensweltanalytischer Ethnographie – d. h. der Teilhabe an ‚allem', was geschieht – und den je im Feld gegebenen Untersuchungsbedingungen und -beschränkungen. In dem Maße aber, wie dieses (als temporär veranschlagte) „going native" doch gelingt, erlangen wir Daten darüber, wie man und was man in kleinen sozialen Lebenswelten bzw. in kulturellen Erlebniswelten tatsächlich *erlebt*; Daten darüber also, was in diesen jeweils als wichtig, problematisch, angenehm, interessant, langweilig usw. gilt.[61] Kurz und technisch gesagt: wir bemühen uns um hochgradige Vertrautheit mit den jeweiligen Feldrelevanzen. Und wir tun dies in der Überzeugung damit sinnadäquater diese Welten wissenschaftlich verstehen und beschreiben zu können; vgl. Eberle 1999).

Dieses (so weit wie möglich vorbehaltlose) Einleben ins Feld, dieses existenzielle Sich-Einlassen auf die dort vorfindlichen Relevanzen, führt *nicht* etwa zu besseren *Beobachtungsdaten*. Es erfordert im Gegenteil immer wieder ein hohes Maß an (Selbst-)Disziplin, dabei *auch* die Beobachterrolle ernst zu nehmen, d. h. (hinlänglich) *systematisch* zu beobachten. Deshalb plädieren wir z. B. nachdrücklich dafür, sich, wenn irgend möglich, – wenigstens – zu zweit im Feld aufzuhalten, um sich nicht ständig, quasi in Münchhausen-Manier, am eigenen Schopf aus dem Sumpf ziehen (d. h. vor dem ‚Versumpfen' im Feld bewahren) zu müssen (zur Ethnographie im Team vgl. Douglas 1976; Erickson/Stull 1998; in Anwendung vgl. Grenz 2017; Grenz/Don 2015). Unser Plädoyer für beobachtende Teilnahme – als einem für das, was Ethnographen gemeinhin machen (nochmals: das Geschehen beobachten, Dokumente und Artefakte beschaffen und mit den Leuten reden), *grundlegend* einzusetzenden Verfahren – resultiert vielmehr aus der Einsicht, dass sich *nur* damit Daten einer eigenen Art und einer besonderen Qualität gewinnen lassen: Daten, die zwar nur zum Teil objektivierbar und die prinzipiell nur unzulänglich fixierbar sind, deren exakte Beschreibung und Analyse aber einen besonderen Beitrag zur verstehenden Beschreibung und zum beschreibenden Verstehen der Lebenswelten anderer Menschen leisten kann: Daten des *eigenen* subjektiven Erlebens des Forschenden.

Die beobachtende Teilnahme dient somit sowohl der eigenständigen Datengenerierung als auch dazu, mit der kleinen sozialen Lebenswelt, als die das Feld – oder etwas im Feld – erlebt werden kann, vertraut zu werden. Durch so verstandenes theoriegenerierendes Engagement kann sich der Forscher auch in Kontexten, in denen wenig oder keine *formalisierten* (Sonder-)Wissensbestände vorzufinden sind, im Mitgehen und Mitmachen mit ‚Leuten, die sich auskennen', zu einem als solchem sozial glaubhaften ‚intimen Kenner' der hier geltenden Relevanzen und Spielregeln entwickeln. Und erst nachdem er zu einem ‚Insider' in diesem Sinne geworden ist, kann z. B. der videographierende Forscher hinlänglich effektiv sein Kamera-Objektiv fokussieren (vgl. Knoblauch

61 „Going native" betrachten wir also nicht als methodologisches oder forschungsethisches Problem (vgl. Best 2012, S. 128; Brewer 2000, S. 60; Bryman 2016, S. 439), sondern als – vorübergehend – angestrebte ‚Identifikation' mit dem Forschungsfeld.

et al. 2013; Knoblauch/Schnettler 2015; Singh 2019), kann z. B. der artefaktesammelnde Forscher hinlänglich kompetent abschätzen, welche Funde bedeutsam sind in seinem und damit für sein Feld (vgl. Eisewicht 2016a; Froschauer 2009; Kirchner/Betz 2015) und kann der Forscher schlechthin – während er selbstverständlich mit den Menschen, mit denen er zu tun hat, immer ‚*irgendwie*' reden kann – z. B. jene Art von Gesprächen auf Augenhöhe führen, die sich methodisch plausibel als „Experteninterview" (vgl. Pfadenhauer 2007) bzw. als „levelling discussion" (vgl. Kirschner 2015b, S. 279ff.) qualifizieren lässt.

Unter expliziter Bezugnahme auf den von Anne Honer (erstmals 1994) gemachten Einwand, lediglich aufgrund der (wie auch immer begründeten) *Unterstellung* von Expertenschaft beim Gesprächspartner eine Form des Interviews bereits als „Experteninterview" zu deklarieren, sei nicht plausibel (zu machen)[62], gehen wir davon aus, dass nur eine spezifische Qualität der Interview*führung* rechtfertigt, dieses als „Experteninterview" zu bezeichnen. Es geht dabei um eine Gesprächsform, die der spezifischen Kommunikation unter als Ihresgleichen sich Anerkennenden entspricht. Dass damit eine ausgesprochen *voraussetzungsvolle* Art der Interviewführung und keineswegs ein wohlfeiler „Ersatz für zeitraubendere, kostspieligere oder an praktisch-technischen Schwierigkeiten scheiternde Verfahren der direkten Datenermittlung" (Mayntz et al. 1972, S. 103) impliziert ist, liegt auf der Hand: Die wesentlichste Voraussetzung dafür, dass das Interview einem Gespräch unter ‚Eingeweihten' möglichst nahe kommt, ist u. E., dass eben *nicht nur* der befragte Akteur, sondern *auch* der Interviewer im Gespräch einen hinlänglichen Wissens- bzw. Kompetenzfundus zu der jeweils in Frage stehenden Thematik glaubhaft machen kann (denn er eben oftmals durch beobachtende Teilnahme erwerben kann).

62 Denn *jede* Art von „Interview ist eine Form des verbalen Kommunizierens, in welcher – per Definition – grundsätzlich *dem Interviewten* die Aufgabe zukommt, *aktiv* Ereignisse, Erfahrungen, Handlungen und Wissen zu rekonstruieren. Folglich geht der Forscher bereits bei der *Auswahl* der zu Befragenden – mehr oder weniger ‚naiv', also mehr oder weniger verfahrenstechnisch armiert – davon aus, dass sie zum jeweiligen Thema in einer für das gegebene Forschungsinteresse relevanten Beziehung stehen. Diese Feststellung gilt auch für die standardisierte Massenbefragungen: Hier besteht die relevante Beziehung der ausgewählten Interviewpartner zum Forschungsthema eben in ihren repräsentativen Qualitäten in Relation zur Stichprobenkonstruktion. Diese Feststellung gilt aber natürlich vor allem für das nichtstandardisierte (‚qualitative') Interview, bei dem die Interviewpartner typischerweise *nicht* unter Aspekten statistischer *Repräsentativität*, sondern im Hinblick auf ihre – zunächst unterstellte, im Untersuchungsverlauf dann theoretisch begründete bzw. zu begründende – perspektivische *Typik* ausgewählt werden: Die Unterstellung perspektivischer Typik bei potentiellen Gesprächspartnern erfolgt z. B. im Hinblick auf *Kompetenz*-Kriterien (etwa aufgrund von Ausbildung, Funktion, Position usw.), oder aufgrund der (stets bis auf weiteres gemachten, also prinzipiell reversiblen) Annahme, dass sie über direkte, persönliche, ‚spezielle' Erfahrungen zu einem in Frage stehenden Thema verfügen, oder eben aufgrund anderer spezifischer ‚Erwartungen' des Interviewers über die und/oder an sie" (Honer 2003, S. 95).

3.1.2 Affirmation und Distanz

Dieses Problem weist darauf hin, dass der Forscher eben nicht nur hinreichendes Bekanntheitswissen über das Feld, sondern oft auch Vertrautheitswissen benötigt – Wissen also, über das man meistens nur spricht, wenn man dem Gegenüber unterstellt, über prinzipiell ähnliches Erfahrungswissen und über eine hinlänglich kompatible Meinung dazu, wie man selber, zu verfügen. Im ‚Gespräch auf Augenhöhe' ist der Ethnograph selten *nur* Interviewer. Er ist vielmehr Gesprächspartner und als solcher auch Befragter (siehe Kapitel 3.1.4 zu Passagen). Gespräche im Feld dienen nicht nur der Informationssammlung und der Validierung von eigenen Erfahrungsdaten, sondern maßgeblich auch der Akquise von weiterführenden Zugängen, d. h. der Erschließung von Möglichkeiten, am Geschehen teilzunehmen (und vice versa dient die Teilnahme auch der Akquise von Gesprächspartnern und der Validierung der von ihnen gegebenen Informationen). In solchen Gesprächen lediglich eine – typischerweise in anderen Befragungsmethoden geforderte – wertneutrale, aktive *Zuhörer*haltung einzunehmen und inszeniert uninformierte, „neutrale Befragungstechnik" anzuwenden (Erbslöh 1972, S. 55; vgl. Deppermann 2013, Abs. 26), kann der Positionierung des Forschers im Feld durchaus hinderlich sein, weil diese neutrale Haltung von etwelchen ‚Natives' z. B. als Misstrauen oder als Ablehnung dessen, was sie tun bzw. was ihnen wichtig ist (oder jedenfalls als nicht hinreichendes Engagement und Interesse), gedeutet werden kann (vgl. Eisewicht/Hitzler 2019).[63] ‚Kennerschaft' und affirmative Haltung im hier protegierten Verstande ist nicht nur notwendig, um das Feld und das dort je Beobachtete zu verstehen, sondern sie muss auch demonstriert werden, um im Feld ‚auf Augenhöhe' mit denen interagieren zu können, von denen man (im Hinblick auf entsprechende Datengenerierung) akzeptiert werden will.

Diese (Quasi-)Kennerschaft kann der Forscher auf verschiedene Arten und Weisen erwerben: qua Studium von Dokumenten, qua Schulungen, insbesondere aber eben qua Intensiv- bzw. Langzeit-Teilnahme(n) am sozialen Alltag

63 Gerade bei heiklen oder polarisierenden Themen oder bei gesellschaftlich unerwünschtem Verhalten kann eine neutrale Haltung also als geringes Interesse oder Ablehnung dessen (miss-)verstanden werden, was den Beforschten wichtig und richtig erscheint (womit Befragte dann als survivor, disbeliever oder cautious analyser wiederum nur bedingt statt vollumfänglich Auskunft geben; vgl. Laurilla 1997 und Fußnote 50). Da es dabei oft auch um grundlegende Fragen geht, die Forschende als anfangs tatsächlich uninformierte, später sich als uninformiert *inszenierende* Sach-Inkompetente stellen, wird dabei den Befragten die Kompetenz (d. h. die Befähigung und die Bereitschaft – vgl. Pfadenhauer 2010a) abgefordert, den Forschenden als den sachlich Inkompetenten ggf. spezielle Sachverhalte und Begrifflichkeiten verständlich zu machen. Diese oft verdeckte und selten durch die Forschenden ordentlich entlohnte, aber nicht unerhebliche Arbeit der Beforschten wird viel zu selten thematisiert (vgl. Horner 2000), kann aber sehr wohl ein Grund für scheiternde oder schlechte Zugänge und Daten sein.

derer, die er untersucht. Es geht in der lebensweltanalytischen Ethnographie, wie in anderen Ethnographien auch (vgl. Cassell 1988, S. 95; Schmid 2015), aber nicht um Camouflage, nicht darum, sich im Feld bzw. für das Feld zu verstellen bzw. eine Pseudo-Identität zu erfinden (und sich damit ohnehin dem Stress auszusetzen, jederzeit ‚demaskiert' werden zu können). Beobachtend teilzunehmen impliziert vielmehr, *grundsätzlich* bereit zu sein, sich auf das Feld und die darin geteilten Normen und Werte einzulassen und im Bedarfsfalle seine eigenen Moralvorstellungen vorübergehend einzuklammern (vgl. Honer 1993a, S. 40), um in dezidiert affirmativer Absicht am Geschehen teilnehmen zu können.[64] Das unverzichtbare ‚Antidot' zu dieser Affirmation ist dann allerdings die distanzierte, systematische Analyse der im Feld generierten Daten. Und beides *zusammen* kennzeichnet die lebensweltanalytische Ethnographie (das wird in Kritiken an beobachtender Teilnahme zumeist übersehen). Das heißt, dass wir da also durchaus einer Meinung sind mit Clifford Geertz (1973, S. VIII), der

> „nie beeindruckt [war] von dem Argument, dass, weil eine komplette Objektivität nicht möglich ist in diesen Sachen (was sie natürlich ist), man genauso gut seinen Gefühlen freien Lauf lassen kann. Wie Robert Solow bemerkt hat, ist dies, als würde man behaupten, man könne, weil eine perfekte aseptische Umgebung unmöglich ist, Operationen genauso gut in der Kloake durchführen" (eigene Übersetzung).

In der Tat: *Weder* sollte man ohne Not in der Kloake operieren, sondern am besten im Operationssaal, *noch* jedoch sollte man in Operationskleidung in Kloaken herumlaufen und meinen, dabei etwas über die Lebenswelt von Kanalarbeitern zu erfahren. Auch beim Betreiben von Ethnographie hat alles seine Zeit, seinen Ort und seinen dem, was je zu tun ist, angemessenen Habitus: Sich maximal einlassen zu können auf das, worum einem und den beforschten Menschen je zu tun ist, und sich auch wieder maximal zurücknehmen zu können von dem, was einen affiziert, dieses *„Doppelgängertum"* (Honer 1993a, S. 46) ist das, was die spezifische Qualität des von uns ideell protegierten Ethnographen ausmacht. Die ideale Einstellung, mit der man *ins* Feld gehen und sich *im* Feld bewegen kann, ist demzufolge also die, sich auf alles Mögliche möglichst weit-

64 Die Arbeiten von Kathleen Blee (2000) und Pete Simi und Robert Futrell (2010) sind dafür ein gutes Anschauungsmaterial, da sich beide aus ethnographischer Perspektive mit rechtsradikalen Gruppierungen befassen. Während Blee keine Sympathien für ihre Befragten hegt und diesen, aus Aufrichtigkeit, auch andeutet, konträre Meinungen zu vertreten (bzw. eine neutrale Haltung anstrebt; vgl. Blee 2000: 99), verhält sich Simi entgegen seiner persönlichen Einstellung deutlich affirmativer (vgl. Simi/Futrell 2010: 129), indem er z. B. über rassistische Witze lacht, Äußerungen zum Rassengenozid an Weißen zustimmt, sich – entgegen eigener Werthaltungen – prinzipiell als ‚für die Sache' rekrutierbar darstellt und dadurch zu entsprechenden Zugängen und Einblicken gelangt.

gehend einzulassen und – bis auf (theoretisch begründetes) Weiteres – anzunehmen, dass erst einmal *alles* beachtenswert ist, bzw. dass man einfach nicht vorher wissen kann, was sich im Verlauf der Untersuchung womöglich als *nicht* (weiter) beachtenswert beiseiteschieben lässt.

Damit, wie mit vielem anderen auch, auf das wir hier verweisen, markieren wir noch nicht einmal eine besondere Eigentümlichkeit der lebensweltanalytischen gegenüber anderen Ausprägungen der Ethnographie. Wir knüpfen hier vielmehr ganz explizit an die in der interpretativen Sozialforschung fast schon ‚kanonischen' Prinzipien der Grounded Theory an (Glaser/Strauss 1967; Strauss/Corbin 1990; vgl. auch Breuer et al. 2019; Mey/Mruck 2011; Strübing 2014). Praktisch impliziert diese Haltung, dass im ersten Stadium der Feldarbeit möglichst *alle* Informationen, welcher Art und auf welche Art auch immer, gesammelt und typischerweise als Feldnotizen aufbereitet werden (zu Feldnotizen bzw. Fieldnotes vgl. Emerson et al. 2011; Wolfinger 2002). Die Daten, die aus der Arbeit in diesem Stadium resultieren, haben folglich einen im Wesentlichen ‚impressionistischen' und explorativen Charakter. Auch diese Daten werden aber schon methodisch und ggf. – im Rekurs auf einschlägige Literatur – theoretisch reflektiert, so dass hier bereits erste Analyseeinheiten und Kategorien gebildet werden können. Anhand dieser Kategorien werden die vorliegenden Daten dann geordnet und in (Forschungs-)Memos neu vertextet. Auf der Grundlage der Memos und der Feldaufzeichnungen werden Arbeitshypothesen für das jeweils nächste Untersuchungsstadium gewonnen, das wiederum in einem weiteren, theoretisch stringenteren Memo verarbeitet wird, usw., bis sich *typische Fallstrukturen* zeigen und sich – im Sprachgebrauch der Grounded Theory – die ‚Story' der Arbeit entfalten lässt (zum Fall vgl. Ragin/Becker 1992; zur Fallrekonstruktion vgl. Kraimer 2000; zu Varianten der Typenbildung vgl. Eisewicht 2018c; zur Typenbildung nach Grounded Theory vgl. Kelle/Kluge 2010). Dadurch lässt sich (und darin liegt sozusagen der forschungs*ökonomische* Gewinn dieses Designs) die Feldarbeit zunehmend *fokussieren und strukturieren*, bleibt aber zugleich auch offen für Explorationen neuer, unerwarteter Ereignisse, Handlungsabläufe und Interaktionskonstellationen. Das bedeutet bekanntlich konsequenterweise, dass das Sample nicht etwa – nach irgendwelchen externen sozialstrukturellen Kriterien – vorab festgelegt, sondern (in Anlehnung an Glaser 1978 formuliert) im Verlauf der Untersuchung theoretisch begründet definiert wird (zum „theoretical sampling" auch Strauss/Corbin 1990, S. 176ff.).

Anders ausgedrückt: Was und wieviel im Hinblick worauf erhoben wird, richtet sich nach den theoretischen Fragestellungen, die sich im Verlauf des Forschungsprozesses ergeben und zugleich die Datenerhebung auch wieder ‚kontrollieren' (vgl. Zifonun 2015; vgl. auch Bulmer 1979). Diese Technik der konstanten Komparation von Datum und Theorie ordnet einerseits das aus dem offenen Zugang resultierende und zur Sensibilisierung für das Feld ja zunächst erwünschte ‚Chaos des Erlebens' des Forschers, und sie verhindert andererseits ungesicherte theoretische Spekulationen, bindet die Theorie also zurück ans empirische Material (vgl. Reichertz 2003).

3.1.3 Dokumente und Artefakte

Während der Arbeit im Feld sammeln Ethnographen nicht nur Erfahrungen qua eigener Teilnahme und Wissen über die Gespräche mit den Menschen im Feld, sondern typischerweise auch Dokumente (aller möglichen Art), auf die sie hingewiesen werden, die sie finden, erfragen oder bestenfalls ohnehin ganz selbstverständlich ausgehändigt bekommen und aus dem Feld mitbringen.[65] Mit Dokumenten meinen wir nicht nur Texte aus dem Feld, sondern auch von Feldteilnehmern bzw. im Feld genutzte Fotos, Videos oder Magazine. Sozusagen notorisch vernachlässigt, u. E. aber oft hochgradig erkenntnisträchtig sind überdies alle möglichen Arten sonstiger Artefakte, also irgendwelche Gebrauchsgegenstände wie z. B. Kleidungsstücke oder Werkzeuge. Im Vergleich zu forscherproduzierten Daten, d. h. zu dessen Protokollen, Aufzeichnungen, Transkripten von Gesprächen usw., scheinen sogenannte natürliche Daten aus dem Feld in methodischen Einführungen und Anleitungen oft unterrepräsentiert oder auffällig ‚abwesend' zu sein.[66] Dies überrascht insofern, als der Ethnograph im Feld ‚näher' am Geschehen ist als andere Sozialwissenschaftler mit ihren Erhebungsmethoden und als dieses Geschehen durchaus nicht in gegenstandsleeren Räumen statthat, sondern in Räumen voller Dinge und bevölkert von Menschen, die in ihnen unter Rückgriff auf verschiedenste ‚Requisiten' handeln.[67] Weniger überrascht die relative Abwesenheit von *Dingen* in der

---

65 Diese Artefakte nutzen sie typischerweise auch, um z. B. in Vorträgen anzuzeigen, dass sie ‚wirklich' im Feld waren, und um die Exotik dieser Felder (und das damit verbundene Sonderwissen über die Dinge im Feld) vorzuführen. Darüber hinaus dienen die Artefakte nicht nur dem illustrativen ‚Beweis', sondern auch als Erinnerungsstütze für Feldberichte (vgl. dazu die Beiträge im Kapitel ‚Schrumpfköpfe' des AK Ethnographie der Sektion Wissenssoziologie in Raab/Keller 2016).

66 Beobachtung, Teilnahme und Interview (deren Durchführung, Dokumentation und Auswertung) werden ausführlich abgehandelt, Dokumente hingegen allenfalls am Rande und Artefakte so gut wie gar nicht besprochen (vgl. Breidenstein et al. 2013; Crang/Cook 2007; Campbell/Lassiter 2015; Dellwing/Prus 2012; Fetterman 2009; zur Relevanz von Artefakten vgl. jedoch Hammersley/Atkinson 2007, S. 121ff.).

67 Dass insgesamt ‚Kultur' nicht bloß als ‚freischwebende' mentale Repräsentation wirksam ist, wird in den letzten Jahrzehnten verstärkt unter dem Begriff ‚materieller Kultur' verhandelt (vgl. Appadurai 1986; Hahn 2005; Hicks 2010; Miller 1987; Pels et al. 2002; zum ‚material turn' vgl. Bachmann-Medick 2011). Im Rahmen dieser Zuwendung stellt sich auch die methodologisch und methodenpraktisch zu beantwortende Frage nach dem „Verhältnis zwischen Mensch und Ding" (Kramer 1962) neu. Die Versprechen der Berücksichtigung der materiellen Eigenschaften dinggewordener symbolischer Bedeutungen

Ethno*graphie*, weil Sozialwissenschaften nach wie vor hochgradig textorientiert sind, auch wenn der Mainstream keineswegs Welt schlechthin als Text begreift (wie z. B. Garz/Kraimer 1994), sondern eben auch Nicht-Sprachliches vertextet (vgl. Luckmann 2002b). Texte zu produzieren, ist augenscheinlich leichter, wenn man sich auf verbalisiertes (und visuell dargestelltes) bzw. auf leicht verbalisierbares (und bildlich darstellbares) Material konzentriert. Und noch einmal ‚leichter' macht es sich, bzw. kaum noch als Ethnograph gelten darf, wer sich ausschließlich forscherproduziertem Material widmet. Forscherproduzierte Texte, die in der distanzierten Haltung des Beobachters und Zuhörers im Feld entstanden sind, werden aufgrund dieses Entstehungskontextes oft und gern so begriffen, als könnten die so erhobenen Daten als Daten der Phänomene selber gelten. Das heißt, sie werden selten auf ihren Entstehungskontext hin reflektiert (der dem Forscher als weitestgehend bzw. zumindest als hinreichend objektiv gilt).[68]

---

sollen dabei in der Analyse eingelöst werden. Dabei geht es weniger um ein (sprachliches) Verstehen von Bildern und Objekten, sondern um ein sinnadäquates Verstehen durch bildliche und anderweitig materialisierte Verhaltensspuren. Dieses Verstehen wird oftmals wieder in (wissenschafts-)sprachlich formulierte Ergebnisse übersetzt. Es geht also weniger darum, der Sprache zu ‚entkommen', als vielmehr darum, andere signifikante Symbole als Sprache bzw. Versprachlichtes zu berücksichtigen und deren Bedeutung für die „gesellschaftliche Konstruktion der Wirklichkeit" (Berger/Luckmann 1969) zu erforschen.

68 Das Problem, dass sich interpretativ arbeitenden Sozialwissenschaftlern stellt ist, dass sie als ausgebildete Symbolanalytiker im Bestreben der Rekonstruktion von Bedeutungen anfällig für ihre ‚déformation professionnelle' sind. Dass sie nämlich in Fokussierung auf die mögliche Bedeutung, d. h. die subjektive und sozial geteilte *Wahrheit* von Phänomenen deren Dinghaftigkeit, d. h. deren materielle *Wirklichkeit* vernachlässigen, selbst dort, wo sie anstreben, das nicht zu tun (vgl. Därmann 2014, S. 8; Hahn 2005, S. 9). *Beide* lassen sich aber als Bausteine der Sinnhaftigkeit von Welt wie wir sie erfahren verstehen (vgl. Hahn/Soentgen 2011, S. 23). Es geht den Sozialwissenschaften also wenn, dann mehr darum, die Materialisierung (nicht die Materialität) von Sinnbezügen zu verfolgen, wobei die Frage danach, welche Dinge sich dann als Materialisierung des spezifischen Sinns finden lassen eher irrelevant erscheinen. Welche Bedeutungen ein spezifisches Ding aufgrund seiner Eigenheiten überhaupt zugeschrieben bekommen kann (und dass diese Bedeutungszuschreibungen dann nicht unendlich oder zufällig sind) ist dagegen weniger relevant (wird es doch ohnehin durch die Bedeutungszuschreibung erst dazu gemacht; vgl. Froschauer/Lueger 2007, S. 435; Schmidt-Lauber 2003, S. 76ff.; Schein 1990). Diese Einseitigkeit der Analyse (vgl. Hahn/Soentgen 2011, S. 22) bleibt derart an der Oberfläche von Dingen, indem der Bedeutungswandel oder die Stabilität von Bedeutungszuschreibungen zu Dingen und Arrangements nachgezeichnet wird (vgl. Schmidt-Lauber 2003), in diesen Ding-Formen aber Materialität wirksam wird, die maßgeblich den Spielraum „mehr oder weniger fixiert[er] Auslegungen von Deutungsgemeinschaften" (Froschauer/Lueger 2007, S. 428) strukturieren. Wenn folglich auf der einen Seite des Weges der Abhang eines „mere symbolism" (Rafaeli/Pratt 2006) droht, dann lauert auf der anderen Seite das Problem der Objektzentriertheit, also darin die Bedeutungen aus den Dingen allein zu rekonstruieren, z. B. in der strengen Lesart der Affordanzen, wie sie James J. Gibson (1977) beschreibt. U. e. nach durchkreuzt eine phänomenologiebasierte ethnographi-

Angesichts der Problematik(en) der Reflexion des Entstehungskontextes, der Interpretation, der Verbalisierbarkeit usw. ist die Aussparung von feldproduzierten Dokumenten und Artefakten zwar keineswegs plausibel, aber doch immerhin forschungspragmatisch verständlich. Gleichwohl bleibt zu konstatieren, dass im Rahmen der sogenannten „qualitativen Methoden" einige Varianten der Dokumentenanalyse diskutiert werden (vgl. Bohnsack 2009; Keller 2011; Wolff 2000; zur Artefaktanalyse vgl. Froschauer 2009; Lueger/Froschauer 2018), die der Ethnograph methodenopportun nutzen und in seine eigene Arbeit integrieren kann. Gegen die unreflektierte Anwendung dieser Methoden gibt es einen triftigen Einwand, bzw. für eine *eigenständige* ethnographische Dokumenten- und Artefaktanalyse gibt es gute Gründe (vgl. Honer 1993a, S. 39f.): Wenn Dokumente (und Artefakte) als Zugang zu selber nicht zugänglichen Phänomenen (und nicht als kontextgebundene Repräsentation dieser Phänomene) behandelt werden, dann werden diese Dokumente dabei objektiviert und, wenn sie außerhalb des Feldes betrachtet werden, auch entkontextualisiert.

Angesichts des Interesses an der Relevanz dieser Dokumente für die Menschen im Feld ist demgegenüber eine lebensweltanalytisch-ethnographische Dokumenten- bzw. Artefaktanalyse (Eisewicht 2016a; Eisewicht et al. 2018a) zum einen dadurch gekennzeichnet, dass die Dokumente vor allem (oder jedenfalls zumindest auch) daraufhin betrachtet werden, wie sie wo und wann von wem unter welchen Umständen gehandhabt und in dieser Handhabung pragmatisch verstanden werden (Jacobson 2016).[69] Zum anderen werden Do-

sche Forschung diese Trennung, da sie danach fragt, wie sich Dinge im Bewusstsein appräsentieren und wie darin Wirklichkeit des Dings *und* Wahrheit der Bedeutungszuschreibung verschränken (zur Konzeption einer ethnographischen Artefaktanalyse vgl. Eisewicht 2016a; Grenz/Eisewicht 2019; in Anwendung Eisewicht et al. 2018; Eisewicht/Dietrich 2019).

69 In der Wahrnehmung der Dinge in lebensweltpragmatischer Einstellung des Subjektes (vgl. Gurwitsch 1976, Schütz 2004a) sind Artefakte stets vor-interpretiert entsprechend der subjektiv zuhandenen Wissensbestände und (Motivations-, thematischen und Auslegungs-)Relevanzen (vgl. Schütz 2004b, S. 122ff.). Sie werden einerseits durch reflexive Zuwendung unseres Bewusstseins als Erlebnisse aus dem Bewusstseinsstrom herausgehoben – sie drücken sich allerdings auch auf, wenn die Aufmerksamkeit auf sie gerichtet wird oder diese Aufmerksamkeit auf sie provoziert wird (wenn z. B. etwas auf uns zugeworfen wird; vgl. Scheler 1980, S. 263). Dinge können nur in unserem Bewusstsein (als Bewusstsein von diesem Objekt) appräsentiert werden. Diese Appräsentation erfolgt jedoch nicht losgelöst von dem, was wir subjektiv von diesem Artefakt wahrnehmen. Appräsentation erfolgt vielmehr als Übertragung von zugeschriebener Bedeutung und erfahrener Wirkung (typischerweise in Verweis auf andere Phänomene, die sich als Wissen sedimentiert haben). Menschen im Feld sind weniger enthobene Beobachter äußerer Wirklichkeit als von Dingen betroffene sowie mittels und mit Dingen in Situationen involvierte Handelnde. Appräsentationen von Phänomenen verkoppeln dergestalt innere und äußere Wirklichkeit miteinander.

kumente und Artefakte zunehmend auch in der Bandbreite ihrer sensorischen Qualitäten erfasst.[70] Kurz: im Rahmen lebensweltanalytischer Ethnographie gilt unser Interesse weniger den ‚Dingen an sich', sondern dezidiert dem ‚Zeug' in seiner Zuhandenheit für die, die es *praktisch* nutzen und umnutzen.[71]

Das gilt für Texte ebenso wie für andere Artefakte aus dem Feld. Und das impliziert auch, dass wir deren Gebrauch beobachten und mit den Nutzern besprechen und dass wir dem ‚Zeug' überallhin folgen, wo es Verwendung findet (als eine von vielen möglichen ‚Following-Strategien' vgl. Marcus 1995, S. 105ff.). Es bedeutet aber vor allem, Dokumente und Artefakte nicht nur als Informationsträger, sondern *auch* in ihren sinnlichen Qualitäten zu untersuchen (zu „Sensory Ethnography" vgl. Arrantes/Rieger 2014; Pink 2009; Sparks 2009; vgl. auch Maeder/Brosziewski 2011; Eberle 2015a). In Rückgriff auf verschiedene Ansätze zur Dinganalyse (vgl. Kramer 1962; Vilnai-Yavetz/Rafaeli 2006; Gurwitsch 1976; Hahn/Soentgen 2011; Hübner 2015; im Überblick Eisewicht 2016a, S. 117ff.; Grenz/Eisewicht 2019, S. 221ff.; in Anwendung Eisewicht

---

70 So z. B. in unserem von 2014 bis 2017 bearbeiteten Forschungsprojekt „Inszenierungen von Zugehörigkeit" im Rahmen des vom BMBF geförderten Verbundes „Techniken der Bricolage – Interdisziplinäre Perspektiven auf jugendkulturelle Praktiken des Umgangs mit alltagskulturellen Objekten (JuBri)" (vgl. die beiden Abschlusspublikationen Jubri 2018 und darin Eisewicht et al. 2018a; Böder et al. 2019 und darin Eisewicht/Dietrich 2019; zudem Eisewicht et al. 2016, 2018b).

71 Zum „Zeug" (Heidegger 1972; Gurwitsch 1976, S. 100ff.; ähnlich als „Handlungsgegenständlichkeit" bei Schütz 2004a) werden die Dinge im instrumentellen Gebrauch ihrer zu materieller Gestalt geformten Stofflichkeiten. Je nach situativem Gebrauch wird das gleiche Ding zu verschiedenem Zeug, z. B. ein Stift zu Schreibzeug (im Schreiben), zu Demonstrationszeug (in einem Vortrag über Artefaktanalysen), zu Wurfzeug (in einem Konflikt), zum Distinktionsmarker (im demonstrativen Gebrauch in Vergleich zu schlechteren, weniger teuren Stiften), zu Erinnerungszeug (wenn wir ihn Jahre später wiederbetrachten) usw. Hinsichtlich ihrer Bedeutung für die sie Gebrauchenden sind Dinge nicht das, was Forscher außerhalb des Feldes in der interessenfreien Beobachtung in ihnen zu sehen meinen. Vielmehr sind sie all das, *wozu* sie im Feld von Menschen gebraucht und *als was* sie von diesen Menschen verstanden werden. In dem, wie sie zuhanden sind und gebraucht werden, verweisen Dinge auf sozial geteilte und individuell angeeignete Wissensbestände über ihre funktionalen und symbolischen Bedeutungen. In der sozialwissenschaftlichen Forschung haben wir es nun üblicherweise mit Dingen zu tun, die von anderen in Situationen als Zeug genutzt werden und denen wir uns als ‚außenstehende' Forschende nähern. In dieser Logik der Beobachtung zweiter Ordnung bzw. der Rekonstruktion der Konstruktionsleistungen des handelnden Menschen sind die Objekte gewissermaßen ‚*Forschungszeug*' oder, um hier eine begriffliche Trennung aufzumachen, sie sind Artefakte (vgl. Lueger/Froschauer 2018). Als Artefakte sind sie im Rahmen der Forschung in einem ‚Feld' aufgefundene Objekte, deren Bedeutung als Zeug für die damit handelnden Menschen in diesem Feld Gegenstand der Betrachtung sein kann. Insofern es um die Zeughaftigkeit der Objekte, also um die in Situationen konkrete Zeugbedeutung eines Objektes für einen Handelnden geht, können Artefakte nicht außerhalb (bzw. unabhängig von) der Situation verstanden werden, in der sie verwendet werden (z. B. in einem Büro auf einem Tisch liegend).

et al. 2018a; Eisewicht/Dietrich 2019), betrachten wir – heuristisch – vier Bedeutungsebenen als wichtig, die im sinnhaften Bezug auf Dokumente und Artefakte relevant werden können: die Zeichen- und Symbolbedeutung von Dingen im Verweis, die Zeugbedeutung von Dingen im Gebrauch, die Gestaltungsbedeutung von Dingen in ihrer räumlichen Ausdehnung, Zusammensetzung und darin Objekthaftigkeit, sowie die Stoffbedeutung in ihrer physikochemischen Zusammensetzung und sinnlichen Wahrnehmbarkeit.[72]

Grundsätzlich sind Dinge als „durables of existence" (DeNora 2014, S. 5; als „survivals" Kramer 1962, S. 98) wirklich (und darin wirksam) aufgrund ihrer stofflichen Zusammensetzung (bei Aron Gurwitsch als „Natur" 1976, S. 102). Wahrgenommen wird diese stoffliche Zusammensetzung von Menschen nicht nur visuell und auditiv, sondern auch haptisch, olfaktorisch und ggf. gustatorisch. Und nicht nur prägt diese Wahrnehmung das situative Erleben; mitunter ist es sogar ausschlaggebend für die Bedeutung des Dinges im Feld. Stoffe werden zu materiellen Formen gestaltet und damit zu von Menschen als distinkt wahrnehmbaren Dingen. Auf dieser ‚Ebene' setzen die meisten Arbeiten zu materieller Kultur an, vernachlässigen bzw. ignorieren dabei aber oft die Stofflichkeit der Dinge. Diese Stofflichkeit drängt sich dem Bewusstsein potentiell aber ebenso auf wie die Gestalt von Dingen, denn *beide* sind wesentlich dafür, dass Dinge als *wirklich* wahrgenommen werden.[73] Und im Gebrauch der Dinge können sich wiederum ereignishaft Spuren sedimentieren und bilden, die wie-

---

72 Die stoffliche Zusammensetzung und materielle Gestalt verweisen auf die eher passiven Aspekte der Wahrnehmung, die sich Menschen *aufdrücken*, da der Handelnde als Nutzer die Gestalt und stoffliche Zusammensetzung eines Dinges nicht ändern kann, ohne dass dieses Ding zu etwas anderem wird. Instrumenteller Gebrauch und zeichenhafter Verweis weisen dagegen auf die aktive Seite der Wahrnehmung, also den *Eindruck*, den wir von Dingen erlangen, hin, da Handelnde Dinge verschieden gebrauchen und bedeutsam machen. Mit Aron Gurwitsch (1976, S. 95ff.) gesprochen sind stoffliche Zusammensetzung, materielle Gestalt, sowie potentieller Gebrauch und mögliche Bedeutungszuschreibung der Horizont von Dingen, der als „*Mitbeigebrachtes*" (ebd., S. 103) in Situationen kontingent ist, d. h. Aspekte von Dingen, die von Handelnden als wahr und wirksam wahrgenommen werden können. In der situativ durch Handelnde angewandten Gebrauchsweise und zugeschriebenen Bedeutung und der darin wahrgenommenen stofflichen und materiellen Eigenschaften konstruieren Akteure dann die jeweilig situationsspezifische „*Zeugganzheit*" (ebd., S. 100ff.) aus der prinzipiellen „Vieldeutigkeit der Zeughaftigkeit". Im gesellschaftlichen Alltag finden sich in Situationen dabei selten solitäre Objekte die ‚einsam' von jeweils darauf bezogenen Handelnden gebraucht werden, sondern typischerweise Arrangements.

73 Die Erfahrungsdaten im Feld aus beobachtender Teilnahme ermöglichen gerade den exklusiven Zugang zu allen vier Bedeutungsebenen, die als außenstehender Beobachter nur erahnt werden können, die in Dokumenten nur (audio-)visuell repräsentiert sind und die in Gesprächen nur erzählt und geglaubt werden können. Das existenzielle Engagement ist uns auch und gerade bei der Untersuchung von Dingbedeutsamkeiten zentrale Orientierung, da sich nur so die Perspektive der Feldteilnehmer auf Geschehnisse, so wie sie sich im Feld ereignen, am ehesten eingeholt werden kann.

derum – mit entsprechendem Wissen – als Anzeichen für spezifische Handlungen gelesen werden können (vgl. Grenz 2016, 2018; am Beispiel von Spuren an Skateboards und Skateschuhen vgl. Eisewicht et al. 2018a, S. 188ff.; Nowodworski 2019, S. 55-56)).

Zusammenfassend: Dokumente und Artefakte sind uns analytisch in dem Maße wichtig, wie sie den Menschen im Feld wichtig sind. Wir versuchen deren Bedeutung nicht *über* die Köpfe der Feldteilnehmer hinweg zu rekonstruieren, sondern sozusagen (metaphorisch ausgedrückt) *durch* deren Sinnesorgane und Deutungsschemata hindurch. Auch das ist leichter abstrakt geschrieben als erhebungstechnisch getan. Am ehesten gelingt auch das dann, wenn der Forscher im Feld nicht nur schaut, redet und hört, sondern sich *darüber hinaus* auch existenziell einlässt auf das, was praktisch geschieht.

3.1.4 Passagen-Effekte

Dadurch, dass der Ethnograph im Feld teilnimmt, beobachtet, mit Menschen spricht, Dokumente sammelt und Dinge gebraucht, gewinnt er nicht nur zunehmend Einsichten in die Feldgegebenheiten und in das Feldgeschehen und macht zunehmend typische Erfahrungen, er entwickelt – vor allem in der Teilnahme – auch feldspezifische ‚*Mitspielkompetenzen*'. Einerseits macht ihn das sensibler für mögliche Zugänge im Feld: zu Orten, Zeiten und Menschen. Andererseits ändern sich dabei seine Rolle im Feld und damit auch sein Verständnis dessen, was er je in Erfahrung bringt. Für den (teilnehmenden) *Beobachter* sind diese Veränderungen weniger gravierend. In der Regel geht es allenfalls darum, wie er überhaupt Zugang zum Feld bekommt, was er dort wie beobachten kann und wie er aus dem Feld wieder herauskommt. Der interessenlose Beobachter, dessen eigene Teilnahme nicht primäre Grundlage seiner Forschung ist, bleibt dem Feld gegenüber zwangsläufig distanziert (wenn auch im Vergleich mit anderen Erhebungsformen weniger stark).

Der in dem von uns gemeinten Sinn am Geschehen teilhabende Ethnograph verhält sich dagegen im Feld weniger wie der von Schütz gezeichnete Idealtypus des analysierenden Sozialwissenschaftlers[74] als uninteressierter Beobachter, sondern weit eher wie der von Schütz (2011) beschriebene „sich *annähernde* Fremde" (vgl. Hammersley/Atkinson 2007, S. 80; Maso 2011), der sich in ihm noch nicht bekannte oder jedenfalls noch wenig vertraute Welten einlebt: Als Außenstehender ist er zunächst relativ inkompetent, denn er hat weder ein dem Geschehen angemessenes Orientierungswissen noch eine relevante Position im

---

74 Schütz (2011, S. 60) meint, wie oben schon erwähnt, keineswegs die Feldforschung, sondern die phänomenologische Epoché, wenn er von den „wissenschaftlichen Idealen der Kohärenz, der Konsistenz und der analytischen Konsequenz" spricht.

Feld. Er versteht zunächst weder die *dort* typischen Auslegungen noch die feldspezifischen Ausdrücke. Es mangelt ihm nicht nur an angemessenem Deutungs-, sondern bereits an praktischem Orientierungswissen. Das, was die Menschen tun, mit denen er im Feld zu tun hat, zu verstehen und es sich *dadurch* erklären zu können, gelingt nicht inhärent, sondern nur durch die Übersetzung in seine eigene Sprache, in seine eigenen Typisierungsweisen, in seine eigenen Auslegungsschemata, in seine eigenen Relevanzhierarchien – die so zwangsläufig von der ihn interessierenden Kultur abweichen. Seine Möglichkeiten zum adäquaten Verhalten und damit zur Teilnahme sind daher beschränkt. Deshalb sind in dieser ersten Phase Beobachtungen und erkundende Gespräche zumeist seine wichtigsten, weil grundsätzlich noch relativ leicht erschließbaren ‚Datenquellen'. In dieser Phase geht es für den Ethnographen typischerweise vorrangig darum, ‚irgendwie' grundlegendes Wissen zu sammeln, Kontakte zu Feldteilnehmern aufzunehmen und ihr Vertrauen erst einmal wenigstens so weit zu gewinnen, dass er als legitimerweise Interessierter bzw. als jemand, der bereit ist, mitzumachen, akzeptiert wird.[75] Im Interesse an der Teilhabe unterscheidet sich das Möchtegernmitglied (das *noch* ein Fremder ist) vom Beobachter (der ein Fremder *bleibt*), in dem Maße, in dem letzterer eben kein Erfahrungswissen vom typischen Erleben der typischen Rollen im Feld erlangt.

Erst in der *praktischen* Teilhabe am Feld gewinnt der Ethnograph an Erfahrungswissen und erlangt allmählich die Kompetenz, sich angemessen zu verhalten. Erst im Mitmachen *verändert* sich sein Relevanzsystem und er erlangt handlungsleitendes Wissen, das ihm hilft, vom Beobachter zum Teilnehmer und Mit-Spieler zu werden. Für den Beobachter ist das Geschehen im Feld vor allem Gegenstand seiner Deutung des Phänomens. Für den Teilnehmer wird das Feld „ein Segment der Welt, die durch Handeln bewältigt werden muss" (Schütz 2011, S. 66). Damit eignet sich der Ethnograph Wissen um die typischen Deutungen an und kann sich zunehmend auch feldtypischer Ausdrucksschemata bedienen. Das heißt, der Forscher kann nun nicht nur das Verhalten anderer so verstehen, wie es typischerweise im Feld verstanden wird, sondern er kann sich zunehmend auch *selbst* so verhalten, wie man sich in diesem sozialen Kontext eben zu verhalten hat – auch unter Rückgriff auf die Artefakte, die im Feld für das eigene „Impression Management" als Zugehöriger relevant sind (vgl. Hammersley/Atkinson 2007, S. 66; zum Zugehörigkeitsmanagement vgl. Eisewicht/Grenz 2010; Grenz/Eisewicht 2012). Als im Feld Engagierter lernt er so nicht nur zu verstehen, was Handlungen und Artefakte ‚praktisch' bedeuten, er beherrscht diese Handlungen und Objekte zu einem gewissen Grad auch praktisch (was ihn wieder grundlegend vom Beobachter unterscheidet und womit er Daten generieren kann, die sich anders nicht generieren lassen).

75 Gelingenderweise hat der Ethnograph im Feld dann typischerweise den Status des Einsteigers (vgl. Brink 2003; Hammersley/Atkinson 2007, S. 195).

In dieser Phase geht es darum, als *Mitglied* des Feldes akzeptiert zu werden (z. B. als Einsteiger), was symptomatischerweise eben höhere Anforderungen an die Bereitschaft stellt, in einer akzeptablen Weise zu handeln. Ein Mitglied muss z. B. wissen, wie man sich feldtypisch kleidet und welche Bedeutung eine bestimmte Art, sich zu kleiden, dafür hat, Zugehörigkeit (möglicherweise einer bestimmten Art) zu markieren. John van Maanen (1991, S. 37f.) beschreibt diese Markierung bezüglich seiner Ethnographie bei der Polizei:

> „Nach Abschluss [der Polizeiausbildung – Anmerkung R.H. und P.E.] wechselte ich auf die Straße und nahm eine weniger teilnehmende Rolle ein, obwohl ich immer noch eine Marke und eine Waffe bei mir trug. Diese Anzeichen der Mitgliedschaft zeigten Anderen meine öffentlich gemachte Bereitschaft an, die Risiken des Polizeilebens zu teilen. Abgesehen von wenigen besonderen Ereignissen, Paraden und öffentlichen Zeremonien, wo Uniformen knapp waren, war ich, wie man in der Polizei sagte, in Zivil [‚out of the bag' im Polizeislang – Anmerkung R.H. und P.E.]. Ich kleidete mich für die Straße so, wie ich dachte es Polizisten in Zivilkleidung tun würden" (eigene Übersetzung).

Beobachtende Teilnahme bedeutet für uns aber nicht nur, prinzipiell Bereitschaft zu markieren, sondern auch, diese Bereitschaft prinzipiell in konkrete Handlungen umzusetzen. Typischerweise wird diese doppelte Bereitschaft von anderen Feldteilnehmern auch gefordert und geprüft, denn existenzielles Engagement impliziert eben nicht nur die Interaktion mit Anderen, sondern auch das Mittun und das alleinige Tun des Forschers im Feld. Wenn er als Teilnehmer akzeptiert ist, verändern sich auch die Art der Gespräche, die der Ethnograph im Feld führt und die Informationen an die er so gelangt. Nicht nur sein Interesse am Feld, sondern auch seine persönliche Meinung und seine Kompetenz als „einer von uns" sind nun zunehmend gefragt. Damit nähert sich auch typischerweise seine Befragungstechnik dem Expertengespräch auf Augenhöhe.

Die damit einhergehende Positionsveränderung im Feld kann im Verstande des „going native" dazu führen, dass das Handeln des Ethnographen im Feld „alle Anzeichen von Gewohnheit, Automatismus und eingeschränkter Bewusstheit auf[weist]" (Schütz 2011, S. 70). Der Ethnograph handelt in Relation zu dem, was andere von ihm erwarten, und die anderen reagieren ihm gegenüber auf die Art und Weise, wie sie anderen Mitgliedern gegenüber eben typischerweise auch reagieren (auch in Konfliktsituationen). Die subjektiv antizipierten wahrscheinlichen Folgen seines Handelns werden zunehmend zu objektiv wahrgenommenen Erfolgschancen. In dieser Phase wird der Ethnograph zum ‚Native' hinsichtlich einer spezifischen Feldrolle und erfährt sich als solcher zugehörig zum Feld und zumindest in gewisser Weise oft auch als zusammengehörig mit den Menschen, mit denen er dort zu tun hat, deren Schicksal er in bestimmten Situationen teilt und denen er unintendiertermaßen unterstellt, *seine* Sicht der Dinge zu teilen (die er ja wiederum von ihnen ‚erlernt' hat). Die Erwartungen an ihn und die Verpflichtungen, die er im Feld eingegangen ist, können sich naheliegenderweise als (zum Teil hochgradig) problematisch für ihn und für das Feld erweisen. Die Gefahr, aus dem Feld nicht mehr zurückzufinden (bzw. finden zu wollen), erscheint uns dabei als weniger dramatisch, als gemeinhin angenommen wird (vgl. Eisewicht et al. 2015). Entscheidend ist, nicht nur zum Schutz des Forschers vor der vermeintlich drohenden ‚Verkafferung', sondern auch zur Beantwortung der Forschungsfrage, im zirkulären Forschungsprozess der Wechsel zwischen dieser Teilhabe und der distanzierten Analyse der Daten.[76]

In bestimmten Situationen mithandeln zu dürfen bzw. sich als von Anderen akzeptiertes Mitglied zu erfahren, d. h. Menschen und Situationen erfolgreich zu passieren, befördert zum einen Evidenz(erfahrungen) dazu, typisches Mitglied zu sein. Stellt sich diese Erfahrung auf Dauer ein, kann der Forscher mittels der distanzierten Analyse *seiner* Erfahrung tatsächlich die typischen Sinnstrukturen der Handelnden rekonstruieren, um die es ihm je zu tun ist. Zum anderen lässt sich im bzw. über das Selber-Tun das, was tatsächlich vor sich geht, besser nachvollziehen, als wenn man lediglich beobachtend an Orten ist, an denen bzw. von denen aus man eben beobachten darf, was passiert.

Mit Passagen-Effekten meinen wir, zusammenfassend, also die unterschiedlichen Intensitäten des Dabeiseins, Teilnehmens, Dazugehörens, Akzeptiert- und Anerkannt-Werdens des Forschers in den verschiedenen Phasen, die er im Feld – unweigerlich – dann durchlaufen muss, wenn er ernsthaft daran interessiert ist, sich auf das Geschehen existenziell einzulassen. In den verschiedenen Phasen der Teilnahme werden unweigerlich auch unterschiedliche (Qualitäten an) Daten generiert (und haben Daten je eine spezifische Bedeutung und Funktion für den Forschungsprozess), die es im Weiteren dann *allesamt* distanziert zu analysieren gilt.

3.2 Schreibtischarbeit

3.2.1 Hermeneutik

Zur theoriegeleiteten Deutung des vorzeigbar zuhandenen Materials bzw. der fixierten Daten verfügen wir bekanntlich über eine beträchtliche Zahl an – dem

76 Es ist auffällig, dass das Problem des „going native" als Distanzverlust zum Feld stärker diskutiert und problematisiert wird, als das Problem von zu großer Distanz, etwa wenn Ethnographen in ‚sicherer' Distanz zum Feld sich sozusagen auf der Veranda oder sich gar auf dem Hochsitz ‚einrichten' und meinen gültigere, weil vermeintlich objektivere Daten zu erhalten (ohne wenigstens den dadurch kaum zu vermeidenden Verlust an Daten nachdrücklich und nachhaltig zu reflektieren).

weiten und weit verstandenen Kanon sozialwissenschaftlicher Hermeneutik zurechenbaren – interpretativen Methoden (vgl. dazu z. B. schon die Beiträge in Hitzler/Honer 1997). *Keine* dieser Methoden kann beanspruchen, für jede Fragestellung *die* Methode schlechthin zu sein (vgl. Hitzler 2002). Jede Analysemethode gibt vielmehr Antwort auf einen *spezifischen* Typ von Fragen, die sich an das jeweilige Material stellen lassen. Welche Fragen zu stellen sind, das wiederum lässt sich nur auf der Grundlage des gegebenen *theoretischen* Interesses klären. Wir meinen, dass *unseren* zentralen Fragen bzw. *unserem* zentralen Erkenntnisinteresse in der Regel der Rekurs auf die – vor allem von Hans-Georg Soeffner (vgl. z. B. 2000b, 2010 und 2014a; Soeffner/Hitzler 1994; vgl. auch Reichertz 2000) entwickelte – *wissenssoziologische* Hermeneutik am besten entspricht. (Auch) diese Hermeneutik beruht auf der anthropologischen Prämisse, dass Menschen versuchen, ihren (Ent-)Äußerungen einen einheitlichen Sinn zu geben, weil sie – aufgrund ihrer von Helmuth Plessner (1981a, S. 360ff.) so genannten „exzentrischen Positionalität" – grundsätzlich bestrebt sind, mit sich selber eins zu sein, weil sie *ihre* Sichtweisen als Teil ihrer selbst betrachten. Denn es ist die Eigenart dieses menschlichen Lebensvollzugs, dass er ‚selbstbezüglich' geschieht, das heißt, dass er einem sich selbst als sich selbst erkennenden Lebewesen eignet, das, rückgreifend auf seine Erfahrungen und vorgreifend auf seine Erwartungen, in (s)einer Welt sinnhaft zu handeln und dergestalt den schieren Vollzug als reflexive Praxis zu gestalten vermag. Das heißt, dem, was je in Frage steht, (einen) Sinn zu geben, ist die grundlegende, unabdingbare Lebenspraxis der Gattung Mensch, ist sozusagen das evolutionäre Schicksal der menschlichen Gattung. Während man (entgegen allen anderslautenden Behauptungen einer Reihe teils mehr, teils weniger ernst zu nehmender Autoren) sehr wohl *nicht* kommunizieren kann, kann man – zumindest als hellwacher, normaler, erwachsener Mensch – *nicht* nicht verstehen, denn (zumindest) als solcher lebt man in der „zweiten Natur" (Plessner 1981a, S. 382ff.) der Sinnwelten und (Be-)Deutungszusammenhänge.

Zu den Basis-Annahmen dieses Verständnisses von Hermeneutik gehört dementsprechend, dass Menschen immer von einer aus ihrer historischen, soziokulturellen und biographischen Prägung erwachsenen Position aus und immer auf Vorverständnissen basierend verstehen, dass Menschen insbesondere alles zu verstehen versuchen, was sie in irgendeinem Sinne als ein „Gegenüber" ansehen, und dass folglich das menschliche Sozialleben schlechthin auf Akten immerwährenden Verstehens basiert (vgl. Soeffner 2004a und 2010; Kurt 2004). Aufgrund jener Unüberschreitbarkeit der „mittleren Transzendenz" (vgl. Schütz/Luckmann 2003) gelingt die Rekonstruktion des (prinzipiell verschlossenen) *subjektiv gemeinten* Sinns von (Ent-)Äußerungen eines Anderen allerdings eben allenfalls als Annäherung an den *typischen* Sinn jenes Anderen, denn zugänglich ist evidenter Maßen *nicht* das andere Bewusstsein, zugänglich, erfassbar und damit interpretierbar sind lediglich intersubjektiv wahrnehmbare – gewollte wie ungewollte, reflektierte wie unreflektierte – *(Ent-)Äußerungen* des Anderen.

Dabei, andere zu verstehen und sich (alltäglich) in der Welt zurecht zu finden, hilft folglich (entschieden) die Fähigkeit, Zeichen und Anzeichen zu deuten. Das impliziert noch nicht, dass man über das Verstehen selber nachdenken müsste. Verstehen, was Menschen tun und was das menschliche Tun wie auch immer je nach sich zieht und was sich dergestalt ‚verwirklicht', kann man sehr wohl, ohne weiter darüber nachzudenken, wie man weiß, was man zu wissen glaubt. Offenkundig kann man aber auch über den Vorgang des Verstehens selber nachdenken, d. h., man kann das Verstehen selber zu verstehen versuchen – z. B. indem man alltagssprachliche Kompetenzen und alltägliches Regelwissen expliziert. Und erst diese ‚Operation' nennt man im strengeren Sinne „Hermeneutik":

Hermeneutik, in der Texte (und textanaloge Artefakte) grundsätzlich als Protokolle vergangener Handlungen verstanden werden, geht einher mit dem Anspruch auf relative Objektivierbarkeit der mit ihr gewonnenen Erkenntnisse – vor allem im Hinblick auf ihre Überprüfbarkeit Mithin müssen die Auslegungsverfahren und das in sie eingehende Vorwissen so weit wie möglich offengelegt werden. Voraussetzung dafür, dass etwas zum Gegenstand hermeneutischer Interpretation werden kann, ist, dass es als Dokument einer Handlung oder Lebensäußerung vorliegt, d. h. dass es – schriftlich oder auf Ton- oder Bildträger – fixiert ist und dass es immer wieder und in gleicher ‚Gestalt' von jedem beliebigen Interpreten angesehen, hin- und hergewendet und damit kontrolliert werden kann. Die Interpreten müssen vom aktuellen Handlungsdruck typischer Alltagssituationen entlastet werden, damit sie prinzipiell jede denkbare Lesart eines Textes suchen, im Hinblick auf ihre Plausibilität prüfen und allmählich die ‚unwahrscheinlicheren' Lesarten aussondern können, um dergestalt die in einem je infrage stehenden Text enthaltenen Sinnkonstruktionen zu rekonstruieren. So verstandenes methodisches Interpretieren impliziert im Wesentlichen also die Explikation alltagssprachlicher Kompetenzen, die von den Handelnden in ihren Interaktionen ohnehin schon als ‚tacit knowledge' eingesetzt werden (zur Grundlegung der hermeneutischen Prozedur vgl. Soeffner/Hitzler 1994; zur detaillierten und praktikablen Einführung vgl. Kurt 2004 und v. a. Kurt/Herbrik 2019).

Die Eigenart der so verstandenen Hermeneutik ist, dass sie in einem die alltäglichen Vollzugsnotwendigkeiten transzendierenden Modus statt hat[77]; genauer: dass sie in die Subsinnwelt des Theoretisierens – und damit der Distanznahme von pragmatischen Notwendigkeiten – verweist.[78] Ist der Gegenstand

---

77 Z. B. dient das im alltäglichen Miteinander üblicherweise beiläufig eingesetzte Deutungsrepertoire beim verstehenden Verstehen der methodischen Aufdeckung von Inkonsistenzen, bzw. der Sinn-Überprüfung, und der Konsistenzherstellung, bzw. der Sinn-Schließung.

78 Diese Subsinnwelt – sei sie institutionell nun wissenschaftlich, religiös, ästhetisch oder anderswie verortet – ist Alfred Schütz (2003a, S. 222ff.) zufolge ja gekennzeichnet da-

des Theoretisierens nun eben irgendeine – ‚naive' oder reflektierte – Form des lebenspraktischen Verstehens oder das lebenspraktische Verstehen ‚an sich' bzw. die Auslegungsbedürftigkeit der Lebenspraxis schlechthin, dann bezeichnen wir diese sozusagen sekundäre Praxis als eine methodisch kontrolliert interpretative.

In dieser ‚sekundären Praxis' geht es um die Rekonstruktion der Konstruktion von Sinn: um die Rekonstruktion von subjektivem Sinn und von als ‚Bedeutung' objektiviertem Sinn; um die Rekonstruktion biografischer Sinnsetzungen; um die Rekonstruktion der Institutionalisierung von Sinn, von Sinnschemata, von Sinnstrukturen; um die Rekonstruktion der Distribution von Sinn; um die Rekonstruktion von banalem, alltäglichem und von sogenanntem höherem, alltagstranszendentem Sinn, usw.; kurz: um die Rekonstruktion von Handlungssinn ebenso wie um die Rekonstruktion des Sinns bzw. der Bedeutung von kleinen und großen, von punktuellen und umfassenden, von situativen und epochalen Handlungsergebnissen – und dabei immer auch um die Rekonstruktion sinnrekonstruierender Akte selber (vgl. Soeffner, z. B. 2000b und 2014).

Die grundlegende Haltung hermeneutischer Interpreten besteht also vor allem darin, mitgebrachtes Wissen und pragmatisches Verstehen zeitweilig zu suspendieren, *falsifizierbare* Hypothesen zu formulieren, diesen gegenüber maximal skeptisch zu sein und zu explizieren, wie bzw. wieso man meint, zu verstehen, was man zu verstehen meint.[79] Dieser Haltung entsprechend haben

---

durch, dass – wie schon in Fußnote 11 bemerkt – das pragmatische Interesse des Alltags (das stets diktiert wird von der Notwendigkeit, ‚irgendwie' sein Leben zu gestalten) abgelöst wird von dem rein kognitiven Interesse daran, einen Sachverhalt nicht praktisch zu bewältigen, sondern ihn zu bedenken. Theoretisieren ist eine prinzipiell lebens*unpraktische* (nicht etwa eine lebens*untaugliche*) Einstellung. Denn die theoretische Einstellung ist *die* Einstellung, in der wir gänzlich uninteressiert daran sind, uns den pragmatischen Notwendigkeiten des Alltags zuzuwenden – außer in dem Sinne, dass wir diese Alltagsnotwendigkeiten praktisch distanziert zur Kenntnis nehmen und darüber nachdenken. Eine theoretische Einstellung einzunehmen heißt demnach, die Lebensinteressen, die unser alltägliches Handeln leiten, einzuklammern und unsere alltäglichen Hoffnungen und Befürchtungen beiseite zu lassen. Was wir dabei konstruieren, ist eben gerade *nicht* Alltagswissen, sondern ein im weiteren Sinne verstandenes *analytisches Wissen.*

79 Die Aneignung dieser strengen Haltung kennzeichnet den Sozialwissenschaftler als Deutungsexperten. Und in diesem Expertenstatus (als mit dem Sonderwissen über hermeneutische Verfahren Ausgestatteter) liegt auch die Verantwortung des Wissenschaftlers für die von ihm vorgelegten Interpretationen. Der Forscher kann und sollte, wenn möglich, zwar gemeinsam mit anderen Interpreten interpretieren (im Überblick vgl. Reichertz 2013). Er kann die Interpretationsarbeit und die Verantwortung dafür u. E. aber nicht Anderen aufbürden – weder den anderen geschulten Interpreten noch gar, wie das etwa in der partizipativen Forschung und in kritischen Ethnographien üblich ist, den von ihm Beforschten. Verfahren, die Feldteilnehmer in die Auswertung einbinden, verkennen nicht nur die Problematik sogenannter kommunikativer Validierungen, sondern auch, dass Forschung Arbeit ist, für die der Forscher (als Auftrags- oder Arbeitnehmer) bezahlt

wir uns im Rahmen *unserer* ethnographischen Fragestellungen auf eine pragmatische Variante so verstandener wissenssoziologischer Hermeneutik verständigt, die wir als „quasi-sokratisch" bezeichnen, weil sie sich an das Prinzip des von Sokrates so kunstvoll gehandhabten mäeutischen Fragens anlehnt: Die quasi-sokratische Deutungstechnik besteht im Durchlaufen mehrerer hermeneutischer Schleifen. Sie beginnt damit, dass wir uns beim Interpretieren wechselseitig dazu zwingen, das, was wir (z. B. beim Lesen einer Textpassage) zu lesen meinen, darzulegen und (gegen den – methodischen – Deutungswiderstand der anderen Interpreten) zu plausibilisieren, aufgrund welcher (wiederum zu erläuternder) Kriterien wir zu sehen meinen, was wir zu sehen meinen. In den weiteren hermeneutischen Schleifen geschieht verfahrenstechnisch gesprochen das Gleiche, aber eben immer im Rückgriff auf die zuvor erarbeiteten Interpretationen. Dabei geht es uns darum, auch das unhinterfragte Wissen und auch die fraglosen Kompetenzen von Menschen bei der Bewältigung ihrer je praktischen Probleme dadurch zu explizieren, dass wir die *möglichen* Lesarten eines Textes in *einen* einheitlichen Interaktionssinn überführen. Um das leisten zu können, erscheint es uns zwar nicht als unabdingbar, immerhin aber als überaus zweckdienlich, sich auch als Forscher diese jeweiligen Bewältigungskompetenzen praktisch hinlänglich anzueignen – also eben sich sozusagen mental ‚auf den Weg' zu begeben dazu, einer zu werden wie die, die man zu verstehen trachtet.

3.2.2 Phänomenologie

Im Unterschied zur so verstandenen Deutung aller objektivierbaren und fixierbaren Daten bedarf es zur Interpretation von *Daten des eigenen Erlebens* des Forschers eben der *phänomenologischen* Beschreibung (vgl. Hitzler/Eberle 2000; Eberle 2016), denn bei der Nutzung von dessen Erlebensdaten geht es keineswegs um dessen Befindlichkeiten, sondern lediglich darum, dabei anzusetzen, wie etwas in Erscheinung tritt. Die Befassung mit dem eigenen Erleben des Forschers geschieht also in dezidiert analytischer – und das heißt: *nicht* in anekdotischer oder egozentrierter oder gar in besserwisserischer (d. h. emanzipatorischer) – Absicht. Das eigene Erleben des Forschers bildet lediglich die evidente Grundlage der Rekonstruktion möglichen Erlebens unter den als gegeben erfahrbaren Rahmenbedingungen. Das heißt, die phänomenologische Beschreibung dieser eigenen Erlebensdaten dient vor allem dazu, die idiosynkratischen An-Sichten des Forschers in Relation zu setzen zu anderen im Feld und außerhalb des Feldes vorfindlichen An-Sichten und sie dergestalt so

---

wird (während Feldteilnehmern unterstellt wird, sie würden gerne, unentgeltlich und nahezu interessenlos mitarbeiten – vgl. Horner 2000).

lange zu reflektieren, bis sie als tatsächlich gehabte Ein-Sichten evident sind. Als Auswertungsverfahren im Rahmen unseres ethnographischen Multimethodendesigns zielt die phänomenologische Beschreibung also *nicht* per se ab auf die Übersetzung – und keinesfalls zielt sie ab auf die *direkte* Übersetzung – in die (in Kapitel 2.1 Lebensweltanalyse thematisierte) formalsprachliche mathesis universalis. Sie dient lediglich als distanzierendes und disziplinierendes Antidot gegen jede Form der bereits erwähnten ‚Betroffenheitslyrik' (vgl. dazu auch Eberle 2013 und 2015b). Dementsprechend ist die so verstandene phänomenologische Beschreibung (als *Methode*) auch keineswegs etwas besonders Voraussetzungsvolles oder gar etwas ‚Geheimnisvolles'. Im Gegenteil: Bei hinlänglicher Handlungsentlastetheit kann bzw. könnte sie (zumindest) von jedem „hellwachen, erwachsenen Menschen" (Schütz 2003b) angewandt werden, denn der in den Sozialwissenschaften unzweifelhaft relevanteste Aspekt phänomenologischer Beschreibung ist einfach der, von allen an je Wahrgenommenes oder Vorgestelltes herangetragenen Vor-Meinungen bzw. Vor-Urteilen (vorläufig) abzusehen. Das verweist – wenn auch sehr vereinfacht – auf das, was Husserl (1985; vgl. auch darin Held 1985) mit „eidetischer Reduktion" meint; d. h. auf die Frage danach, was an etwas, wovon ich Bewusstsein habe, das Wesentliche bzw. das *es* strukturell Bestimmende ist. In der *strengen* eidetischen Reduktion wird das je Intendierte so lange seiner Konkretionen entkleidet bis sein unveränderlicher Kern (also eben seine Struktur, sein Wesen) erkannt ist. Und über die „eidetische Variation" werden (gedankliche oder reale) Veränderungen am Phänomen daraufhin befragt, wieweit diese Variationen die Wesenshaftigkeit des Phänomens betreffen (d. h. welche Variationen die allgemeine Wesensstruktur ob und wie verändern, womit sich typische von beliebigen oder weniger relevanten Veränderungen scheiden lassen).

Das, was Soziologen, die sich als phänomenologisch orientiert verstehen, auf der Basis der Variation konkreter Gegebenheiten vor allem durchführen, sind in aller Regel jedoch *keine* strengen eidetischen Reduktionen, sondern eher ‚Abtragungen' von Sinnschichten, d. h. Formalisierungen und Abstraktionen mit Klärungsansprüchen sozusagen mittlerer Reichweite. Zumeist ist dann, wenn Phänomenologie im Rahmen empirischer Sozialforschung betrieben wird, mehr auch nicht notwendig bzw. sinnvoll, denn das Wesentliche an der phänomenologischen Beschreibung im Rahmen empirischer Sozialforschung ist, dass sie darauf abzielt, Bewusstseinsgegenstände in ihrem Eigen-Sinn zu erfassen – ansetzend bei ihren *besonderen* Erscheinungsweisen und hinarbeitend auf ihnen *wesentliche* Elemente bzw. auf *allgemeinere* Strukturen (sozusagen als tertium comparationis), um dergestalt die Vergleichbarkeit von Bewusstseinsgegenständen zu sichern (vgl. Luckmann 1991).[80]

---

80 Das heißt: Wenn Sozialwissenschaftler phänomenologisch arbeiten, dann arbeiten sie in aller Regel in diesem Sinn eidetisch (vgl. z. B. Saerberg 2015) – oder sie führen hermeneu-

Die mentale Vergegenwärtigung (d. h. die ‚Repräsentation') des Gegenstandes bildet also die materiale bzw., wenn man so will, die ‚erste' empirische Grundlage der Phänomenologie: Dieser Gegenstand ist dem Bewusstsein *konkret* gegeben. Von allem, was sich ‚zufällig' mit dem konkreten Erleben je verbindet, wird nun nach und nach abgesehen, bis das Phänomen in reiner Form erscheint, reduziert also auf das unter den gegebenen Bedingungen als ‚wesentlich' Gesetzte. Dieser Eindruck wird vor allem dadurch variiert, dass er anderen Erlebensannahmen gegenübergestellt und dergestalt ‚falsifikatorisch' reflektiert wird. Was trotz aller Falsifikationsversuche als essentielles Erleben letztendlich *bleibt*, ist – jedenfalls situativ – evident.

Weil das, was ‚jetzt' evident ist, durch neue Einsichten wieder in Frage gestellt werden kann, hat es sich in der Tradition von Alfred Schütz und Thomas Luckmann als ausgesprochen fruchtbar erwiesen, phänomenologische Deskription und Analyse des Erlebens nicht als reine Introspektion durchzuführen, sondern stets mit allem abzugleichen, was von anderen zu dem ‚gesagt' wurde und wird, was je Gegenstand phänomenologischer Befasstheit ist (vgl. Srubar 1988). Und jede je vermeinte Voraussetzungslosigkeit einer Einsicht muss weiter und immer wieder in Frage gestellt werden. (Nur) diese Falsifizierbarkeit phänomenologischer Evidenz unterscheidet diese von Glaubensartikeln bzw. von ‚phänomenologisierenden' Glaubenslehren. Methodisch betriebene Phänomenologie als Verfahren der Datenanalyse besteht also darin, mittels solcher ‚Operationen' den Gegenstand von ihm zufällig anhaftenden Eigenschaften (insbesondere von allen vorgefassten Meinungen) zu ‚reinigen' dadurch, dass alle idiosynkratischen Attribuierungen des Gegenstandes ausgeklammert werden (um so eine ausschließlich dem Gegenstand selber zugewandte Haltung zu gewinnen), und dadurch, dass alles, was der Forscher nur wissen kann, weil andere es ihm (auf irgendeine – auch theoretisch überformte – Art) mitgeteilt haben, eingeklammert wird (um so den Gegenstand in seiner vortheoretischen Evidenz zu vergegenwärtigen). Im Weiteren wird dann auch jegliche normative Aussage, jegliches Werturteil darüber eingeklammert, wovon im Hinblick auf das Phänomen ‚abgesehen' bzw. wovon das Phänomen ‚gereinigt' worden ist. Durch Absehung von allen dergestalt kontingenten Elementen werden letztlich eidetische Strukturen des (als Phänomen gegebenen) Gegenstandes der Betrachtung sichtbar, welche aus phänomenologischer Sicht eben die (einzig) sichere Basis darstellen für die Rekonstruktion aller möglichen ‚Systeme' von Wirklichkeitsansprüchen, Wissensbeständen, Erinnerungsablagerungen, Sinnverweisungen und Gegebenheitsweisen, in welche unser Erleben und unsere Erfahrungen eingewoben sind, aus denen wiederum unsere Wirklichkeit aufgebaut ist.

---

tische Operationen auf der Folie dessen durch, was Schütz/Luckmann eben als „Strukturen der Lebenswelt" beschrieben haben (vgl. Eberle 2013 und 2015b).

Wenn überhaupt, so erscheint die phänomenologische Methode also nur insofern als etwas Besonderes, als sie dazu dient, gewisse – als solche plausible, ja lebensnotwendige – Selbstverständlichkeiten des Alltagsverstandes zu explizieren (vgl. Hitzler 2007). Zum Gegenstand des Beschreibens wird dabei im Prinzip alles, was zwar erlebt, üblicherweise in seiner Erscheinungsweise aber nicht oder allenfalls mit Blick auf pragmatische Belange bedacht wird. Für die hier gegebene Problemstellung der Intersubjektivität bzw. Sozialität besonders relevant ist dabei die Explikation des Umstandes, dass – gegenüber der alltagspragmatischen Irrelevanz des Problems der „mittleren Transzendenz" – Alter Ego tatsächlich nur über Zeichen und Anzeichen vermittelt verstanden werden kann. Der Verstehensakt besteht daher stets in einer Selbstauslegung des Deutenden auf der Basis *seines* biographisch bestimmten Wissensvorrats und ausgerichtet an *seinem* situativen Relevanzsystem. Infolgedessen sind dem Deutenden stets nur fragmentarische Ausschnitte des fremden subjektiven Sinnzusammenhangs zugänglich. Jede Sinndeutung kann daher nicht *mehr* sein als ein Näherungswert, dessen Qualität vom Ausmaß der Vertrautheit mit und der ‚Gegenwärtigkeit' von Alter Ego abhängt. Die erkenntnistheoretische Grundfrage der Sozialwissenschaften lässt sich demnach so stellen: Wie können andere (Menschen) überhaupt verstanden werden, wenn doch kein direkter Zugang zu ihrem Bewusstsein möglich ist?

Und die in der mundanphänomenologischen Tradition gegebene ‚Antwort' besteht eben darin, auf dem Wege kontrollierter Abstraktion im Bedarfsfalle durch alle ‚materialen' Schichten hindurch vorzudringen zu den fundierenden Schichten von Bewusstseinsprozessen, diese so, wie sie dem subjektiven Bewusstsein unter Einklammerung sowohl soziohistorischer Variationen als auch der Frage nach ihrem Wirklichkeitsstatus erscheinen, herauszuarbeiten und dergestalt *die universalen Strukturen* subjektiver Konstitutionsleistungen aufzudecken. Mit anderen Worten: Mundanphänomenologie als ‚strenge' Methode *ist* Konstitutionsanalyse der Lebenswelt.[81] Epistemologisch klärt sie die Voraussetzungen und die innere Systematik sozialwissenschaftlicher Deutungen, Deskriptionen und Erklärungen. Methodologisch klärt sie die Bedingungen der Rekonstruktion der Konstruktionen erster Ordnung – und verhindert dadurch eine naive Reifizierung der sozialen Welt mittels szientistischer Kausalmodelle. Unmittelbar fundierungs- und orientierungsrelevant schließlich ist sie für jegliche Idee von Sozialwissenschaft, die – im Sinne des Thomas-Theorems – auf der Maßgabe beruht, dass unser *Erleben*, und nicht ein (wie auch immer zu bestimmender) ‚objektiver' Sachverhalt, entscheidend ist für unsere Situations-

---

81 Vgl. u. v. a. z. B. Schütz 2010c; Luckmann 1978 und 2002; dazu auch Soeffner 1999; Eberle 2000; für eine eher anthropologische Lesart von Lebenswelt vgl. Srubar 1988; für eine eher ‚sozialphänomenologische' Deutung vgl. z. B. Grathoff 1989; Matthiesen 1983; Kurt 2002.

definitionen – und somit auch, im Sinne Max Webers, für die Erklärung (oder eben: die plausible Erläuterung) sich daraus ergebender Konsequenzen.

3.2.3 Ethnographische Semantik und Grounded Theory

Neben phänomenologischer Beschreibung und hermeneutischer Auslegung im engeren Sinne verwenden wir – zumeist als Hilfsinstrumente, aber mitunter auch als eigenständige Verfahren – auch kodierende Methoden, wenn sie uns zur Klärung spezifischer (Ordnungs-)Fragen bei der Auswertung der zuhandenen Daten als geeignet erscheinen. Zur Rekonstruktion expliziter sozial geteilter Wissensbestände z. B. nutzen wir auch die im deutschsprachigen Raum nach wie vor wenig beachtete *Ethnographische Semantik* (vgl. Frake 1981; Spradley 1979; im Überblick vgl. Maeder/Brosziewski 1997; Maeder 2007; Eisewicht 2018c, S. 22ff.). In der Ethnographischen Semantik geht es explizit *nicht* darum, die „Namen von Dingen zu ermitteln", sondern „Dinge herauszufinden, auf die die Worte sich beziehen" (Frake 1981, S. 323) und die „Organisationsformen dieser Dinge im Kopf der Menschen" (ebd., S. 336; vgl. auch Maeder/Brosziewski 2007) zu rekonstruieren. Diese Idee konvergiert mit unserem Interesse an der Binnenperspektive im Feld insofern, als Begriffe bzw. die sie bezeichnenden Dinge keine objektiven, feldunabhängigen Gegebenheiten sind (und Sprache kein kohärent abbildbares und abbildendes Zeichensystem ist), sondern weil diese Begriffe im Gebrauch umgeben sind von „Fransen" (Schütz 2011, S. 69)[82] und Sprache vor allem im kompetenten Gebrauch beim Sprechen und Schreiben betrachtet werden muss, wenn es darum geht, Erfahrungen im Feld kategorial zu ordnen (vgl. Lakoff 1990; Maeder 2007, S. 683f.).

Die Analyse im Sinne der Ethnographischen Semantik dient mithin vor allem der Rekonstruktion der Beziehung *zwischen* den verschiedenen im Feld gängigen Begriffen hinsichtlich des dadurch strukturierten bzw. daraus abgeleiteten kulturellen Ganzen (vgl. Brosziewski/Maeder 2010). Am Anfang stehen dabei zunächst einfache Sprachkategorien, die im Feld abgegrenzte Gruppen von Dingen bezeichnen (als „Segregate" Frake 1981, S. 326). Diese Segregate werden mit anderen Begriffen so kontrastiert, wie sie in entsprechenden Situationen auch von Feldteilnehmern zur Markierung von Unterschieden verwendet werden (genauer: wie diese Kontrastierungen vom Ethnographen beobachtet und gehört bzw. erfragt werden können). Es geht also nicht um die Frage, wofür diese Begriffe gemeinhin stehen oder wie sie von anderen Menschen

82 Alfred Schütz ‚borgt' sich hier von William James den Begriff ‚fringes', der in früheren Auflagen und bei anderen Aufsätzen von Schütz (u. E. wesentlich angemessener und nachvollziehbarer) mit „Sinnhorizonten" oder „Deutungsrändern" übersetzt wurde (vgl. Schütz 2005, S. 60).

‚irgendwo' gebraucht werden, sondern es geht ausschließlich um den *im Feld* faktisch beobachteten Gebrauch in bestimmten Situationen.

Im nächsten Schritt der Analyse werden aus diesen Segregaten Domänen gebildet (vgl. Spradley 1980, S. 85ff.). Das heißt, es werden Themenkomplexe im Feld identifiziert. Diese Themenkomplexe werden vertikal generalisiert und spezifiziert (durch über- und untergeordnete Segregate) und horizontal durch Attribute detailliert. Dabei kommen verschiedene semantische Relationen zum Tragen, welche die Beziehungen zwischen den Segregaten und den Domänen spezifizieren.[83] Mittels der semantischen Relationen zwischen Segregaten lassen sich im Weiteren dann taxonomische Analysen in Form vertikaler Differenzierung einzelner Domänen durchführen (vgl. Spradley 1980, S. 112ff.), welche die Oberflächenstruktur der (Teil-)Kultur tabellarisch erfassbar machen sollen. Die Tiefenstruktur der Domänen wird über Komponentenanalysen (ebd., S. 130ff.), also über die vertikale Detaillierung durch Attribute rekonstruiert. Die Gültigkeit semantischer Relationen wird dabei nicht in syntaktischen wissenschaftlichen Standards begründet, sondern darin, dass sie im Feld im Gebrauch sind und dass dieser Gebrauch in den Taxonomien und Komponenten selber abgebildet ist.

Vordergründig geht es bei der Ethnographischen Semantik also um die adäquate Beschreibung feldspezifischer Wissensbestände durch Klärung von Begriffen und Beziehungen zwischen den Begriffen, so wie sie im Feld in Gebrauch sind. Tatsächlich aber verbindet sich mit dieser Analysemethode der Anspruch, über die inventarisierende Beschreibung kulturelle Themen und kulturelle Modelle identifizieren zu können. Letztendlich geht es also um die Rekonstruktion generalisierter Deutungsmuster, auf die Menschen zurückgreifen, um sich auszudrücken und um die Welt um sich herum (praktisch) zu verstehen.

Ethnographische Semantik sensibilisiert somit also hochgradig für die Ordnung der Dinge – nicht der Dinge an sich, sondern der Dinge als ‚Zeug', der Dinge in praktischer Hinsicht. Allerdings, das hat bereits Anne Honer (1993a, S. 106; vgl. Maeder 2007, S. 686) eingewandt, wird das Verfahren oft als lediglich nominal registrierende Inhaltsanalyse benutzt, die selten bis zu den kulturellen Themen und Modellen (also zur eigentlichen Interpretation) vordringt, sondern oft in den syntaktischen Verfahrensschritten stecken bleibt. Die Stärke der ethnographischen Semantik (in Ergänzung unserer hermeneutischen und phänomenologischen Zugänge) aber liegt eben in der elaborierten Ordnungs-

83 James P. Spradley (1980, S. 93) schlägt hierfür neun Beziehungen vor: inklusiv (X ist eine Form von Y), räumlich (X ist ein Platz in/Teil von Y), folgend (X ist eine Folge von Y), kausal (X ist ein Grund für Y), handlungsbezogen (Y ist ein Ort für Handlung Y), funktional (X wird gebraucht für Y), als Mittel-Zweck-Relation (X ist eine Art Y zu tun), sequentiell (X ist ein Schritt im Rahmen von Y) oder attributiv (X ist eine Eigenschaft von Y).

leistung für feldeigene Begriffe qua Taxonomie und Komponentenanalyse ohne die Feldstruktur der Begriffsverhältnisse in einem synthetischen Ordnungszusammenhang zu ‚pressen' (im Vergleich zur Grounded Theory vgl. Eisewicht 2018c).

Als Zugang zu Phänomenen in einer nicht sequentiellen, sondern kodierenden und die kodierten Elemente nach bestimmten Verfahren ordnenden und integrierenden Weise, ähnelt die Ethnographische Semantik der *Grounded Theory* (ursprünglich Glaser/Strauss 1967; in Ausdifferenzierung vgl. Strauss/Corbin 1990; Clarke 2005; Charmaz 2006; Corbin/Strauss 2008; Breuer et al. 2019; im Überblick vgl. Mey/Mruck 2011; Strübing 2014). Fokussiert wird in der Grounded Theory das Zusammenspiel von Wissensbeständen und Handlungsweisen von Akteuren in Interaktionsabläufen. Neben den generellen (auch in anderen interpretativen Forschungsprogrammen als selbstverständlich erachteten) Konzepten a) des „theoretischen Samplings" (Strauss/Corbin 1990, S. 176ff.; Corbin/Strauss 2008, S. 143ff.) statt einer nach festgelegten Faktoren getroffenen (repräsentativen) Auswahl, b) des ständigen Abgleichs von Daten und Interpretationen (als „constant comparative method" Corbin/Strauss 2008, S. 159ff.) statt eines linearen Ablaufs von Erhebung und Auswertung, sowie c) der im Forschungsprozess zunehmenden „theoretischen Sensitivität" (Glaser/Strauss 1967, S. 37; Strauss/Corbin 1990, S. 41ff.) für relevante Daten, dienen auch die spezifischen Kodierprozeduren der Ordnung von Daten, Zusammenhängen und Ergebnissen. Aufgrund der Entwicklung unterschiedlicher Ansätze zur Grounded Theory finden wir verschiedene Kodiervarianten (vergleichbar mit den Formen semantischer Relationen in der Ethnographischen Semantik, vgl. Strauss/Corbin 1990, S. 57-194; Charmaz 2006, S. 42ff.), auch bezeichnet als Kodierfamilien (vgl. Glaser 1978; als Mapping vgl. Clarke 2005, S. 83ff.). Am prominentesten ist die Kodieranleitung von Anselm L. Strauss und Juliet Corbin (1990), für die ein dreistufiger Prozess aus offenem Kodieren, axialen Kodieren und selektiven Kodieren charakteristisch ist.[84]

Offenes Kodieren meint das „Aufbrechen von Daten und Eingrenzen von Konzepten, die für die rohen Daten stehen. Zugleich qualifiziert man diese Konzepte hinsichtlich ihrer Eigenschaften und deren Dimensionen" (Corbin/Strauss 2008: 195, eigene Übersetzung).[85] Solche Konzepte können (wie in der Ethnographischen Semantik) als ‚in vivo'-Kodes Feldbegriffe sein, sie können aber auch vom Forscher vergeben werden. Beim *axialen Kodieren* werden

84 Beginnend mit der dritten Auflage von "Basics of Qualitative Research", der zweiten nach dem Tod von Anselm Strauss, wird das axiale Kodieren nicht mehr aufgeführt (vgl. Corbin/Strauss 2008).

85 Kodes „sind Etiketten oder Labels zur Zuweisung von Sinneinheiten zu deskriptiven oder geschlussfolgerten Informationen, die während einer Studie gesammelt werden. Kodes werden üblicherweise ‚Klumpen' verschiedener Größe zugeordnet – Wörter, Satzteilen, Sätzen oder ganzen Absätzen" (Miles/Huberman 1994, S. 56; eigene Übersetzung).

dann verschiedene Konzepte miteinander in Verbindung bzw. zueinander in Beziehung gesetzt.[86] Über die Identifikation einer Kernkategorie werden schließlich alle notwendigen Kategorien, Konzepte etc. in einen Gesamtzusammenhang gestellt, auf dessen Basis die Typenbildung erfolgen kann (vgl. Kelle/Kluge 2010; Strauss 1998, S. 45; zu Differenzen in der Typenbildung zwischen den Verfahren vgl. nochmals Eisewicht 2018c). Dieses *selektive Kodieren* erfolgt abschließend entlang der Neujustierung der Konzepte auf eine einheitliche Analyseperspektive hin und entsprechend der Gruppierungen im axialen Kodieren (die Kategorien werden so integriert, dass ein ‚best fit', nicht zwingend hingegen ein ‚perfect fit' aller Codes erreicht wird).

Im Vergleich zur Ethnographischen Semantik wird bei der Grounded Theory weniger auf sprachliche Einheiten, als auf Handlungsabläufe fokussiert, die – wiederum ähnlich der Ethnographischen Semantik – in Kleinsteinheiten zerlegt werden. Diese werden dann (als Heuristiken, Hypothesen oder Modelle) neu zusammengesetzt und anhand neuer Daten beständig überprüft und zunehmend verfeinert. Da so „sequentielle Sinnzusammenhänge hier erst einmal methodisch destruiert werden, ehe sie nach anderen Gesichtspunkten wieder neu montiert werden", befürchtet bereits Anne Honer (1993a, S. 106), dass Kodierverfahren „den interpretativen Umgang mit dem Material eher hemmen, als befördern". Diesem Risiko begegnen wir mit der *Kombination* der Methoden. Das heißt, wir nutzen Feldbegriffe (nicht jedoch ‚willkürlich' vom Forscher vergebene Kodes) und Interpretationsergebnisse hermeneutischer Verfahren und phänomenologischer Beschreibung, um diese Teilergebnisse mittels der kodierenden Verfahren zueinander in Beziehung zu setzen.[87] Damit bieten kodierende interpretative Auswertungsverfahren eine etwas kontrolliertere Möglichkeit, fallübergreifend Auswertungsergebnisse generalisierend zueinander in Beziehung zu setzen. Im Gegenzug bieten sequentiell hermeneutische Verfahren die Chance zu einem Tiefenverständnis von Sinnstrukturen, und

---

86 Strauss und Corbin schlagen hierfür fünf Gruppen vor, nach denen und in Beziehung dieser untereinander, Phänomene analysiert werden können: a) ursächliche Bedingungen, welche ein Phänomen begründen (in unserer Perspektive typischerweise subjektive Relevanzen und Motive); b) intervenierende Bedingungen, welche die Ausprägungen des Phänomens moderieren (hierzu zählen für uns z. B. innere Hemmungen und treibende Bedürfnisse, aber auch äußere als hilfreich oder behindernd wahrgenommene Umstände, Ressourcen etc.); c) Kontexte des Phänomens (in unserer Perspektive ist dies das Wissen des Handelnden in all seinen Ausprägungen vom Erfahrungswissen bis zum Glauben); d) Strategien (d. h. konkrete Handlungen und Teilhandlungen durch die das Phänomen sichtbar gemacht wird); sowie e) Konsequenzen (also Handlungsfolgen und deren Bewertung, welche wiederum als Bedingungen neuer Phänomene konzipiert werden können).

87 Diese Vorgehensweise scheint uns relativ unproblematisch zu sein, zumal die Kodierverfahren wenn sie nicht Feldbegriffe bzw. ‚in vivo'-Kodes verwenden, im offenen Kodieren bzw. in der Zuweisung von semantischen Relationen, per se eine – wenn auch deutlich ‚hemdsärmelige' – Form von Hermeneutik darstellen.

phänomenologische Verfahren den (exklusiven) Zugang zum subjektiven Erleben.

Forschungspraktisch erweist sich eine umfassende Auswertung unter Rückgriff auf *alle* hier skizzierten Interpretationsverfahren naheliegenderweise als schwierig. Unbeschadet dessen sehen wir in den kodierenden Verfahren ergänzende und weitere Arbeitsschritte anleitende Möglichkeiten, sich den Daten (in einer anderen Art von Befremdung) zu nähern und dabei ‚abduktive Blitze' zu provozieren (vgl. Reichertz 2003). Kurz: im Zugriff auf verschiedene Verfahren geht es uns weniger um eine innermethodisch korrekte Anwendung als vielmehr um einen umfassenden Zugang zum Verständnis typischer Sinnstrukturen im Feld. Denn wir betreiben dieses Unternehmen eben nicht als Selbstzweck der Methodenanwendung, sondern (ausschließlich) mit dem Ziel, auf der Basis sinn- (und kausal-)adäquater Beschreibungen der uns interessierenden sozialen Phänomene wissenschaftliche Einsichten (Erkenntnisse) zu produzieren.

4 Die Beispiele

An den folgenden beiden Texten wird die Idee lebensweltanalytischer Ethnographie nun in mehrerlei Hinsicht in thematisch ausgesprochen unterschiedlichen Anwendungsfeldern exemplarisch transportiert: Lebensweltanalyse zu betreiben impliziert – wie immer wieder erwähnt –, das eigene Erleben der forschenden Person als evidenten Ausgangspunkt der methodischen Erschließung subjektiver Sinnsetzungen zu reflektieren. Lebensweltanalytische Ethnographie zu betreiben impliziert, sich – unbeschadet der Nutzung auch anderer Verfahren ethnographischer Datenerhebung – auf das je zu untersuchende soziale Feld möglichst rückhaltlos einzulassen und dergestalt zu versuchen, die von den dort agierenden Menschen geteilten kulturellen Bedeutungsbestände zu rekonstruieren. Lebensweltanalytische Ethnographie zu betreiben impliziert, existenziell engagiert typischerweise mehrere Passagen im Feld zu durchlaufen, die einerseits der Datenerhebung dienen und andererseits als Beziehungsarbeit im Feld neue Zugänge eröffnen. Und lebensweltanalytische Ethnographie zu betreiben impliziert eben auch, sich auf die im Feld üblichen Praktiken so einzulassen, dass man sich dabei unter Umständen auch die Hände schmutzig macht.

Im ersten Text – von Ronald Hitzler über seine videogestützte Langzeitbeobachtungen eines im Wachkoma lebenden Menschen – wird das langdauernde, existenziell involvierte Mit-Erleben des Forschers als zentraler Bezugspunkt der Deutung des Geschehens etabliert. Material gesehen repräsentiert der Text pars pro toto den Prozess einer biographischen (Re-)Konstruktion im Rahmen eines milieuhaften Deutungszusammenhangs. Faktisch (re-)konstruiert wird die Biographie vom Forscher, der den in Frage stehenden Menschen mit-erlebt und der dabei – streng genommen – gar nichts anderes tun kann, außer ihn zu beobachten. Im zweiten Text – von Paul Eisewicht über seine beobachtende Teilnahme an der kleinen sozialen Lebenswelt der Graffiti-Writer – wird neben der langfristigen Teilnahme als interessierter Einsteiger auch augenfällig, dass und wie notwendig es ist, das eigene Vorwissen einzuklammern und die Veränderung des eigenen Verständnisses vom Feld zu reflektieren. Diese ‚Maßnahmen' ermöglichen u. E. erst eine sinnadäquate dichte Beschreibung der Binnenperspektive der Menschen im Feld.

4.1 Thema, Feld und Einzelfall

Videogestützte Langzeitbeobachtungen eines im Wachkoma lebenden Menschen (*Ronald Hitzler*)

Von 2009 bis 2012 habe ich einen im sogenannten Wachkoma lebenden Menschen betreut. Diese Betreuung zu übernehmen, war mir ein aus der gemeinsamen Biographie erwachsenes Bedürfnis. Anfangs habe ich keinerlei wissenschaftliche Interessen mit diesem existenziellen Engagement verbunden. Erst allmählich habe ich realisiert, dass mir tatsächlich *alles*, was nicht mit der Sorge um das Wohlergehen dieses Menschen zu tun hatte, relativ unwichtig wurde. Als Konsequenz dieser Einsicht haben Henny Annette Grewe – meine nachmalige Partnerin in einem inzwischen abgeschlossenen DFG-Projekt zum „Deutungsmuster Wachkoma" (vgl. Hitzler/Grewe 2015) – und ich dann beschlossen, uns dem uns lebenspraktisch aufgegebenen Problem auch empirisch und theoretisch forschend zuzuwenden (vgl. Hitzler 2015c; Grewe 2012; Grewe/Hitzler 2017). Diese erst im Vollzug sich entwickelnde Erfassung dessen, was mich existenziell affiziert und mein Weltinteresse großteils absorbiert hat, auch als Forschungsthema, plausibilisiert, dass Fragestellungen sich erst ‚mit der Zeit' ergeben und präzisiert haben, dass die Methodik sich an Gegebenheiten und Gelegenheiten orientiert und dass die Datendichte im Verlauf des Geschehens zugenommen hat.

Wissenssoziologisch verorten lässt sich das Forschungsthema in einem spezifischen Deutungsmilieu, d. h. in einem Sozialzusammenhang, in dem die Akteure ihre (bzw. einen Teil ihrer) Sichtweisen aufeinander abstimmen und in dem einschlägig relevante Wissensbestände erfolgreich geltend gemacht werden (vgl. z. B. Scheler 2008; Gurwitsch 1976; Grathoff 1989; Hildenbrand 1983; Hitzler/Honer 1984). Ein so verstandenes Deutungsmilieu lässt sich als „Konsensmaschinerie" beschreiben (Hitzler 2014a; vgl. auch Matthiesen/Bürkner 2004). Es formiert sich aufgrund ähnlicher Vorstellungen der Beteiligten davon, wie sie unter den von ihnen als ‚gegeben' angesehenen Umständen leben können und leben wollen, was für sie also (noch oder erst jetzt) bedeutsam ist. Im vorliegenden Fall haben wir es naheliegender Weise mit einem Deutungsmilieu zu tun, das auf Menschen fokussiert ist, die in aus schweren Hirnschädigungen resultierenden Bewusstseinszuständen leben. Das ‚Personal' dieses Deutungsmilieus besteht einerseits aus Akteuren, die sich qua Beruf(en) um (diese) Menschen mit qua Traumata erworbenen (extremen) Gehirnschädigungen kümmern. Gemeint sind damit insbesondere Pflege- und Therapiekräfte verschiedener Disziplinen (vgl. Hitzler 2018c).[88] Andererseits gehören zum ‚Personal'

88 Andere, hier sozusagen randständige Akteure sind die Vertreter verschiedener auswärtiger Dienstleistungsagenturen, wie vor allem Ärzte verschiedener Disziplinen, aber auch z. B. Amtspersonen, Zulieferer oder auch Vertreter von Hilfsmittelversorgern.

des Milieus solche Akteure, die eine spezifische existenzielle Situation – ein ihnen nahestehender Mensch hat eben qua Trauma (im weiteren Sinne) eine schwere Hirnschädigung mit zumeist gravierenden Langzeitfolgen erlitten – sozusagen als „schicksalhaft auferlegt" wahr- und als wie auch immer geartete Fürsorgebereitschaft annehmen. Hierzu zählen in erster Linie Angehörige und Freunde dieser Menschen. Von diesen Angehörigen und Freunden wiederum sind manche von Amts wegen mit deren Betreuung betraut – so wie auch ich es war.

4.1.1 Zur Ethnographie des Deutungsmilieus

Ethnographisch illustrieren will ich in diesem Anwendungsbeispiel Zusammenhänge zwischen der – beruflichen und persönlichen – Sorge für und Umgang mit (einem) im Wachkoma lebenden Menschen und der Übernahme milieukonsensueller Deutungsschemata. Nun hat ja insbesondere Ulf Matthiesen (z. B. 1998) immer wieder darauf hingewiesen, dass Milieus sich nicht als auf Lokalitäten beschränkt begreifen lassen, dass sie sich aber an bestimmten Orten verdichten und folglich dort sozusagen exemplarisch beobachtet und rekonstruiert werden können. Im Hinblick auf das hier infrage stehende Deutungsmilieu ist ein solcher Ort das „Haus Königsborn" in Unna – eine Modell-Pflege-Einrichtung des Landes Nordrhein-Westfalen mit einer Gesamtkapazität von 54 Plätzen für infolge von Gehirnschädigungen schwerstbehinderte Erwachsene. Dem im Haus Königsborn geltenden konzeptionellen Selbstverständnis nach sind die in der Einrichtung lebenden Menschen jedoch nicht *Patienten*, die an einer Krankheit leiden, sondern *Bewohner*, die aufgrund von Beeinträchtigungen in der selbständigen Organisation ihrer Alltagstätigkeit eingeschränkt und mithin auf professionelle Unterstützung angewiesen sind.[89] Diese semantische Unterscheidung ist für das Verständnis der im Haus Königsborn stattfindenden Prozesse wichtig, weil es vor allem für die Mitarbeiterinnen und Mitarbeiter, aber eben auch für Angehörige und Freunde von Bedeutung zu sein scheint, ob sie sich um Kranke und Sterbende bemühen, oder ob sie stark und multipel beeinträchtigte Menschen bei der ‚Gestaltung' ihres Alltags begleiten und unterstützen.

Geleitet vom Interesse daran, ob, und wenn ja: aufgrund welcher Merkmale und Kriterien, auch „schwerstbetroffenen Bewohnern" von den Pflegekräften und Therapeuten attestiert wird, sie beteiligten sich am als interaktiv deklarierten

89 Ein im Internet durchgeführter Vergleich verschiedener Pflegeeinrichtungen zeigt, dass vor allem Langzeitpflege und Altenpflegeeinrichtungen in ihrer Selbstdarstellung die Bewohnersemantik verwenden. Die Gründe hierfür dürften vor allem in der zeitlich unbegrenzten Verweildauer liegen.

Umgang mit ihnen, es eigneten ihnen also personale Eigenschaften, haben wir den Therapie- und Pflegealltag in dieser Einrichtung beobachtet und dabei vor allem erkundet, wie die Therapie- und Pflegekräfte mit in der Einrichtung lebenden Menschen im Zustand „Wachkoma" umgehen und wie sie sich selber diesen Umgang mit welchen Folgewirkungen plausibilisieren (vgl. Hitzler et al. 2013).

Bereits in der Programmatik des Hauses Königsborn wird – im Gegensatz zur schulmedizinischen Sichtweise und (soweit das Thema dort überhaupt präsent ist) auch im Gegensatz zum weit mehrheitlichen ‚gemeinen Alltagsverstand' – nachdrücklich die „Personalität" auch von Menschen mit schweren Hirnschädigungen betont. „Personalität"[90] gilt *hier* als nicht an die Funktionsfähigkeit der Großhirnrinde gebunden (vgl. Bienstein/Hannich 2001, S. 12). Das heißt, dem hier geltend gemachten Menschenbild zufolge sind *alle* Bewohner als zumindest rudimentär handlungs- und entscheidungsfähige Akteure mit individuellen Fähigkeiten und Bedürfnissen zu begreifen, denen im Rahmen ihrer unterschiedlich stark ausgeprägten Beeinträchtigungen eben ein möglichst „alltagsnahes" Leben ermöglicht werden soll (vgl. Konzeptgruppe 2005).

Dieses als „ganzheitlich" begriffene Menschenbild steht in deutlichem Kontrast zum naturwissenschaftlich fundierten, defizitorientierten Menschenbild der Schulmedizin und wird von diesem auch explizit abgrenzt. Auch der schwerst hirngeschädigte Mensch wird als – unter Berücksichtigung seiner Eigenart(en) – „kompetent" bzw. als mit Kompetenzen begabt begriffen. Und diese attestierte Kompetenz ist die entscheidende Bezugsgröße für den als „gemeinsames Handeln" deklarierten zwischenmenschlichen Umgang mit ihm.

---

90 Bei ‚gesunden' Menschen scheint ein Selbst oder ein Ich oder etwas Entsprechendes, das wir im alltäglichen Umgang als „Person" erfahren, den Austausch mit der Umwelt zu regeln. Bei Menschen im Zustand ‚Wachkoma' hingegen scheint die schiere Körperlichkeit mit ihren reaktiven Äußerungen an die Stelle dieser sinngebenden und regulierenden ‚Instanz' zu treten bzw. getreten zu sein (vgl. Fuchs 2004). Dementsprechend erscheint der Umgang mit Menschen im Wachkoma für den Beobachter auch – jedenfalls zunächst einmal – als ganz auf dessen Körper fokussiertes Tun bzw. als auf dessen körperliche Anzeichen bezogenes Tun. Eine oftmals formulierte Intention ist, beim Bewohner ‚Wohlbefinden' zu erzeugen. Wohlbefinden wird typischerweise dann konstatiert, wenn ein Bewohner entspannt zu sein scheint. Neben der (verringerten) Muskelspannung gilt auch der Gesichtsausdruck als ein Parameter, an dem Zustände wie ‚Entspannung', ‚Wohlbefinden' oder ‚Zufriedenheit' abgelesen werden können. Im Fokus der Aufmerksamkeit stehen typischer Weise irgendwelche mit den Geschehnissen im Zusammenhang stehenden körperlichen Veränderungen bei dem Menschen im sogenannten Wachkoma. Beobachtbare Verhaltensweisen werden als Appräsentationen gedeutet: ein Öffnen der Augen, eine Ausrichtung des Kopfes oder eine Aufrichtung der Körperhaltung z. B. als Hinweise auf „Präsenz". Problematisch ist dabei grundsätzlich, (vermeintliche) Kommunikationsäußerungen als solche zu erfassen und diese von unwillkürlichen (pathologischen und/oder zufälligen) Reaktionsmustern zu unterscheiden. Ungeachtet dessen werden deren körperliche Anzeichen symptomatischer Weise als Äußerungsversuche gedeutet.

Das heißt, dass diese Deklaration die moralische Erwartung impliziert, den Bewohnern des Hauses in jeder Situation mit Respekt zu begegnen und ihre Würde zu achten. Dies wiederum erfordert normativ, sich – auch – den Menschen im Wachkoma gegenüber so zu verhalten, als wären diese keineswegs nur Adressaten von Handlungen, sondern mitgestaltungsfähige „Interaktions- und Kommunikationspartner", die verbal angesprochen und denen die zugrunde liegenden Absichten der an ihnen vollzogenen Handlungen erläutert werden sollen: *„Jeder Mensch verfügt über seine Eigenkompetenz, da er in seiner Lebensart entwicklungs- und entscheidungsfähig ist, Fähigkeiten und Begabungen entfalten kann und ein SELBSTBEWUSSTSEIN hat, das unantastbar ist und keine Grenzen kennt"* (Konzeptgruppe 2005, S. 15).

Augenscheinlich wirkt sich diese normative Setzung nachhaltig aus auf den alltäglichen Umgang mit Menschen, die neurophysiologisch gesehen unzweifelhaft stark wahrnehmungs- und bewegungsbeeinträchtigt und nicht – oder allenfalls rudimentär – dazu in der Lage sind, mit anderen Menschen intersubjektiv erkennbar zu kommunizieren (vgl. Nacimiento 2007). Denn dadurch, dass im Haus Königsborn auch Menschen im Zustand „Wachkoma" a priori – und anthropologisch generalisierend – Eigenschaften wie Eigenkompetenzen, Fähigkeiten und Selbstbewusstsein attestiert werden, werden sie – offenbar gelingend – als Alter Egos mit personalen Eigenschaften konstituiert. Diese eigenartigen und eigenwertigen Personen befinden sich diesen Deutungsrahmen entsprechend folgerichtig auch nicht in einem irgendwie (medizinisch) zu erhaltenden Endzustand, sondern verfügen über Ausdrucksfähigkeiten und Potenziale, also über individuelle Entwicklungsmöglichkeiten. Therapie ebenso wie Pflege z. B. sollen stets mehr sein als bloße Versorgung. Sie sollen das Leben der Bewohner begleiten und deren je spezifische Potenziale aktivieren und fördern.[91] Auch diese Potenziale werden dem in dieser – m. E. eben für das ganze Deutungsmilieu exemplarischen – Einrichtung konsensuellen Selbstverständnis nach nicht einfach qua Beobachtungen erkannt, sondern durch (wie auch immer mögliche bzw. vermeinte) Wahrnehmungen der Selbstwahrnehmungen der Menschen, um die es hier essentiell geht.[92] Diese Sichtweise – in

91 *„Um der Eigenkompetenz des Bewohners gerecht zu werden, ist es unverzichtbar, seine Potenziale zu erkennen. Die Schwerpunkte unserer Arbeit (…) basieren auf einem ganzheitlichen Menschenbild, in dem jeder Mensch, auch der Mensch mit erworbenen schweren Hirnschädigungen, als eine körperliche, seelische und soziale Einheit gesehen wird, der in SEINER Normalität lebt und ein einzigartiges Wesen mit individuellen Bedürfnissen und Möglichkeiten ist."* (Auszüge aus Haus Königsborn: „Schwerpunkte unserer Arbeit")

92 Normativ ist ‚gesetzt', dass alle Beteiligten das, womit sie es ständig zu tun haben, als eine menschenmögliche Lebensform respektieren (vgl. Zieger, z. B. 2004) und sich mit den Bewohnern und auch im bestätigenden und korrigierenden Austausch untereinander (vgl. Goffman 1982) entsprechend ‚anständig' verhalten. Insbesondere soll alles pflegerisch-therapeutisch-betreuerische Tun an den je individuellen Kompetenzen der Bewoh-

der Konzeption als „dialogisches Prinzip" bezeichnet[93] – setzt eine Vorstellung von Intersubjektivität voraus, die auf dem Primat der Begegnung beruht. In der Begegnung, so die hieran angelehnte These, findet ein sich Einlassen(können) auf die Situation des als ‚Gegenüber' begriffenen Menschen statt. Der so entstehende „zwischenmenschliche Dialog" zwischen Mitarbeitern und Bewohnern soll dazu beitragen, die individuelle Lebensart der Letzteren ‚*gemeinsam*' zu gestalten.[94] Eingestimmt auf diese Sichtweise werden aber eben auch die Angehörigen, deren Verwandte oder Freunde im Haus Königsborn leben[95] und von denen nicht wenige viel Zeit mit diesen und damit auch im Haus verbringen.[96]

All die in diesem sozialen Zusammenhang stehenden Personen gewöhnen sich dergestalt wechselseitig daran und bestärken sich wechselseitig darin, im Wachkoma lebenden Menschen trotz fehlender oder jedenfalls stark reduzierter interaktiver Bestätigung, also sozusagen *rituell*, Personenstatus zuzuschreiben und sie dergestalt als sozial relevante ‚Andere' glaubhaft zu machen (vgl. Hitzler 2012b; Hitzler 2018d). Und sie gewöhnen sich daran und bestärken sich darin, diese Sicht- und die dieser Sichtweise entsprechenden Verhaltensweisen als zunächst *akzeptable*, im Weiteren dann als *gültige* und schließlich als völlig *fraglose* Wirklichkeitsbestimmungen anzuerkennen. Zumindest dort, wo wir intensiv ethnographisch gearbeitet haben, haben wir also unzweifelhaft die Bildung eines Deutungsmilieu konstatiert, das eine augenscheinliche Sicherheit des Miteinanders mit all denen bietet, die sich als in der gleichen bzw. als in einer vergleichbaren Situation befindlich empfinden. Die „Konsensmaschinerie" dieses Milieus bildet die nachgerade verselbstverständlichte Folie des Tuns und des Lassens, der Vorstellungen und der Wahrnehmungen der je involvierten Akteure. Auch *meine* im Weiteren thematischen Deutungen dessen, was ich als Betreuer eines im Wachkoma lebenden Menschen mit-erlebt zu haben glaube, lassen sich kaum

---

ner ausgerichtet werden, die so das „*Ziel und das Tempo des gemeinsamen Handelns vor[geben]*" (Konzeptgruppe 2005: 10).

93 Dem von Martin Buber (1997) formulierten „dialogischen Prinzip" zufolge entsteht, vereinfacht gesagt, das „Wir" aus der Begegnung zwischen „Ich" und „Du".

94 Vgl. http://www.lebenszentrum-koenigsborn.de/cms/front_content.php?idcat=37

95 Mehrmals im Jahr bietet die Einrichtung spezielle Seminare für Angehörige an, die durch einen externen Supervisor durchgeführt werden. Neben informativen Tagesveranstaltungen zu verschiedenen Themenkreisen (z. B. rechtliche Grundlagen, Pflegetechniken für Angehörige usw.) sind dies vor allem Wochenendseminare, die an einem gesonderten Seminarort stattfinden. Zu den Seminaren für Angehörige werden die gesetzlichen Betreuer der Bewohner durch die Protagonisten der Einrichtung schriftlich eingeladen. Faktisch scheint es im Haus Königsborn eine ‚feste' Gruppe diese Art von Veranstaltungen regelmäßig besuchender Angehörigen zu geben. Bei den Wochenendseminaren finden vor allem ‚Supervisionsrunden' und ‚Angebote zur Krisenbegleitung' statt, die den Angehörigen helfen sollen, ihre Situation zu bewältigen (vgl. Konzeptgruppe 2005, S. 38).

96 Insbesondere Angehörige, deren Verwandte und Freunde schon seit mehreren Jahren in der Einrichtung leben, entwickeln oft enge Bindungen zu diversen Pflege- und Therapiekräften und insbesondere zu Angehörigen anderer Bewohner.

angemessen verstehen, ohne sie vor dem Hintergrund bzw. im Rahmen des in dem Milieu geltend gemachten Konsenses zu deuten, in dem ich agiert habe.[97]

Es geht mir hier aber keineswegs um die Rekonstruktion allfälliger *Lokal*-Idiosynkrasien. Denn auch wenn das Haus Königsborn nicht nur als eine funktionale Organisation, sondern auch als eine moralische Institution (ganz im Sinne Durkheims 1984; vgl. auch 1999) erscheint, weist der explizit in der ‚Hausphilosophie' formulierte Regelkanon zum Umgang mit Menschen im Wachkoma – qua Literatur- und Dokumentenanalyse aufweisbar – darauf hin, dass sich hier (lokal verdichtet bzw. pointiert) im Wesentlichen ein diese einzelne Einrichtung *einschließendes* Deutungsmilieu manifestiert, welches weit weniger durch gesellschaftliche Umstände und Gegebenheiten geprägt ist, als dass die hier agierenden Personen (Pflege- und Therapiekräfte ebenso wie Angehörige) sich aufgrund ihrer zunächst je eigenen Wichtigkeiten bestimmten Ereignissen und deren möglichen Folgen unter von ihnen als ‚gegeben' angesehenen Umständen besonders aufmerksam zuwenden, diese als besonders wichtig definieren und sie mittels entsprechender Vorkehrungen und Maßnahmen als bewältigungsbedürftig deklarieren (vgl. Schulze 1992).

Entsprechend dem in diesem Milieu geltend gemachten Gebot, mit Menschen im Wachkoma stets so umzugehen, als hätten sie Bewusstsein ‚wie wir', als wären sie adressierbare Kommunikationspartner, entsteht und perenniert eine konsensuelle ethische Grundhaltung, der die Idee zugrunde liegt, dass Menschen im Wachkoma keineswegs empfindungs- und reaktionsunfähig sind, sondern – trotz eklatanter pathologischer Einschränkungen – über irgendwie geartete Wahrnehmungs- und Interaktionsfähigkeiten verfügen, und dass man sie folglich auf jeden Fall so behandeln müsse, als ‚würden sie alles verstehen'. Und das wiederum impliziert, diese Menschen seien als Mitmenschen mit ihrer je eigensinnlichen Lebensform und ihrer eigenwertigen Lebensart in ihrer je besonderen „Lebenswelt" zu achten und folglich so rücksichtsvoll, so höflich, so ‚würdig' wie möglich zu behandeln. An „Entwicklungsmöglichkeiten" auch von Menschen im chronifizierten „Wachkoma" zu glauben, daran also, dass sich das menschliche Gehirn regenerieren kann und dass Betroffene wieder ‚erwachen' und verlorene Handlungs- und Ausdrucksmöglichkeiten zurückgewinnen können, ist ein weiteres Strukturmerkmal der für dieses Milieu symptomatischen Deutungsschemata.

---

97 Weil und in dem Maße wie ich auf Erlebensdaten als betreuender Angehöriger rekurriere, erlege ich mir als Phänomenologe maximal mögliche epistemologische Skepsis auf gegenüber der ‚Gefühligkeit', die dem betreuenden Angehörigen typischerweise nicht nur quasi-naturwüchsig eignet, sondern die – im Gegensatz zur ‚mitleidslosen' diagnostisch-therapeutischen Semantik der Schulmedizin – auch ganz massiv das Feld des Pflege-, Therapie-, Angehörigen- und Beziehungsmediziner-Diskurses kennzeichnet, und die eben unüberhör- und unübersehbar auch die Redeweisen und die händischen Praktiken der Belegschaft der von uns ethnographierten Einrichtung prägt.

4.1.2 Zur Analyse der kleinen Lebenswelt

Im Rahmen dieses ethnographischen Settings illustriere ich im Weiteren *lebensweltanalytisch*, aufgrund welcher Indikatoren (auch) ich bei diesem im Wachkoma lebenden Menschen gegebenenfalls nicht nur rein reflexartig auf organische Vorgänge hinweisendes Verhalten beobachtet zu haben glaube. Die (auch) von mir wahrgenommenen Appräsentationen[98] verweisen vielmehr auch auf Empfindungen, Einstellungen, möglicherweise auf *Absichten*, ja auf protokommunikatives bzw. vereinzelt auf möglicherweise sogar kommunikatives Handeln des im Wachkoma lebenden Menschen. Allerdings wirft die Frage, ob und ggf. welche Appräsentationen dieses Menschen intendiert sind und welche nicht, massive Erkenntnisprobleme auf, denn es fehlen die typischen bzw. im normalen alltäglichen Umgang miteinander gewohnten Hinweise darauf, um welche Art(en) von Appräsentationen es sich jeweils handelt. Diese Differenz zwischen nichtintendierten und intendierten Appräsentationen ist aber essentiell, denn so fatal es einerseits ist, einem Menschen mit schwersten Hirnschädigungen Bewusstsein *ab*zusprechen (vgl. Hitzler/Grewe 2013), weil man es mit eingefahrenen Messmethoden nicht nachweisen kann, so naiv ist es andererseits, diesem Menschen einfach *zu*zusprechen, er kommuniziere, ohne auf die wesentliche Differenz zwischen kommunikativem Handeln und quasi-automatischen Verhaltenshinweisen bzw. zwischen willkürlichem und unwillkürlichem Ausdrucksverhalten zu achten (vgl. Klug/Schmidt 2014, S. 84). Dementsprechend versuche ich auch zu plausibilisieren, inwiefern ich meine, auf der Basis der mir zuhandenen Daten rekonstruieren zu können, wie ein durch Hypoxie schwerstgeschädigter Mensch im chronifizierten „Wachkoma“ Befindlichkeiten, insbesondere Schmerzen und Leid, anzeigt. Wie verallgemeinerbar aus der Langzeitbeobachtung dieses *einen* Menschen resultierende allfällige Einsichten ggf. sind, kann ich *dabei* nicht klären.

Unbeschadet dessen, dass *ich* es nicht klären kann, ist das Problem der Verallgemeinerbarkeit meiner Deutungen aber zumindest insofern von hoher praktischer Relevanz, als in der Medizin die Frage, ob ein Mensch in diesem Zustand überhaupt Schmerzen, Leid, Angst usw. empfinden kann, seit langem

98 Appräsentationen eines anderen, als mit einem „Inneren“ begabt angesehenen, Wesens (im Sinne Husserls – z. B. 1992, S. 111ff.) deuten wir in aller Regel direkt als Indikatoren für aktuelle Befindlichkeiten, mitunter aber auch als Indizien der Lebensgeschichte eines (anderen) Menschen. Jede so verstandene Appräsentation *kann*, muss aber keineswegs intentional an andere gerichtet, d. h. kommunikativ intendiert sein. Als kommunikativ *intendiert* betrachte ich die Aufmerksamkeit anderer Akteure absichtsvoll evozierende Äußerungsformen – mittels nonverbaler, gestischer und/oder mimischer Elemente dessen, was sich sinnvoller Weise unter „Körpersprache“ fassen lässt, insbesondere aber *Verbalisierungen* des aktuellen, längerfristigen oder lebensgeschichtlich gewordenen und erhärteten Selbstempfindens.

virulent ist, denn Menschen, die im sogenannten Wachkoma leben, *reagieren* beobachtbar zwar reflexhaft auf Schmerzreize. In der in jüngerer Zeit auch in Deutschland sich intensivierenden ethischen und rechtlichen Diskussion wird gegenüber dem herkömmlichen medizinischen Paternalismus einer mehr oder weniger unbedingten Pflicht zur *Erhaltung* menschlichen Lebens aber zunehmend geltend gemacht, dass „bewusst" Sterbewillige auch sterben dürfen sollen. Und darauf rekurrierend wird inzwischen auch propagiert, dass ohne eine Patientenverfügung der *„mutmaßliche Wille"* des Patienten gelten solle – etwa der, nach schwerster Hirnschädigung nicht leben bzw. nicht im Zustand „Wachkoma" ‚dahinvegetieren' zu wollen. Kulturell wird damit also die Frage gestellt, ob ein Mensch, der „am Rande zum Tode" (Zieger 1998) lebt, legaler Weise getötet werden (können) soll, wenn sich zu seinem aktuellen Wollen nicht *mehr* eruieren lässt als ein von anderen gemutmaßter Wille. Kulturell unabweisbar stellt sich aber auch die Gegenfrage, ob einem leidensfähigen Wesen damit, dass es womöglich in Schmerzen, Leid und Angst zu leben gezwungen wird, (unzumutbar) Gewalt angetan wird. Jedenfalls ist das Konzept des „Sterben Machens" nur angemessen zu rekonstruieren in der Spiegelung nichtintendierter, aber eventuell in Kauf genommener Konsequenzen des „Leben Lassens" (mehr oder weniger) vollständig gelähmter, hochgradig spastisch kontraktierter, trachealkanülisierter und an oft schweren Folge-Komplikationen erkrankender Menschen mit schwersten Hirnschädigungen (vgl. Hitzler 2016b). Zwar *empfinden* diese, herkömmlichen schulmedizinischen Auffassungen ebenso wie einem Teil der öffentlichen Meinung zufolge, weder Schmerz noch Leid noch Angst. Nicht nur vielerlei Langzeitbeobachtungen – insbesondere durch Pflege- und Therapiekräfte sowie durch Angehörige –, sondern auch aktuellste neuromedizinische Erkenntnisse problematisieren diese Annahme allerdings wieder zusehends. Unbeschadet dessen lassen sich sozialwissenschaftlich relevante Klärungschancen nur aus einem perennierenden Abgleich mit möglichst vielfältigen Daten anderer Art und aus allen möglichen praktischen und theoretischen Zusammenhängen erwarten (vgl. Hitzler 2014b und 2016c; Lindemann 2002 und 2006).

4.1.3 Videoaufnahmen im Forschungszusammenhang

Gestützt werden meine Interpretationen durch entsprechende Studien von Dokumenten und durch Gesprächsnotizen, vor allem aber durch Beobachtungsprotokolle sowie durch vielstündige Videoaufzeichnungen[99] – bzw. ge-

99 Immer wieder habe ich bei meinen über drei Jahre hin sich erstreckenden Besuchen die Videokamera nicht nur fokussiert eingesetzt (vgl. Knoblauch 2001), sondern mitunter mehrere Stunden lang laufen lassen – und nach einiger Zeit dann häufig mehr oder min-

nauer: durch den Abgleich meiner evidenten Erlebnisse mit solchen in der Sozialforschung üblicheren Datenarten. Allerdings weckt die Attribuierung meiner Langzeitbeobachtungen als „videogestützt“ möglicherweise die Erwartung, ich würde die Aufnahmen normalerweise auch vorzeigen. Weil ich diese zum Großteil aber als sehr privat empfinde, *bekunde* ich in aller Regel lediglich, dass ich das, was ich gefilmt habe, mit Blick auf mein Erkenntnisinteresse zwar *selektiert*, dass ich aber *alle* Aufnahmen *inventarisiert*, auf verschiedene Fragestellungen hin *interpretiert* und sowohl die positiv als auch die negativ selektierten Szenen *kategorisiert* habe. Warum, wenn ich die Aufnahmen nicht zeigen will, habe ich die Kamera dann trotzdem immer wieder mitlaufen lassen, wenn ich den hier in Frage stehenden Menschen besucht habe? Ich habe das getan, weil ich die Videoaufnahmen als eine Art ‚Gegenprobe‘ meiner Wahrnehmungsannahmen begreife. Das heißt, ich nutze sie zur Klärung der Frage, was ich – subjektiv – von dem, was ich wahrgenommen zu haben meine, auf den Video-Aufnahmen widerlegt oder eben nicht widerlegt zu sehen glaube. Dabei geht es mir vor allem um Korrelationen zwischen dem, was ich beim anderen Individuum sehe, einerseits, und dem, was für mich registrierbar um es herum geschieht und/oder hinlänglich plausibel anzunehmender Weise *im* anderen Organismus geschieht, andererseits. Vereinfacht ausgedrückt: Es geht mir um die Frage, ob die Szenen, die ich aufgenommen habe, Merkmale aufweisen, die es plausibel machen, sie als „(proto-)kommunikative bzw. interaktive Sequenzen“ zu bezeichnen.

Meine Video-Aufnahmen dienen dementsprechend *nicht* der Illustration bzw. als quasi-rhetorisches Stilmittel meiner Argumentation, sondern vor allem der Falsifikation von vermeintlich intersubjektiv aufweisbaren subjektiven Wahrnehmungen. Die ‚Spuren‘ dieser subjektiven Wahrnehmungen schreibe ich in Form von Memos zwar auf. Ich kann sie als solche aber selbstverständlich *nicht* registrieren – weder mit einem Audiorekorder noch mit einer Videokamera. Unbeschadet dessen versuche ich anhand der Memos – im Rekurs auf

der ‚vergessen‘, dass das, was geschah, optisch aufgezeichnet wurde. Denn normalerweise war ich in der Zweier-Konstellation mit dem Menschen, um den mir zu tun war, stark auf diesen konzentriert. Wenn eine Pflegekraft ins Zimmer kam, war ich sozusagen immer schon im Zimmer anwesend. Dieses „Eindringen“ in die mit meiner Präsenz gegebene Zweisamkeit wurde von den Pflegekräften dann gegebenenfalls ausdrücklich erläutert oder auch gerechtfertigt oder war bereits routinemäßig legitimiert durch irgendwelche Verrichtungsaufgaben (An- oder Abhängen der Sondenernährung bzw. der Verabreichung von Flüssigkeit über die PEG-Sonde; Medikationsgabe; Umlagern; Transfer zwischen Bett und Rollstuhl oder Sessel; Urinbeutel entleeren; Umkleiden usw. – Wenn die Pflegekräfte, wie etwa bei intimeren Reinigungsmaßnahmen, mich baten, aus dem Zimmer zu gehen, haben sie mir auch hierfür ich in aller Regel Begründungen gegeben). Bei Therapien hingegen war ich, soweit überhaupt, grundsätzlich geduldeter Zuschauer – bzw. in ganz seltenen Fällen so etwas wie ein Anlernling für ‚einfache‘ therapieunterstützende Maßnahmen.

sozialpsychologische und therapeutische Körperausdrucksanalysen (vgl. Ekman 2007; Otterstedt 2005) – zu reflektieren und zu explizieren, warum ich *meine*, bestimmte Wahrnehmungen gehabt zu haben.

Mein Erkenntnisinteresse dabei ist ein *phänomenologisches*: Es richtet sich darauf, ob und ggf. wie sich ein Alter Ego konstituiert (als wie rudimentär es auch immer erscheinen mag). Ich frage, ob da, in diesem anderen menschlichen Körper, „jemand" ist – jemand im Sinne eines anderen Subjekts, eines Akteurs, einer Person (vgl. Hitzler 2010, 2018d). Die Klärung dieser Frage erfordert eine zumindest eidetische Analyse, d. h. eine Strukturbeschreibung der Korrelate des bei meinem Involviertsein stattgehabten subjektiven Erlebens (vgl. Hitzler 2005), mittels derer ich alles einzuklammern versuche, was ich meinem – hier eben deutlich auch Milieukonsensen geschuldeten – Vor-Wissen und seinen Vor-Urteilen statt dem zurechnen kann, was ich in einer Situation tatsächlich erlebe. Unbeschadet dessen bin natürlich auch ich nur „ein konkretes Individuum mit all seinen Fehlbarkeiten, das an einem bestimmten Ort und unter bestimmten Bedingungen seine Beobachtungen macht" (Heintz/Huber 2001, S. 18). Das heißt, wie die meisten mit ihnen befassten Personen stellt auch mich die Erfassung von Befindlichkeiten, von Stimmungen und von Strebungen von Menschen im Zustand „Wachkoma" vor kaum bzw. nicht lösbare Deutungsprobleme. Hierbei habe ich keineswegs weniger Schwierigkeiten als andere, sondern eher noch mehr: Kaum wähne ich, einer signifikanten Korrelation von Ausdruck und Befindlichkeit auf der Spur zu sein, schon erweist sie sich als nicht oder zumindest nicht auch nur einigermaßen *verlässlich* reproduzierbar. Kaum deute ich Wahrgenommenes als *un*willkürliche Anzeichen *un*willkürlicher ‚innerer' Vorgänge, schon konstituiert sich Evidenz für Appräsentationen willkürlicher Re-Aktivität – und das heißt: für basale Interaktions- und Kommunikationsfähigkeit – des im Wachkoma lebenden Menschen.

Damit stellt sich die Frage, wie ich mich dessen, wovon ich situativ subjektive Gewissheit habe, transsituativ vergewissern kann. Eben dazu (und *nur* dazu) dienen mir meine Videoaufnahmen. Sie helfen mir – wie ich festgestellt habe: *massiv* – dabei, in der Situation des Mitseins gehabte Wahrnehmungen zu überdenken und zu hinterfragen (denn in der Situation des Mitseins werden Beobachtung und Selbstbeobachtung sehr oft überlagert, ja konterkariert durch mannigfaltige freiwillige und vor allem prinzipiell oder ad hoc auferlegte Involviertheitsrelevanzen). Zugespitzt formuliert: Durch die Zuwendung zu den Video-Aufnahmen *unterstütze ich mich selber* bei der Klärung der Differenz zwischen vor-phänomenologischer, sozusagen ‚gefühliger' Gewissheit hier und *phänomenologisch* (und nicht etwa statistisch) verstandener Evidenz da – wohl wissend, dass dieser Evidenz-‚Abgleich' streng phänomenologisch gesehen selbstredend unsinnig ist.

Denn die Kamera sieht und hört bekanntlich keineswegs *mehr*, sondern – und das Folgende ist nun selbstverständlich metaphorisch gemeint – sie ‚sieht' und ‚hört' *anders* als ich: sie selektiert Geräusche nicht nach deren Sinnrelevanz, sie fokussiert auf das, worauf ich sie einstelle, und sie zeichnet unermüdlich – und unerbittlich – auf, was sich in ihrem Fokus befindet (vgl. Reichertz/Englert 2011). Sie erkennt nichts. Sie versteht nichts. Sie bildet mithin keineswegs ab, was *ich* sehe. Aber sie liefert Bilder und Geräusche zu dem (dazu), was *ich* erkannt, was *ich* verstanden zu haben meine. Und nicht selten setze ich beim Nach-Suchen in den Video-Aufnahmen hinter vermeintlich Evidentes dann – bis auf weiteres – wieder ein Fragezeichen. Mehr aber auch nicht, denn „die Leistungsfähigkeit des Apparates liegt im Sichtbarmachen, die Kompetenz des Menschen dagegen in der gestalteten Repräsentation und damit in der Sinngebung" (Heintz/Huber 2001, S. 18). Anders ausgedrückt: der Apparat zeichnet auf, ich hingegen nehme wahr – die Aufzeichnung selber, in Teilen auch Analoges zum Aufgezeichneten, aber eben auch Nicht-Aufgezeichnetes bzw. vom Apparat nicht Aufzeichenbares. Intersubjektiv mag das Aufgezeichnete als überzeugender erscheinen als das ‚nur' Wahrgenommene. Subjektiv gibt es aber keinen Grund, den Bildern auf dem Monitor mehr zu trauen als denen, von denen ich weiß, dass ich sie ‚im Kopf' habe.[100]

Auf der Basis so verstanden videogestützter Deutungen werde ich im Weiteren der Frage nachgehen, wie ich meine, diesem Menschen angesehen zu haben, dass er Schmerzen und Leid, mitunter aber eben auch etwas anderes empfindet, und wie mir dieser Mensch mitunter aus diesen Befindlichkeiten heraus etwas gezeigt hat, was über ‚einfache', als quasi-automatische vermutete Anzeichen hinaus- und auf rudimentäre kommunikative bzw. protokommunikative Intentionalität hinweist. Ich *bekunde* also, dass es sich bei meinem Material um Bilder eines Menschen bzw. der Befassung mit einem Menschen im Zustand „Wachkoma" handelt. Genauer: Es handelt sich um ca. dreihundert Stunden Videoaufnahmen dieses Menschen, bei denen ich mich auf die Registrierung und Deutung der Wahrnehmung von Zuständen und Zustandsveränderungen von dessen Körper konzentriere. Die dabei von mir produzierten ‚bewegten' Bilder zeigen einen manchmal fast regungslosen, manchmal motorisch unruhigen, einen zuckenden, sich streckenden und krampfenden, röchelnden, hustenden, würgenden Körper mit einem manchmal ebenfalls fast regungslosen,

100 Was impliziert es dann, wenn ich das, was ich wahrgenommen zu haben glaube, auf meinen Videoaufnahmen *nicht* sehen kann? Es impliziert nicht mehr, als dass ich es dort eben nicht (mehr) sehen kann. Wenn das der Fall ist, mache ich ein Fragezeichen hinter meine dabei in Frage stehenden Wahrnehmungen. Wenn ich das, was ich wahrgenommen zu haben glaube, auch auf meinen Videoaufnahmen sehen kann, mache ich hingegen ein Ausrufezeichen hinter meine dabei dann in Frage stehenden Wahrnehmungen. Dort, wo Fragezeichen stehen (was in aller Regel der Fall ist), habe ich versucht, die vermeintlichen Wahrnehmungen zu reproduzieren – und ggf. wieder mit Videoaufnahmen abzugleichen. Dort, wo (eines der seltenen) Ausrufezeichen steht, habe auch ich (wie die meisten Personen, die mit Menschen im Zustand „Wachkoma" befasst sind) nach irgendeinem Code für eine basale Form von Kommunikation bzw. Interaktion gesucht.

manchmal sich diagonal und/oder vertikal drehenden Kopf, mit einem manchmal ebenfalls fast regungslosen, manchmal mimisch sich verändernden, manchmal heftig grimassierenden Gesicht, mit manchmal geschlossenen und manchmal geöffneten Augen, usw.

4.1.4 Der Körper als Ausdrucksfeld

Die Deutung dieser Bilder im Hinblick auf mutmaßliche Befindlichkeiten des Menschen im Zustand „Wachkoma" ist einigermaßen voraussetzungsvoll. Sie hat nicht zum wenigsten auch mit der Frage zu tun, ob und ggf. in welchen Hinsichten der Körper dieses Menschen *mich* (immer wieder) an dessen Lebensgeschichte erinnert. Denn angesichts des Zustands, den wir gemeinhin als „Wachkoma" bezeichnen, stellt sich zumindest in dem Milieu, in dem ich mich während der Betreuungszeit bewegt bzw. befunden habe, für *alle* mit dem in diesem Zustand lebenden Menschen biographisch verbundenen Personen immer wieder die Frage, ob dieser Mensch *jetzt* noch, und wenn ja, dann in welcher Hinsicht und mit welchen Vorbehalten, identisch ist mit dem Menschen, den sie ‚zuvor' gekannt haben. Auch wenn ansonsten die hier protegierte eidetische Beschreibung keineswegs eine intime Kenntnis der Biographie des im Wachkoma lebenden Menschen oder gar eine ‚gemeinsame Geschichte' von Deutendem und Gedeutetem voraussetzt, lässt sich *diese* Frage naheliegender Weise nur vor dem Hintergrund lebensgeschichtlicher Vertrautheit beantworten bzw. überhaupt stellen, denn nur dann kann der Körper des Menschen, um den mir zu tun ist, mich an diesen Menschen ‚von einst' erinnern. Dies ist eine *spezielle* Art, in der mir dieser konkrete Andere gegeben ist. Zu klären ist mithin, ob dieser Körper mir ermöglicht oder signifikant dabei hilft, die Identität des Menschen zu konstruieren, dessen Lebensgeschichte er *aus meiner Sicht* ‚in sich' trägt.

Auch den Körper dieses im Wachkoma lebenden Menschen erfasse ich als kontinuierlich identisch mit dem (immer schon alternden) Körper dieses Menschen, bevor dieser in diesen Zustand gekommen ist.[101] Zweifelhaft ist mir also nicht die an-dauernde Identität dieses individuellen Organismus (wie das z. B. bei extremen körperlichen Veränderungen der Fall sein kann). Zweifelhaft ist mir jedoch, ob dieser individuelle Organismus, mit dem ich zu tun habe, (noch) die Identität jenes sich seiner selbst bewussten Anderen appräsentiert, der zu sein ich diesem Menschen attestiert habe, bevor der in den Zustand „Wachkoma" gekommen ist. Denn zwar ist menschliches Bewusstsein ohne zumindest Rudimente eines identischen individuellen Organismus (jedenfalls *noch*) *nicht* denkbar, selbstredend aber ist ein individueller Organismus ohne Selbstbe-

101 Das ist die „schwerfällige Anatomie", von der Helmuth Plessner (1982a, S. 210) spricht.

wusstsein nicht nur denkbar, sondern steht empirisch außer Frage: Auch der menschliche Körper kann leben, ohne mental repräsentiert zu sein. Die hinlänglich augenscheinliche Kontinuität eines individuellen Organismus reicht analytisch jedenfalls nicht hin, um die – soziale (vgl. Mead 1973) und persönliche (vgl. Luckmann, z. B. 1980) – Identität eines *Subjekts*, d. h. eine *Person* zu erfassen. Jedoch graben sich in den Körper eines Menschen Spuren von dessen Leben ein. Viele dieser Spuren sind für nachgerade alle anderen, denen dieser Mensch begegnet, ohne weiteres sinnlich erfahrbar. Andere Spuren zu erkennen ist voraussetzungsvoller: dazu muss man diesen Menschen – mehr oder weniger gut – kennen, ihm nahekommen und ihn ins Verhältnis zu biographisch für ihn relevanten Anderen setzen, und man muss das je Präsente (wie auch immer) auf das dabei Appräsentierte hin deuten können (vgl. Soeffner 2010).

Fragen wie „*Sind Menschen im Wachkoma bewusstlos oder lassen sich zerebrale Aktivitäten bei ihnen nachweisen? – Sind Menschen im Wachkoma leidensfähig oder fehlen ihnen die Voraussetzungen zur bewussten Schmerzwahrnehmung? – Reagieren Menschen im Wachkoma auf Ansprache oder projizieren Personen Reaktionen in das Verhalten des Menschen im Wachkoma hinein? – Können Menschen im Wachkoma Gesprochenes semantisch verarbeiten oder fehlen ihnen die neuronalen Voraussetzungen für Sprachverständnis völlig? – Ist verbale Kommunikation mit Menschen im Wachkoma – via Computer-Schnittstellen – möglich oder verunmöglicht?*“, ebenso wie unterschiedliche Antworten darauf, gilt es mithin ständig mit zu bedenken bei den – im Hinblick auf ‚letzte‘ Erkenntnisgewissheit ebenso ständig scheiternden – Versuchen, zu differenzieren zwischen *Anzeichen* von organischen Zuständen, die ich bei diesem Menschen gesehen, und (möglicherweise vorreflexiven) *Zeichen*, die ich als Versuche dieses Menschen begriffen habe, (mir) *anzuzeigen*, dass er Schmerzen und Leid und auch, dass er vielleicht nicht ausschließlich das *empfindet*.

Relevant für meine Beschreibung ist, dass er *für mich erkennbar* leidet und wie bzw. als was mir das Leiden dieses konkreten Anderen gegeben ist. Wenn ich im Weiteren nun zu beschreiben versuche, wie ich diesen Anderen während rund sechshundert Besuchen mit zumeist mehrstündigem Beisammensein erlebt habe, dann erscheint mir dafür als grundlegend, mit Alfred Schütz und Thomas Luckmann (2003, S. 641-652) analytisch zwischen Anzeichen und Zeichen, zwischen unwillkürlichem und willkürlichem Ausdrucksverhalten zu unterscheiden.[102] Vor allem, um die, wie erwähnt naheliegende, ‚Betroffenheitslyrik‘ bestmöglich zu reduzieren, bezeichne ich den anderen, mir existenziell

102 Ob das, was ich wahrgenommen habe, tatsächlich stets oder auch nur je das bedeutet hat, als was ich es gedeutet habe, z. B. ob es also auch signifikante Gesten im Sinne Meads (1973) waren, bleibt letztlich allerdings ungeklärt.

nahestehenden Menschen nun, absichtsvoll distanzierend, aber in Übereinstimmung eben mit der Semantik des Feldes, als „die Bewohnerin".

4.1.5 Appräsentation und (Proto-)Kommunikation

Neben allem anderen musste ich bei meinen Besuchen eine essentielle „neue Lektion" lernen: die Lektion, dass die Bewohnerin gesundheitlich eben *nicht* in einem unter den gegebenen Umständen recht stabilen und ‚ganz akzeptablen' Zustand war, sondern dass sie mich in aller Regel mit ihren – quasi permanent an Atemproblemen, Husten und Würgen erkennbaren – Kämpfen ums schiere Überleben konfrontierte, die eher gelegentlich von kurzen ‚ruhigen' Phasen durchbrochen wurden. Ein ganz wesentliches Element dieses Überlebenskampfes war, dass die Bewohnerin sich häufig erbrechen musste, ohne dass die, denen es um sie zu tun war (also Pflege- und Therapiekräfte ebenso wie Angehörige), die Ursachen für das diesem Indikator zugrunde liegende Unwohlsein letztendlich zufriedenstellend zu ergründen oder gar zu beseitigen vermochten. Unbeschadet aller Wahrnehmungsunsicherheiten war aber der Gesamteindruck – für uns, die wir damit natürlich so taten, als könnten wir den Standpunkt der Bewohnerin doch ‚irgendwie' einnehmen – nachgerade unabweisbar, dass sie, wie wir alle, sowohl „gute" als auch „schlechte" Tage hatte – wobei *schlechte* Tage aus unserer Sicht für sie solche waren, an denen sie etwa übermäßig von Husten- und Würgeanfällen, von Verdauungsproblemen, von Erbrechen, von Augeninfektionen, von Fieber, von Lärm und/oder Hitze und vermutlich von körperlichen Schmerzen und vielleicht auch von seelischen Qualen wie Einsamkeit, Trauer, Verwirrung geplagt wurde. *Gute* Tage für die Bewohnerin waren – unseren Analogieschlüssen entsprechend – solche, an denen wir zu erkennen meinten, dass sie „munter", „irgendwie interessiert" und zugleich ausgesprochen „entspannt" sei. Erst ganz allmählich lernte *ich*, diese neue Normalität der ‚Tagesformabhängigkeit' nicht nur auszuhalten, sondern anzunehmen und so umfassend, wie es mir aufgrund meiner eigenen Lebensumstände möglich war, mit zu erleben.

Nun ist in unserem (modernen) normalen Miteinander Kommunikation, insbesondere sprachliche Kommunikation, ja offenkundig das pragmatisch stärkste Indiz dafür, dass es sich bei einem Gegenstand unserer Erfahrung um einen ‚Anderen wie mich', um ein Alter Ego handelt (vgl. Luckmann 2007b; Soeffner 2014b). Während wir im normalen Miteinander dementsprechend ganz selbstverständlich auf alle möglichen Arten miteinander kommunizieren und in diesem Kommunizieren nachgerade alle vorkommunikativen Ausdrucksformen (zumeist beiläufig) mit einschließen, stellten sich im Umgang mit der „nicht-kommunikativen" Bewohnerin eben immer wieder mehrere logisch nacheinander zu klärende empirische Fragen: Welche Appräsentationen lassen sich hinlänglich plausibel bei ihr erkennen? Zeigt sie Re-Aktionen? Agiert sie? Und schließlich erst: Kommuniziert sie? (vgl. Hitzler 2015b).

Und die mit meinen Mitteln der interaktions- und mimikanalytisch informierten, videogestützten Interpretation gewonnenen Antworten darauf lauten, dass sich bei der Bewohnerin keineswegs nur organische Prozesse (etwa als krampfartige Gesichtsverzerrungen), sondern auch Empfindungen appräsentierte, dass sie auch auf Veränderungen bzw. Ereignisse in ihrer Umwelt reagierte[103], dass sie immer wieder ihre „Fassung verlor" – die sie ja, laut Helmuth Plessner (1982a), naheliegender Weise erst einmal *haben* musste, um sie verlieren zu können –, und dass sie gelegentlich in Ansätzen Aktivitäten im Sinne willkürlicher Eigeninitiativen zeigte. Ausdrucksformen, die gegenüber quasiautomatischen Appräsentationen Spuren intendierter Bedeutungen erkennen lassen, können dementsprechend als „protokommunikativ" etikettiert werden (vgl. z. B. Johnson 1987; Hobson 2003). Wenige – aber *nicht* keine – dieser Aktivitäten lassen sich m.E. sogar so deuten, dass sie auf umweltliche Zustandsveränderungen bzw. auf Verhaltensänderungen des Gegenübers *abzielen. Manche* der Re-Aktionen der Bewohnerin können demnach zumindest heuristisch als „kommunikativ intendiert" begriffen werden. *Dafür*, dass „kommunikative Intentionen" oder dass zumindest aus einer ursprünglichen ‚Vertrautheit mit sich selbst' resultierende „protokommunikative Strebungen" vorhanden sein konnten, spricht zum Beispiel, dass sie auf Verhaltensänderungen des Gegenübers gelegentlich wiederholt mit eigenen Verhaltensänderungen und – selten – auf daraufhin veränderte Verhaltensweisen des Gegenübers ihrerseits wieder mit Verhaltensänderungen reagierte. *Dagegen* spricht, dass sie diese Reaktions- und Interaktionsformen eben nur gelegentlich und keinesfalls quasi-experimentell ‚abrufbar' zeigte.

Beginnen wir die Aufschichtung dessen, was ich zu plausibilisieren versuchen will, mit einem relativ simplen Beispiel der Appräsentation eines organischen Problems – bei dem die Frage, ob es angemessen ist, die ‚Gesichtsausdrücke', die ich bei der Bewohnerin gesehen habe, analog zu unser aller Deutungen im alltäglichen Umgang miteinander und/oder in Anknüpfung an meine Erinnerungen an frühere Gesichtsausdrücke von ihr zu ‚verstehen' (vgl. Meuter 2006), gleichwohl bereits positiv entschieden bzw. beantwortet sein muss (was ich aufgrund meiner hohen biographischen Vertrautheit mit ihr vor und nach der schweren Hirnschädigung tue): Als ich etwa ein dreiviertel Jahr nach dem

103 Zum Beispiel schien die Bewohnerin – erkennbar vor allem an Veränderungen der Atemfrequenz und Atmungstiefe, aber auch an der Mimik und an der Restmotorik – zumeist zu registrieren, wenn jemand anwesend war, ihre Hand hielt, sie streichelte und ein wenig an sie oder eben einfach vor sich hin redete – oder (eher leise) Musik oder den Fernseher laufen ließ. In aller Regel ausgesprochen entspannt wirkten die Körperhaltung und die Mimik der Bewohnerin auch, wenn man sie im Rollstuhl durch den nahe dem Pflegeheim gelegenen Park schob.

schicksalsentscheidenden Vorfall insbesondere an ihrer Mimik Indizien dafür erkennen zu können meinte, dass sie anhaltend oder wieder Kopfschmerzen haben könnte, und weil der sie behandelnde Neurologe auch eine traumatische Erinnerung an die seinerzeit die weitere Ereigniskaskade auslösenden „Vernichtungskopfschmerzen" nicht ausschloss, wurde (wieder) eine Magnetresonanztomographie durchgeführt. Diese zeigte, dass trotz des seinerzeit schon in der Akutklinik gelegten Dauer-Shunts der intrakranielle Gehirnflüssigkeitsdruck bei der Bewohnerin wieder erkennbar angestiegen war. Daraufhin wurde das Ventil des Shunts ausgewechselt. In der Folge besserte sich nicht nur eine Augeninfektion deutlich, sondern die Bewohnerin wirkte insgesamt wesentlich ‚präsenter'.

Jenseits etwelcher nach einer gewissen Zeit fast gewohnheitsmäßigen Beobachtungen von bei der Bewohnerin wahrnehmbaren und von mir ganz übereinstimmend mit den Auskünften der Pflegekräfte als Anzeichen von Unwohlsein gedeuteten Zuständen und Veränderungen – wie Erbrechen, Schwitzen, Würgen, Zusammensacken im Sitzen, Unruhe beim Liegen, usw. – richteten sich meine im Hinblick auf möglicherweise schmerzauslösende *spezifische* Ursachen besorgten Nachfragen bei behandelnden und befreundeten Medizinern immer wieder vor allem darauf, ob anzunehmen sei, dass sie auch in ihrem jetzigen Zustand noch bzw. immer wieder (jene extremen) *Kopfschmerzen* haben könne. Der behandelnde Neurologe indes hielt eher eine aus der Hirnblutung oder dem Gefäßspasmus resultierende Traumatisierung für „nicht *un*wahrscheinlich".[104] Andere besorgte Nachfragen galten möglichen *Zahnschmerzen* und *Kontraktionsschmerzen*. Immer wieder – vor allem durch Würgen, Husten, Keuchen, Röcheln, Gesichtsverfärbung und Schleimabsonderung – augenscheinlich wurden mir vermutlich durch die Trachealkanüle verursachte *Schmerzen im Hals und in der Brust* der Bewohnerin.

Daran, dass sie über längere Zeit häufig Schmerzen empfand, habe *ich* jedenfalls keinen Zweifel, denn oft wirkte sie unruhig, öffnete kaum die Augen, hatte eine ‚gequälte' Mimik und sank ‚in sich zusammen'. All das betrachte ich aber auch als deutliche Anzeichen (und Zeichen?) dafür, dass die Bewohnerin anhaltend ein stark empfindendes Wesen war: Ihre körperlichen Zustände waren anscheinend keineswegs irrelevant für ihr seelisches Befinden, und ihre gesamte Verhaltensweise entsprach ganz dem, wie sie ‚schon immer' auf körperliche ‚Unpässlichkeiten' (im weitesten Sinne) reagiert hatte: dann wollte sie sozusagen ‚einfach nichts mehr (von der Welt) wissen', sondern nur noch allein sein und schlafen. Und auch dann, wenn wir eine erhöhte Vigilanz bei ihr be-

104 Traumatisierung ist, wie z. B. Ilja Srubar gezeigt hat, eine leiblich verankerte, sprachlich nicht aufhebbare, überwältigende Erinnerung an „eine abrupte Unterbrechung der Lebenslinie" (Srubar 2015, S. 88).

merkten, bewegten sich die meisten ihrer mimischen Appräsentationen im Bereich vom ‚Neutralen' hin zu Anzeichen von Schmerz, Kummer, Not usw.

Unbeschadet aber der Frage, ob das Verhalten der Bewohnerin von einem kognitiven Begreifen begleitet oder gar motiviert war, oder ob es sich um reine Imitationen gehandelt hat, hatte ich den Eindruck eines zumindest protokommunikativen Vorgangs zwischen uns. Dabei schwanke ich zwischen der ‚starken' Deutung, sie habe in manchen Situationen tatsächlich versucht, mit mir zu reden, und der ‚schwachen' Vermutung, sie habe dabei ein eher automatisches bzw. „primitives", denn ein subreflexives Nachahmungsverhalten gezeigt – wie es Säuglinge in den ersten Lebenstagen anscheinend auch schon zeigen, wenn sie ein menschliches Gesicht vor sich sehen. Relativ sicher bin ich mir jedoch, bei der Bewohnerin hin und wieder auch *nicht* auf Schmerzen bezogene Formen von (Proto-)Kommunikation beobachtet zu haben. Was ich zumindest in manchen Situation wahrzunehmen glaubte, war aber wesentlich mehr als das, was ich unter „primitivem Nachahmungsverhalten" subsummieren würde. Ich bin sicher, dass die Bewohnerin mir zugehört und mich ‚irgendwie' verstanden bzw. irgendwie ‚etwas' verstanden hat. Sie hat Bilder angeschaut – ‚interessiert' angeschaut (wenn auch stets nur für kurze Zeit). Allerdings handelte es sich dabei um ausgesprochen seltene Ereignisse während vieler Tage, an denen nichts auch nur annähernd Vergleichbares geschah. Und auch solche seltenen Ereignisse waren stets situativ eingebettet in stundenlange Phasen (scheinbar) ereignislosen Beisammenseins.[105]

Als empirisch und analytisch kaum noch abweisbaren, nachgerade exemplarischen Indikator für über reine Anzeichen hinausgehende Formen (proto-) kommunikativen Sich-Zeigens betrachte ich insbesondere das immer wieder beobachtete Phänomen des ‚*Weingesichts*'. Damit meine ich nicht einen Tränenfluss, sondern einen mimischen Ausdruck, der „Weinen" appräsentiert. Das Appräsentierte selber, also das Weinen, ist, und (auch) da schließe ich mich den einschlägigen Analysen von Helmuth Plessner an, ein protokommunikatives Phänomen, eine vorreflexive Strebung, denn Weinen weist auf eine Befindlichkeit hin, in der ein Mensch zwar die Kontrolle über seinen Körper, nicht aber die Kontrolle über sich selber verliert. Und eben diese Selbstbezüglichkeit grenzt Plessner ja von solchen Zuständen ab, in denen der Mensch eben *nicht mehr* ‚er selber' ist: „*Unbeantwortbare* und nicht *bedrohende* Lagen … erregen … *Weinen*. Der Mensch kapituliert als Leib-Seele-Einheit, d. h. als Lebewesen, er verliert das Verhältnis zu seiner physischen Existenz, aber er kapituliert nicht als Person. Er verliert nicht seinen Kopf" (Plessner 1982a, S. 276). Hingegen:

105 Das Miterleben seltener Ereignisse, die sich dann gleichwohl als hochrelevant für das Verstehen des Falles erweisen (können), verdeutlich sozusagen ‚schlagend' die von uns ja immer wieder betonte Notwendigkeit langzeitlichen sich Einlassens des Ethnographen auf das jeweilige Feld.

„*Unbeantwortbare* und zugleich *bedrohende* Lagen erregen *Schwindel*. Der Mensch kapituliert als Person, er verliert den Kopf. Symptome, die vom Drehschwindel her bekannt sind, wie Schweißausbrüche, Übelkeit, Erbrechen und Ohnmacht…" (Plessner 1982a, S. 275). Das heißt, wenn er weint (und lacht), verliert der Mensch zwar seine Beherrschung, aber er bleibt sozusagen bei sich, „indem der Körper gewissermaßen … die Antwort übernimmt. (…) Wenn der Mensch in Fällen von Einengung, Trübung oder Ausschaltung seines Bewusstseins" hingegen „die Herrschaft über sich verliert … wird die menschliche Einheit der Person zerstört" (Plessner 1982a, S. 237; vgl. auch 1982b, S. 442). Nun ist das Bewusstsein des Menschen im sogenannten Wachkoma unzweifelhaft eingeengt, getrübt oder gar ausgeschaltet. Wenn er aber weint, deutet er demzufolge damit zumindest ein Restbewusstsein an – und damit auch die Fähigkeit zum protokommunikativen Handeln.

4.1.6 Analyse der Schmerzen

Zurückgreifend auf verschiedene Beispiele aus Notizen und Videoaufnahmen, die ich in den knapp drei Jahren angefertigt habe, in denen ich diesen im Wachkoma lebenden Menschen als Betreuer habe begleiten dürfen, habe ich zu zeigen versucht, dass nicht nur ich, sondern auch andere Personen, die mit der Bewohnerin nachhaltig zu tun hatten, m. E. plausibilisierbare Gründe dafür haben, ihr nicht nur prinzipiell „Ansprechbarkeit" attestiert zu haben, sondern dass wir auch sicher sind, dass sie mitunter ‚geantwortet', dass sie also – zwar basal und rudimentär, aber doch erkennbar – mit uns kommuniziert hat. Das klärt selbstverständlich nicht, sondern wirft im Gegenteil die Frage erst auf, wie die „Konsensmaschinerie" (Hitzler 2014a) eigentlich funktioniert, mittels derer wir uns darüber verständigt haben, dass dieser Mensch im sogenannten Wachkoma grundsätzlich Schmerzen in dem Sinne empfinden kann, dass er sie auch als solche *und* sich selber als schmerzempfindendes Subjekt wahrnimmt, und mittels derer wir uns auch darüber verständigt haben, wann dieser Mensch je *akut* entsprechende Empfindungen hat oder nicht hat.

Selbstverständlich wähne ich mich durchaus nicht als fachlich zuständig für die Qualifikation des Phänomens „Schmerz" (vgl. McCaffery 1997); dafür also, über Schmerzarten und Schmerzintensitäten zu befinden. Immerhin meine ich aber – wie vermutlich wir alle – aufgrund der (hinlänglich konsensuellen) Deutung bestimmter Appräsentationen als Schmerzgesten zu wissen, dass die meisten Menschen – gelegentlich, mitunter, häufig und wenige vielleicht sogar ständig – Schmerzen haben. Schmerzen kann man nicht sehen, nicht hören, nicht riechen, nicht schmecken und auch nicht ertasten. Schmerzen kann man nur subjektiv spüren, also empfinden. *Wie* man sie empfindet, das hängt anscheinend mit der jeweiligen, nicht zum wenigsten kulturell (mit-)geprägten (vgl.

Zborowski 1969) mentalen Verfassung dessen zusammen, der die Schmerzen hat. Sehen, hören, riechen, schmecken und ertasten, d. h. mit den fünf Sinnen erfassen, kann man allenfalls *Indikatoren* für Schmerzen. Deshalb lässt sich auch so schlecht definieren, was Schmerz ‚an sich' eigentlich ist.[106]

Wenn wir dem, *dass* – nicht etwa *wie* – ein anderer Mensch irgendwelche Schmerzen spürt, ‚nachspüren' wollen oder müssen, sind wir – vor- bzw. außerkommunikativ – folglich darauf angewiesen, das, was wir an diesem Menschen wahrnehmen, als Schmerzappräsentationen zu deuten: z. B. Schwitzen, Zittern, Zucken, Krampfen, Erröten, Erbleichen usw., ebenso Gesichtsausdrücke und -bewegungen und/oder Körperhaltungen und -bewegungen, und paraverbal z. B. Stöhnen, Jammern, Weinen, Klagen, Schreien und/oder andere, komplexere bzw. kombinierte Formen des Anzeigens. Solcherlei Appräsentationen deuten wir – keineswegs exklusiv, aber zumindest unter diese Interpretation am ehesten nahelegenden Umständen – als Indikatoren dafür, dass ein anderes Wesen (d. h. ein anderer Mensch oder auch ein Tier, dem wir – analog zu unserem eigenen Empfinden – Schmerzfähigkeit zu attestieren bereit sind) Schmerzen empfindet, dass es Schmerzen *hat*. All diese Anzeigen *können* nun, müssen aber keineswegs intentional an andere gerichtet, d. h. kommunikativ intendiert sein. Als kommunikativ intendiert betrachte ich, wie mehrfach erwähnt, die Aufmerksamkeit anderer Akteure absichtsvoll evozierende Äußerungsformen[107], hier also Leidensbekundungen mittels nonverbaler, gestischer und/oder mimischer Elemente dessen, was sich sinnvoller Weise unter „Körpersprache" fassen lässt, insbesondere aber *Verbalisierungen* des Spürens bzw. Habens von Schmerzen.

In der Medizin- und Gesundheitssoziologie werden vor allem zwei Arten von Adressaten schmerzkommunizierenden Handelns bzw. des kommunikativen Handelns von Schmerzen verspürenden Patienten unterschieden (vgl. z. B. Dreßke/Göckenjahn 2009): Adressiert werden Vertreter der medizinisch-therapeutischen Schmerzversorgung einerseits und adressiert werden Menschen des jeweiligen alltäglichen Lebenszusammenhangs andererseits. Ich meine, dass wir

106 Vgl. die Schmerzdefinition der International Association for the Study of Pain (nach Schmidt/Struppler 1983, S. 17f.).

107 Alle sozial plausibilisierbaren Kriterien dafür, etwas Beobachtbares als *kommunikatives* Handeln (im Sinne von Schütz 2003b und Knoblauch, z. B. 2011 und 2012) zu deuten, scheinen damit zusammenzuhängen, dass wir etwas wahrnehmen, was wir nicht nur als Folge eines Einwirkens (wie: der Wurm wurde durch den Spatenstich zweigeteilt) oder als durch Einwirken evoziertes Verhalten (wie: beide Teile des Wurmes winden sich) interpretieren, sondern als mit einer zielgerichteten und/oder intendierten Kundgabe geschehend (Vogelgezwitscher und Hundegebell sehen wir gemeinhin als zielgerichtete Kundgaben an, Krawattenknoten und Gebete lassen kaum daran zweifeln, dass es intendierte Kundgaben sind; Schmerzenslaute, Jubelschreie und Selbsttötungen geben zumindest Anlass dazu, weitere Indikatoren und/oder Theorien zurate zu ziehen, wenn es von Interesse ist zu klären, ob und ggf. wie sie gemeint sind bzw. gemeint waren).

es dabei nicht nur mit unterschiedlichen Arten von *Adressaten* schmerzkommunizierenden Handelns, sondern auch mit unterschiedlichen Arten von *Deutern* nicht kommunikativ intendierter Schmerzappräsentationen mit jeweils wieder binnendifferenzierten Deutungstechniken und typischerweise je zuhandenen Deutungs*technologien* zu tun haben:

Unerfahrene (und erstmals oder nur punktuell) mit der Schmerzversorgung eines Patienten befasste Professionelle (Mediziner, Therapeuten, Pflegekräfte) müssen zur Deutung von Schmerzappräsentationen zwangsläufig auf fallunspezifische Fachwissensbestände rekurrieren (vgl. z. B. Baszanger 1998). Unerfahrene (und erstmals oder nur punktuell) mit einem anscheinend unter Schmerzen leidenden Menschen ‚konfrontierte' andere Personen müssen dafür zwangsläufig auf dem konkreten Fall vorgängige Alltagsstereotypisierungen zurückgreifen. Menschen des alltäglichen Lebenszusammenhanges des Betroffenen hingegen deuten Schmerzappräsentationen in der Regel aus einer hochgradigen biographischen Vertrautheit mit dem infrage stehenden Menschen heraus – auch und nicht zuletzt auch daraufhin, ob sie einer nichtintendierten Anzeige oder einer intendierten Kundgabe oder gar einer (womöglich ‚grundlos') dramatisierten Vorführung von dessen Schmerzen gewahr werden. Erfahrene Pflege- und Therapiekräfte und langjährig mit einem Patienten vertraute (Haus-)Ärzte rekurrieren auf bzw. entwickeln mit der Zeit Deutungstechniken als – nicht selten implizite – Amalgame aus alltäglichen Erfahrungs- und fachlichen Sonderwissensbeständen.

Als medizinischer Laie hingegen, der sich noch nie mit Schmerzforschung im engeren Sinne befasst hat[108], weiß ich zu diesem Thema tatsächlich nicht *mehr*, als ich – im Rekurs auf das, was ich selber je als „Schmerz(en)" kennengelernt habe – an Wissen erwerben konnte in drei Jahren Begleitung und Betreuung eines einzigen Menschen mit einer schweren hypoxischen Hirnschädigung sowie in der Beobachtung von und im Austausch mit Therapie- und Pflegekräften und behandelnden Ärzten in der genannten Langzeitpflege-Einrichtung für Phase-F-Patienten. Ich habe also keine Expertise dafür, zu entscheiden, ob der Mensch, um den mir hier zu tun ist, in einer gegebenen Situation letztendlich ausschließlich oder vor allem körperliche Schmerzen oder ausschließlich oder vor allem seelische Qualen empfindet

Wenn David B. Morris aber recht hat mit seiner Feststellung, dass Schmerz im Sinne einer zumeist auferlegten, „immanent sprachresistenten" Empfindungswahrnehmung „nur an den Schnittpunkten von Körper, Gehirn und Kultur" entsteht (Morris 1996, S. 11f.), dann ist es analytisch unabdingbar, die je eigenen kulturellen Gewissheits- und Vorurteilsstrukturen darüber, wer und was überhaupt – und wenn ja, wie – in diesem Verstande Schmerzen hat bzw.

108 Befasst habe ich mich lediglich vor langer Zeit mit Typen von Handlungen und Konstellationen von Akteuren im BDSM-Milieu (vgl. z. B. Hitzler 1993a und 1995).

haben kann, zu reflektieren. Diese analytische Mahnung gilt selbstverständlich sowohl *den* Deutern, die Menschen im sogenannten Wachkoma selbstbezügliches Schmerzempfinden attestieren (wie z. B. Klein 2000) – und die sich ethisch damit z. B. der Frage stellen müssen, ob sie Menschen foltern, wenn sie sie mehr oder weniger total gelähmt, hochgradig spastisch kontraktiert, trachealkanülisiert und mithin bauchsondenernährt und blasenkatheterisiert möglichst lange an einem aus nachvollziehbaren Gründen als „vegetativ" bezeichneten Leben erhalten, als auch gilt sie *jenen* Deutern, die ihnen eben dieses Schmerzempfinden absprechen – und die auf dieser Basis z. B. deklarieren, die implizite aber faktische Tötung von schwerstgehirngeschädigten Menschen qua Verdursten und Verhungern sei moralisch irrelevant (vgl. Singer 1979, S. 191f.; Gillet 1986, S. 85).

4.1.7 ‚Schmerzen' der Analyse

Unabdingbar ist die Rekonstruktion der „Konsensmaschinerie" vor allem deshalb, weil *beide* Deutungsstränge praktische Konsequenzen zeitigen, die für den davon betroffenen Menschen eben existenziell bedrohlich sind.[109] Hier hat aber nicht der *Diskurs* über vorhandene oder fehlende Bewusstseinsfähigkeiten von Menschen mit schwersten Hirnschädigungen auf meiner Agenda gestanden, sondern eher die Frage danach, ob die – vor allem in der Schmerzversorgung hochgradig dementer Menschen gebräuchliche – Rede von „nicht-kommunikativen Patienten" eigentlich *mehr* besagt als die Feststellung, so etikettierte Patienten kommunizierten nicht mehr *in üblicher Weise*, kommunizierten nicht mehr so, wie wir es zwischen hellwachen Erwachsenen (vgl. Schütz/

109 Ähnlich bedrohlich sind hinlänglich konsensualisierte Deutungen auch in ganz anderen kulturellen Zusammenhängen für die davon Betroffenen: „In Amerika, wo man schwarze Sklaven rechtlich nur als eine Form des Eigentums betrachtete, war die weiße rassistische Überzeugung, dass Sklaven über keine menschlichen Regungen und Wünsche verfügten, eine entscheidende Voraussetzung... So herrschte unter den Sklavenhaltern der paradoxe Glaube, dass Sklaven keinen Schmerz empfänden. (...) Wahrscheinlich wurden die Sklaven ... mit der gleichen Vorstellung geschlagen, mit der man Pferde zuritt oder Hunde abrichtete. Der Sklave fühlte genug Schmerz, um Gehorsam zu zeigen, aber nicht genug, um solche Methoden ... als unmenschlich zu entlarven. Dieser Glaube bestand also unter den Sklavenhaltern und ihren Apologeten fort, die der Meinung waren, dass Schwarze und Weiße in einer sehr verschiedenen Beziehung zu Schmerz lebten. (...) Dr. J. Marion Sims, Amerikas hochberühmter Gynäkologe und Chirurg, nahm qualvolle experimentelle Operationen an Sklavinnen vor, die er mit der Erklärung rechtfertigte, dass weiße Frauen den Schmerz nicht hätten ertragen können. „Negerinnen ... ertragen Schnitte fast genauso unbeteiligt, wie Hunde und Kaninchen", hieß es in der britischen Medical and Chirurgical Review von 1817" (Morris 1996, S. 60f.).

Luckmann 2003, S. 29ff.) als ‚normal' ansehen.[110] Die Feststellung, ein Patient kommuniziere nicht (mehr) *wie üblich*, besagt jedenfalls *nicht*, dass sich *überhaupt keine* Indikatoren erkennen ließen dafür, es im je konkreten Fall bzw. in der je konkreten Situation mit einem sich äußernden Anderen zu tun zu haben – d. h. mit einem Anderen, der sich vielleicht in Formen äußert, die wir eher als primitives Nachahmungsverhalten zu deuten *gewohnt* sind (vgl. Allport 1955 und 1968). Aber selbst wenn dem so wäre (*was ich füglich bezweifle*), wissen wir aus einschlägigen Studien und aus dem langzeitlichen Umgang mit *anderen* als normalen und erwachsenen und hellwachen und menschlichen Wesen, dass Nachahmungsverhalten – und sei es noch so primitiv – durchaus die Grundlage einer (anderen) Art des (per Definition *kommunikativen*) Zusammenlebens von Ego und Alter bilden kann.

Augenscheinlich war das der Bewohnerin zur Verfügung stehende Repertoire an Kommunikationsmitteln zwar ausgesprochen begrenzt: Es umfasste im Wesentlichen Atmungsveränderungen (Intensität und Frequenz), Zähneknir-

110 Dass bei Menschen im sogenannten Wachkoma weder die Intensität noch gar die Art ihrer Schmerzen mit den in der Schmerzversorgung gebräuchlichen, stark an sprachlichen Äußerungen der Patienten orientierten Erfassungsinstrumenten – wie z. B. dem sehr bekannten McGill-Melzack Pain Questionaire (vgl. Melzack 1975), aber auch der Faces Pain Scale-Revised (FPS-R) der International Association for the Study of Pain (IASP) – abgefragt werden können, versteht sich wohl von selber: Menschen im sogenannten Wachkoma verbalisieren bekanntlich nicht, und dass sie verstehen können, wenn man sie fragt, ob sie ihre Schmerzen eher als klopfend, nagend oder stechend usw. und als leicht, mäßig oder stark ausgeprägt empfinden, ist ausgesprochen zweifelhaft. Andere, vor allem Beobachtungen von physiologischen Erscheinungen bei den und/oder Verhaltensweisen der Patienten erfassende, Instrumente – wie NIPS, Doloplus-Skala, C.H.E.O.P.S. und ECPA-Skala – werden anscheinend modifiziert auch in der Pflege von Menschen mit schweren und schwersten Hirnschädigungen eingesetzt (vgl. Beck 2006), ebenso wie die BESD-Skala der Deutschen Gesellschaft zum Studium des Schmerzes e. V. (DGSS) (vgl. Basler et al. 2006). Dass bei der Beschreibung dieser Skalen zumeist *nicht* zwischen dem Körper als einem Anzeichenfeld und dem, was man sinnvoller Weise als „Körpersprache" bezeichnen sollte, differenziert wird, ist dabei sogar ein nachrangiges, aber für die bei solchen Erfassungsformularen oft vernachlässigte Reflexion des Instruments und seiner möglichen Wirkungen typisches Problem. Die Befassung mit solchen Formularen trägt zwar sicher dazu bei, hierfür (noch) *nicht* sensible Personen grundsätzlich für Schmerzappräsentationen anderer Menschen zu sensibilisieren. Unseren Beobachtungen zufolge aber ist die inkorporierte bzw. habitualisierte Kompetenz erfahrener Pflegekräfte zur Erfassung der je situativen Befindlichkeit von Patienten aller – Schematisierung befördernden – ‚Formular-Logik' nachgerade durchgängig überlegen und die Sozialisation von Pflegeanfängern qua Mitmachen effektiver und nachhaltiger als deren Eingewöhnung in skalierende Formulare zur Dokumentation dessen, wie sie Zustände von Patienten einschätzen (vgl. dazu auch Kraeftner/Kroell 2009, Kraeftner et al. 2010). Demzufolge könnten schematische Erfassungsinstrumente im Pflegealltag auch eher hinderlich als förderlich sein bei der Wahrnehmung von und bei der mitmenschlichen Zuwendung zu Schmerzappräsentationen und -kommunikationen von Menschen mit schwersten Hirnschädigungen.

schen, Zu- und Abwendungen des Kopfes sowie erregtes Grimassieren versus entspanntes ‚Mümmeln'. Aber dem, was sie tat, nur, weil *ich* seinerzeit ihre ‚Mitteilungen' nicht verstanden hatte (wie ich sie, im Nachhinein betrachtet, auch später oft nicht, jedenfalls nicht sogleich, verstanden habe), kategorisch *abzusprechen*, es seien intendierte Versuche gewesen, auf mein Verhalten einzuwirken, erschiene mir als hochgradig unsensibel, ja als ignorant. Dem entgegen habe ich – auf der Basis meines alltagspraktischen (also doxischen) Erlebens der Bewohnerin nicht nur als empfindungsfähigem, als empfindendem und als empfindsamem, sondern auch als einem Menschen mit mancherlei mir von früher her wohlvertrauten Charakterzügen – zunehmend mit der heuristischen Idee ‚gearbeitet', dass sie zwar die Fähigkeit zur kognitiven Verhaltenssteuerung wohl weitestgehend verloren gehabt haben dürfte, dass ihr „Persönlichkeitskern", also das, was sozusagen ihr spezifisches ‚Wesen' ausgemacht hat, aber auch im Zustand „Wachkoma" erhalten geblieben ist. Diese Bezugnahme auf den von mir so genannten „Persönlichkeitskern" setzt, um das nochmals zu betonen, naheliegender Weise eine (auch biographisch) hochgradige Vertrautheit mit dem in Frage stehenden Menschen ebenso voraus wie die Zeit und Konzentration zur genauen Beobachtung und zu deren analytischer Reflexion. Denn zumindest dann, wenn uns nicht die in der avancierten Neuromedizin gebräuchliche Technologie zuhanden ist, um Gehirnscans durchzuführen[111], sind wir im direkten Umgang mit Menschen im sogenannten Wachkoma anhaltend auf die Deutung von Appräsentationen oder eben auf Techniken (wesentlich) basalerer Kommunikation verwiesen (vgl. Dorfmüller 1992; Hertl 1993; Nydahl 1999).

Die protokoll- und videogestützte *eidetische Klärung* der Frage, aufgrund welcher Merkmale und Vorgänge man *selber* meint, bei einem Menschen im sogenannten Wachkoma zu registrieren bzw. registrieren zu können, dass er appräsentiert oder gar kommuniziert, etwas zu empfinden, dient mir dabei – wie eingangs erläutert – zur epistemologischen Sicherung von Erfahrungsdaten und bildet, zumindest meinem damit verbundenen Anspruch nach, die verlässliche Voraussetzung dafür, gegenüber nur punktuell mit diesem Menschen befassten Personen (nicht nur gegenüber Akutmedizinern, sondern auch gegenüber Gerichten, Versicherungen und sonstigen Organisationen) als dessen auch im Hinblick auf seine Befindlichkeiten hinlänglich kompetentem

111 Seit einigen Jahren stoßen neurowissenschaftlich-medizinische Teams wie das von Adrian Owen in Ontario (vgl. Owen/Coleman 2008), wie die „Coma Science Group" um Steven Laureys in Lüttich (vgl. Stender et al. 2014), aber auch wie hierzulande z. B. das in dem von Andreas Bender geführten Therapiezentrum Burgau und wie die Forschungseinheit von Boris Kotchoubey (im Institut von Niels Birbaumer) in Tübingen mit solchen diagnostischen High-Tech-Apparaturen zunehmend auf Hinweise von Bewusstsein auch bei Menschen mit schwersten Hirnschädigungen (vgl. Dumit 2003; vgl. auch Lindemann 2005).

Statt- und Platzhalter zu fungieren. Eben solche in dieser Hinsicht privilegierten Möglichkeiten haben sich mir im hier dargestellten Fall sozusagen schicksalhaft eröffnet. Und (nur) so konnte ich die meisten der Beobachtungen, von denen ich hier nur einige skizziert habe, im Mit-Sein mit dem Menschen, um den mir hier zu tun ist, zumeist ganz beiläufig machen. Die ‚Kosten' dieser Beiläufigkeit habe ich eingangs aufzuweisen versucht: Sie bestehen in meiner anhaltenden *Unsicherheit* darüber, ob ich meine auf doxischen Evidenzen basierenden Interpretationen als mittels erkenntnistheoretischer Reflexion hinlänglich gesichert ansehen kann, oder ob meine Deutungen doch anhaltend dem geschilderten Konsensmilieu verhaftet bleiben.[112]

Vorbehaltlich dieser bleibenden Unsicherheit münden meine Beobachtungen im Mit-Erleben und Mit-Leben in die Einsicht, dass als so fatal ich es empfinde, einem Menschen mit schwersten Hirnschädigungen Bewusstsein *ab*zusprechen, weil man es mit eingefahrenen Messmethoden nicht nachweisen kann, ich es umgekehrt als naiv erachte, diesem Menschen einfach *zu*zusprechen, er würde kommunizieren, ohne auf die wesentliche Differenz zwischen quasi-automatischen Appräsentationen, protokommunikativen Strebungen und kommunikativen Handlungen zu achten und ohne – wie auch immer – plausibilisieren zu können, wie man diese Formen als solche je identifizieren kann. Vor diesem Hintergrund attestiere ich zwar, dass die von mir geschilderten (und andere) Wahrnehmungen von Proto-Kommunikation mit anderen als den von mir präferierten theoretischen Vorgaben möglicherweise auch anders *erklärt* werden können. *Ge*klärt werden müsste dann aber, ob – und gegebenenfalls: warum (im Rückgriff also auf welche Deutungsprämissen) – solche Erklärungen *plausibler* sein sollen als die Deutungen des zumindest für mich evidenten Mit-Erlebens dieses Menschen im sogenannten Wachkoma, das eben immer wieder aufs Neue die Frage aufwirft, wie viele Indizien für (proto-)kommunikative Kompetenz ich in welcher Dichte, Häufigkeit und Reproduzierbarkeit eigentlich brauche, um einem Menschen zu attestieren, er sei zwar ein Anderer, als Anderer aber einer wie ich.

112 Die in diesem Milieu konsensuellen Deutungen waren, wie ich oben angedeutet habe, angesichts des Abebbens ‚alter' Sozialbeziehungen für mich in meinem Mit-Leben mit der Bewohnerin ja naheliegenderweise eben ausgesprochen verführerisch – so verführerisch etwa, wie es für den ‚heimatlos' gewordenen modernen Sinnsucher schlechthin verführerisch sein muss, seine sozialen Probleme und seine existenziellen Zweifel in (irgend) eine Kirche hineinzutragen, glauben zu *wollen* und auf Visionen (vgl. Schnettler 2004) und/ oder (wenigstens bescheidene) Epiphanien zu hoffen (vgl. z. B. Gross 2007; Beck 2008; Knoblauch 2009a).

4.2 Engagement, Passage und Typus

Beobachtende Teilnahme im illegalisierten Feld des Hip-Hop-Graffiti (*Paul Eisewicht*)

4.2.1 Von fokussierter Forschung zur Ethnographie kleiner sozialer Lebenswelten

Die folgenden Ausführungen basieren auf einem Forschungsprojekt zum Kompetenzerwerb von Graffiti-Writern, das von 2012 bis 2014 am Lehrstuhl für Soziologie des Wissens des Karlsruher Instituts für Technologie durchgeführt wurde.[113] Richtungsgebend war dabei die Frage danach, wie sich Zugehörige in Szenen Kompetenzen aneignen (zum zugrundeliegenden Kompetenzverständnis vgl. Pfadenhauer 2008, S. 206ff.; Kurtz/Pfadenhauer 2010; zum Kompetenzerwerb in Szenen vgl. Pfadenhauer/Eisewicht 2015; zu Szenen grundlegend Hitzler et al. 2001), welche Pfade diese mit der Aneignung szenerelevanter Wissensbestände einhergehende Kompetenzentwicklung nehmen kann (vgl. Eisewicht 2013) und zu welchen Anlässen – auch außerhalb von Szenekontexten – auf diese Kompetenzen zurückgegriffen wird (vgl. grundlegend Hitzler/Pfadenhauer 2004b; Ruile 2012).[114] In Anbetracht der breiten sozialwissenschaftlichen Forschung zu Graffiti (vgl. u. a. Baudrillard 1978; Castleman 1982; Ferrell 1996; Macdonald 2001; Klee 2010; Schröer 2013; Förster/Youkhana 2015; Schnei-

113 Das Projektteam stand unter der Leitung von Michaela Pfadenhauer und umfasste neben meiner Person die studentischen Mitarbeiter Sebastian Dahm und Daniel Füger.

114 Zur Frage nach dem Kompetenzerwerb in Szenen – einem vermeintlichen Jugend- und Freizeitphänomen (Eisewicht/Pfadenhauer 2015; Pfadenhauer/Eisewicht 2015) – wird erst in jüngerer Zeit verstärkt geforscht (vgl. Gross 2007; Kühn 2011; Ruile 2012; Kirchner 2018; Nowodworski 2019). Dies ist insofern wenig überraschend, als (einschlägig interessierte) Menschen sich das, was in Szenen getan und gewusst wird, erst aneignen müssen (was Szenen als posttraditionale Gesellungen kennzeichnet). Und Szenen reichen im Vergleich zu Konzepten von Sub- oder Jugendkultur über die Lebensphase Jugend hinaus (vgl. Eisewicht/Pfadenhauer 2015), d. h. sie dienen als Orientierungsrahmen mit einer Bedeutungsreichweite, die nicht prinzipiell biographisch begrenzt ist. Szenen sind dergestalt prototypisch für das „Nebeneinander von verstärkter Bildungsorientierung und gleichzeitigem Autonomiegewinn" (Ecarius et al. 2011, S. 121) von Menschen in der modernen Gegenwartsgesellschaft (vgl. Szenen als Laboratorium der Moderne; Eisewicht et al. 2016). Szenen deshalb als eine Art ‚verlängerte Schulbank' zu verstehen, greift jedoch zu kurz. Denn Szenen sind erst in zweiter Linie als Lerngemeinschaften aufgrund des Interesses am Dazugehörenwollen (und Lernen als nichtintendierte Nebenfolge von Szenezugehörigkeit) plausibel. Für die Szenezugehörigen sind sie zuvörderst als Wollens-Gemeinschaften zu begreifen, in denen lokale und globale Verweise auf das je zentrale Thema sichtbar werden. Kompetenzdarstellungen bzw. das Beherrschen der szenetypischen Handlungsweisen und soziomateriellen Darstellungen sind dabei wesentlich für die Aushandlung und Anerkennung von Zugehörigkeit und Authentizität (vgl. Eisewicht et al. 2016, 2018).

ckert/Schumacher 2015; Papenbrock/Tophinke 2016; Kleele et al. 2018; aus juristischer Perspektive vgl. Behforouzi 2006; Neubacher 2006; Jeremias 2010) mag es als legitim erscheinen, sich auf gängige Graffiti-Definitionen zu stützen und sich auf *den* Ausschnitt des Feldes zu konzentrieren, der für die Forschungsfrage relevant erscheint.[115]

Im Hinblick auf das Interesse an der sinnadäquaten Binnenperspektive haben sich im Laufe der Forschung zwei Limitierungen vieler bisheriger Arbeiten gezeigt. *Erstens:* Viele Zugriffe sozialwissenschaftlicher Forschung auf das Phänomen Graffiti sind mehr am Fremdverständnis von Graffiti als am Selbstverständnis der Menschen orientiert, die Graffiti machen. Wenn sie nicht selber (implizit) normativ sind, dann sind diese Arbeiten zumindest dadurch gekennzeichnet, dass in ihnen die positiven und negativen Wertungen Feldfremder rekonstruiert und daraus Definitionen von Graffiti abgeleitet werden. Positiv bewertet werden Graffiti z. B. in solchen Bereichen der Sozialen Arbeit und der Pädagogik, in denen sie als Mittel der Beteiligung von Jugendlichen und Senioren instrumentalisiert werden (vgl. Avramidis/Drakopoulou 2012; Ganter 2013, S. 134ff.; Karl/Kolland 2010; Schmid 2011). Dabei wird Graffiti als „politische Kommunikation" (Klee 2010), „unbeauftragte Kunst" (Dew 2010) und künstlerischer Selbstausdruck verstanden – konnotiert v. a. mit der Praktik des Graffiti-Sprühens und dem fertigen, komplexen und ästhetisch ansprechenden Graffito-Bild (dem sog. ‚Piece'). Auf der anderen Seite stehen Arbeiten, bei denen Fragen dominieren wie die, ob Graffiti ein „Problem oder Kultur" (Schmitt/Irion 2001) ist (als Frage nach dem Stellenwert als „crime or contribution" vgl. Sequeira 2016), wie weit hier „Abgrenzung [und] Gewalt" mit „Kreativität" (Eckert et al. 2000) einhergehen, oder „Stadt, Jugendkulturen und Kriminalität" (Breyvogel 1998; darin zu Graffiti Müller/Jäger) zusammenspielen und dementsprechend Interventionsmöglichkeiten gegen diese Form des Vandalismus erörtert werden sollen (vgl. Geason/Wilson 1990; Sackmann et al. 2009, S. 194ff.; Kleele et al. 2018). Graffiti sind aus dieser Perspektive eine „moderne Form der schädigenden Einwirkung auf bauliche Oberflächen" (Lorenz 2012, S. 9) und umfassen damit ein breites Spektrum an „Sachbeschädigungen" (§§ 303, 304 StGB).[116] Zugespitzt findet sich die Spannung zwischen diesen

115 Im Projekt waren ursprünglich eine Videoanalyse und narrative Interviews angedacht (vgl. Schnoor/Pfadenhauer 2009). Im Laufe der Forschung stellte sich allerdings heraus, dass Graffiti als „coherent whole" (Clarke/Jefferson 2007, S. 212), als „kleine soziale Lebenswelt" (Luckmann 1970) zu beschreiben der Schlüssel dazu war, das, was Szenezugehörige sich aneignen und ‚erlernen', sinn- (und kausal-)adäquat zu verstehen und zu beschreiben.

116 Im Jahr 2005 wurden mit dem neununddreißigsten Strafveränderungsgesetz (sog. ‚Graffiti-Bekämpfungsgesetz') die §§ 303 und 304 des Strafgesetzbuches ergänzt, um das Anbringen von Graffiti als Sachbeschädigung verfolgen zu können: „Ebenso wird bestraft, wer unbefugt das Erscheinungsbild einer fremden Sache nicht nur unerheblich und nicht nur vorrübergehend verändert" (§ 303(2), vgl. Bundesgesetzblatt 2005).

beiden Positionen in der häufigen Frage danach, ob Graffiti als Kunst oder als Vandalismus zu verstehen sei (zu einem Einteilungsversuch vgl. Gomez 1993).[117]

Christian Campos (2010, S. 6) ‚beantwortet' diese Frage für die Graffiti-Szene treffend so:

> „Kunst oder Vandalismus? Wenn ich jedes Mal einen Dollar bekommen hätte, wenn ich diese Frage bezüglich Graffiti oder allgemein zeitgenössischer Urban Art gehört habe, dann wäre ich mittlerweile der führende Apple Aktionär" (Campos 2010, S. 6; eigene Übersetzung).

Nicht nur, dass sich diese Frage unter Graffiti-Writern schlicht so nicht stellt, sie verengt auch die Perspektive auf Graffiti und Graffiti-Writer. Graffiti-Writer tun mehr als nur Graffiti anzubringen. Und nicht jedes Graffito ist gedacht als Ausdruck künstlerischer oder krimineller Intentionen und politischer Haltungen. Um ein Phänomen (hier: die Graffiti-Szene) im Sinne lebensweltanalytischer Ethnographie angemessen und adäquat zu beschreiben, d. h. Wissensbestände und Handlungsweisen (hier: zu Graffiti) zu rekonstruieren, die für Involvierte (hier: die Graffiti-Writer) relevant sind, reicht es folglich nicht, lediglich von außen Fragen an das Feld heranzutragen.

Zweitens: In der Fokussierung auf Kernaktivitäten wie das Anfertigen von Graffiti und deren Einordnung in den gesellschaftlichen Kontext (als Protest, Kunst, Vandalismus etc.) blenden viele Arbeiten wissentlich oder unwissentlich das aus, was Graffiti für Writer (auch) bedeutet und maßgeblich die Zusammengehörigkeit in der Szene kennzeichnet. Dazu gehört nicht nur das illegalisierte Sprühen von Graffiti (und alle Handlungen, die vor- und nachbereitend dazu notwendig sind, eben weil es sich um eine illegalisierte Handlung handelt), sondern dazu gehören auch solche Aktivitäten, die vermeintlich wenig mit dem Graffiti-Sprühen zu tun haben, die aber in der Szene bedeutsam sind. Dazu gehören z. B. Treffen, bei denen Writer untereinander Skizzen, Fotos und Geschichten austauschen, gemeinsame Aktionen planen und mitunter auch illegalisierte Substanzen konsumieren. Zur Besonderheit des illegalisierten Sprühens – das in der Szene gerade die Regel und nicht die Ausnahme ist – finden sich daher nur wenige ausführliche Arbeiten (mit Ausnahme derer von Jeff Ferrell 1996, 1998). Und auch zur Rolle des Konsums von Drogen in der Graffiti-Szene finden sich kaum Hinweise (obwohl in juristischen Arbeiten

117 Dies spiegelt sich auch in der Auswahl der Graffiti wider – als Beispiele künstlerischen Ausdrucks werden v. a. große, farblich und stilistisch komplexe und allgemein als ästhetisch empfundene Graffiti-Pieces herangezogen, während Graffiti-Tags (also einfachere, kleinere, einfarbige und von Außenstehenden kaum lesbare ‚Schmierereien') vorrangig als Beispiel für die sachbeschädigende und verunstaltende Wirkung von Graffiti angeführt werden.

Hinweise auf den Konsum sogenannter ‚weicher Drogen' und deren hohe Bedeutung in der Szene zu finden sind; vgl. dazu Jeremias 2010, S. 148, 204; zu einer der wenigen sozialwissenschaftlichen Arbeiten vgl. Werse 2007).[118]

Wodurch sich der Szenealltag einerseits aus der Sicht von Zugehörigen auszeichnet und was andererseits von Außenstehenden zumeist als vermeintlich einzige bzw. einzig kennzeichnende Aktivität wahrgenommen wird, unterscheidet sich mitunter deutlich voneinander. Denkt man zum Beispiel an das Surfen, dann denkt man vor allem an das Wellenreiten insbesondere im sogenannten ‚Tunnel', d. h. in einer sich schließenden Welle. Unterschlagen wird damit das, was teils mehr und was teils weniger notwendig ist, um gerade diese Kernaktivität aus- und mitunter aufzuführen. Dazu gehört, das Board zu präparieren, Wetterberichte zu studieren, zum Strand zu kommen, am Strand mit anderen Surfern ‚rumzuhängen', auf dem Wasser zu paddeln, andere Surfer vorzulassen und auf passende Wellen zu warten. Das ‚eigentliche' Surfen – der Moment auf den alles hinausläuft – ist dann sehr schnell vorbei. Geht es in einer dem lebensweltanalytischen Ansatz entsprechenden Szene-Ethnographie darum, zu erfassen, was es heißt, in einer Szene zu sein, wird u. E. schnell klar, dass sich das kaum im kurzen Bezeugen von Kernaktivitäten erfassen lässt.

Wir bezweifeln also, dass sich mit der doppelten Verzerrung, Phänomene a) von Außenperspektiven her zu rekonstruieren und b) auf Kernaktivitäten zu fokussieren, die Erlebniswelt ‚Graffiti', die sich um das Thema Graffiti bildet, angemessen beschreiben lässt. Auch in Bezug auf dieses Forschungsinteresse votieren wir folglich dafür, zu lernen, Graffiti so zu verstehen, wie es Writer in der Szene verstehen, und an allen zunächst vermeintlich banalen, trivialen und unwichtig erscheinenden Situationen teilzuhaben, die im Feld (typischerweise) vorkommen. Nur wenn man sich auf die *Vielfalt* des feldtypischen Handlungs- und Wissensvorrates einlässt (an großen und kleinen Entwürfen und Entschlüssen, an relevanten und weniger relevanten Orientierungsmustern und auch an dem, was als nicht relevant angesehen wird oder worüber man im Feld nur weiß, dass man es nicht wissen will usw.), lässt sich auch diese Lebenswelt sinn- (und kausal-)adäquat beschreiben und lassen sich deren scheinbare Ungereimtheiten insofern auflösen, als man nachzeichnen kann, inwiefern sich für die Menschen im Feld ‚Stimmigkeit' konstituiert. Mit anderen Worten: Es gilt, das Phänomen nicht von außen her als ‚logisches Ganzes' zu beschreiben, sondern Graffiti in seiner für die Feldteilnehmer typischen Selbstverständlichkeit zu erfassen. Und dabei gilt es vor allem auch, feldtypische Aneignungsweisen, Entwicklungspfade und Kompetenzen zu erfassen (die sich eben nicht darauf beschränken, ein wie auch immer geartetes ‚schönes Bild' zu malen, sondern die

118 Sofern es sich um Befragungen handelt, stellt sich hier verstärkt auch die Frage, inwieweit Aussagen zu illegalisierten Handlungen vertrauenswürdig sind bzw. ob Befragte überhaupt auskunftswillig und -fähig sind.

z. B. auch mit der Beschaffung von Sprühdosen zu tun haben, die sich auf den Zugang zu ‚guten' Drogen beziehen und auf Fähigkeiten, die an einer legalen Fläche, an sogenannten ‚Free-Walls', gar nicht benötigt werden usw.).

4.2.2 Passagen der Feldforschung

Wenn man sich einem Feld ohne spezifische Kenntnisse nähert, dann tut man das typischerweise mit sozial stereotypisierten Vorstellungen von diesem Feld. Unverzichtbar ist mithin, diese Stereotypen zu reflektieren und möglichst aufmerksam zu registrieren, wie sich das eigene Verständnis des Forschers beim Einleben in ein Feld typischerweise verändert. In diesem Sinne war mein Vorwissen das eines typischen Außenstehenden: Graffiti war eine (‚irgendwie' aus der Hip-Hop-Kultur stammende) Praktik, Bilder im öffentlichen Raum zu malen. Im weiteren Sinne (bei mir damals aufgrund geringer Relevanz nicht wirklich klar ab- und begrenzt) zählten dazu einfache, unleserliche Kritzeleien, ästhetisch ansprechende Bilder mit Figuren, aber auch sogenannte Street Art (also verzierte Aufkleber, mit Schablonen gesprühte Bilder u. ä.). Graffiti waren für mich öffentlich sichtbare Produkte von (in der Regel unbekannten) Privatpersonen. Kennzeichnend – v. a. hinsichtlich der Einstellungen, die sich im Laufe der Forschung veränderten – waren vier Aspekte. Erstens wusste ich zwar davon, dass viele Graffiti auch illegal waren. Da ich diese jedoch v. a. an abrissreifen Gebäuden sah, schien mir der Kriminalitätsverdacht, aber auch die ‚Geheimnistuerei' von Graffiti-Sprühern, unplausibel. Zweitens gefielen mir vor allem Street Art und die großflächigen, bunten, komplexen Graffiti, die oft von figürlichen Darstellungen begleitet waren (sogenannte Pieces mit Character). Solche Arbeiten waren für mich eher pauschal von künstlerischem Wert. D. h., ich akzeptierte, dass irgendwer Graffiti als Kunst bezeichnen kann. Dabei ‚gefielen' mir solche Bilder, die bunt waren und die für mich zur Atmosphäre einer Großstadt dazugehörten. Drittens empfand ich die meisten anderen Formen von Graffiti eher als unansehnliche Kritzelei oder sinnfreie Schmiererei – wobei für mich die im Graffiti typischen Tags (einfarbige, simple und vergleichsweise kleine Signaturen von Writern) wie auch Klosprüche, politische Parolen und Symbole in die gleiche Kategorie fielen (zu diesem weiten Verständnis von Graffiti vgl. Wales/Brewer 1976). Und Viertens fiel mir, wenn ich Graffiti sah, vor allem auf, dass ich diese nicht lesen konnte. Mir fehlte das Wissen, Buchstaben zu identifizieren. Mir fehlte das Verständnis der syntaktischen Zusammenstellung der Zeichen und der semantischen Bedeutung der dadurch gebildeten Wörter, von denen ich nur annahm, dass es sich um Selbstbezeichnungen der Urheber handelte. Da ich die meisten Graffiti nicht lesen konnte, schien mir auch der Bezug zur Schrift unklar. In dieser Sichtweise erscheinen die Zeichen als ihrer alltäglichen Funktion entbunden und „sinnentleert" (Baudrillard

1978). Zusammengefasst: Vor allem mein auf Nicht-Wissen beruhendes Unverständnis kennzeichnete mein Verständnis von öffentlich sichtbaren ‚Bildern' von privaten Graffiti-Malern, denen ich prinzipiell nicht ablehnend, aber indifferent gegenüberstand.

Auch mit Blick auf die Lektüre von wissenschaftlichen und journalistischen Arbeiten zu Graffiti war mein Verstehen eines, das in Analogie zu Kunst und zu Jugendszenen zwischen künstlerischem Ausdruck, Szeneorientierung und vermeintlicher Kriminalität angesiedelt war. Aus der Erfahrung mit vorhergegangenen Szeneforschungsprojekten (vgl. Eisewicht/Grenz 2010, S. 47ff.) schien es hilfreich zu sein, zunächst Experten zu dem Thema zu suchen – v. a. solche, die selber eher Außenstehende (jedoch länger als ich mit Graffiti beschäftigt und daran interessiert) waren. Das heißt, ich suchte zunächst Personen in der Nähe des Feldes,[119] die einen Überblick und auch eine Übersetzung zum Feld geben konnten. Dadurch wollte ich beim Kontakt mit Menschen im Feld hinreichend informiert sein, um als (nicht nur an Forschung im Feld, sondern v. a. an den Themen und Menschen im Feld) Interessierter akzeptiert zu werden.[120] Denn so, wie der Ethnograph Menschen im Feld beobachtet, wird er auch selbst beobachtet, werden seine Äußerungen eingeschätzt und wird er bestenfalls als vertrauenswürdig, interessiert, informiert, eben als jemand eingeschätzt, mit dem ‚sich reden lässt'. Man kann also beim Feldzugang durchaus einen ‚schlechten Eindruck' machen und mühsam erarbeitete Zugänge wieder verbauen, wenn man z. B. Fragen stellt, die einen als kulturell Fremden erscheinen lassen, dem zugeschrieben wird, sich nicht (hinlänglich) dafür zu interessieren, ‚wie es wirklich ist', oder ggf. als ‚Agent' staatlicher Autoritäten zu agieren. Ethnographen, die Fragen stellen, welche sich auch durch einen Blick in die

119 Hierfür eignen sich v. a. szeneaffine Reflexionseliten wie Zeitungsredakteure, Journalisten oder Blogger, aber auch Betreiber von Läden, die szenerelevante Produkte verkaufen.

120 Gerade weil man in jüngerer Zeit im Internet schnell Aufrufe zur Interviewakquise, zu Online-Fragebögen etc. verbreiten kann, scheint es uns geboten zu sein, nicht nur die Möglichkeiten zu nutzen, schnell und standardisiert viele Menschen anzusprechen, sondern auch den notwendigen Aufwand zu betreiben, den Menschen, die man beforschen will, mit Respekt und Interesse an ihren Welten zu begegnen. Viele Felder, in denen sich die Menschen regelrecht ‚überforscht' fühlen (vgl. das Editorial „Fanforscher? Raus aus der Kurve!" in Blickfang Ultra 2016), weil in regelmäßigen Abständen Studierende und Wissenschaftler – mit guten Absichten und ehrlichem Interesse am Feld – Anfragen starten, werden zunehmend unzugänglich, zumindest wenn man an bestmöglichen Daten und nicht nur an ‚irgendwelchen' Daten interessiert ist. Nicht nur in der quantitativen Sozialforschung sollte man also nicht vergessen, bereits beim Zugang zum Feld sorgfältige, vertrauensbildende und qualitätssichernde Maßnahmen zu ergreifen (wie sie z. B. Don A. Dillman 1978 mit seiner „Total Design Method" für quantitative postalische und telefonische Befragung formuliert hat). Das meint eben mehr, als kurze, formelle und sachliche Aufrufe in Foren, Sozialen Netzwerken usw. zu posten auf die hin sich zu melden, um kostenfrei oder für einen fünf Euro Amazon-Gutschein ihre Zeit der vermeintlich ehrbaren Forschung zur Verfügung zu stellen, eben wenige Menschen Lust haben.

Literatur oder Szenemedien leicht beantworten ließen (sogenannte ‚deskriptive Fragen'; Spradley 1979, S. 78ff.), die sprachlich nicht mit den Begriffen im Feld arbeiten, die diese Begriffe nicht (richtig) verstehen oder die sich zu distanziert und neutral verhalten, können von Feldteilnehmern schnell (und anhaltend) als Fremde (als bestenfalls geduldete Fremde) kategorisiert werden und daher auch in ihren Einblicken in feldspezifische Relevanzen beschränkt bleiben. Vorwissen durch feldnahe Experten, ebenso wie eigenes Erfahrungswissen als tatsächlich lernwilliger Neuling, und zunehmend mit den Menschen im Feld geteilte Erlebnisse können helfen, diese die Datengenerierung einschränkenden Zuschreibungen zu vermeiden.

Zugleich versuchte ich, über meine persönlichen Netzwerke in Kontakt mit Graffiti-Malern zu gelangen, da ich die Kultur- und Jugendhäuser (zu deren Bedeutung in der Szene vgl. Archiv der Jugendkulturen/Gangways 2008) und Free-Walls erst aufsuchen wollte, wenn informellere Zugänge scheitern sollten. Dies tat ich, weil ich den Eindruck hatte, dort gerade nicht die Szene anzutreffen bzw. hinreichend offene Gespräche führen zu können. Die Interviews und Dokumente aus dieser Phase waren zu Beginn der Forschung sehr hilfreich, weil sie mir vor allem aufzeigten, was ich eben nicht oder falsch verstanden hatte und warum daher meine anfänglichen Fragen eigentlich ungeeignete Fragen waren. Im späteren Verlauf der Forschung haben sie aber zunehmend an Bedeutung verloren. Interessant ist die Dokumentation dieser Phase durch Memos und Videoaufnahmen vor allem, weil sie dabei half, die Veränderung des eigenen Verständnisses nachzuzeichnen.[121] Die Gespräche mit meinen ersten Kontakten und mit Gatekeepern, die mir zu weiteren Kontakten verhalfen, fanden vor allem als „Go Along" (Kusenbach 2008) statt: Menschen nahmen mich mit und zeigten mir Orte und Graffiti, stellten mich Leuten vor und unterhielten sich mit mir.[122] Go Alongs erscheinen mir als für die Szeneforschung insbesondere deshalb geeignet, weil die vielen kleinen sozialen Lebenswelten nicht nur abstrakte mentale Konstruktionen sind, die lediglich (allein) in sprachlichen Konzepten repräsentiert sind und *jederorts* erfragt werden können, sondern weil diese Welten auch voller materieller Repräsentationen und sinnlicher Eindrücke sind.[123] Ich lies mich also

121 Ähnlich wie in Ronald Hitzlers Wachkoma-Studie wurden die Videodaten nicht eigens ausgewertet, sondern dienten als Ergänzung und Kontrastierung der eigenen Beobachtungen und Erfahrungen.

122 Im Vergleich zu späteren ethnographischen Gesprächen waren diese ersten Kontakte (noch) eher Interviews, die durch einen lockeren Leitfaden strukturiert waren.

123 In Szenen kommt eine Vielzahl von Objekten zum Einsatz – allgemein gängige Konsumartikel, aber auch spezielle Produkte von ‚Szene-Machern', verschiedenstes Merchandise sowie Objekte, die von Szenegängern selber hergestellt oder aber mehr oder weniger modifiziert werden (vgl. Pfadenhauer 2010b). Über den kompetenten Gebrauch und das Arrangement von Dingen werden in Szenen nicht nur Zugehörigkeiten und Statusunterschiede, sondern auch stilistische Unterformen markiert, die mitunter nur innerhalb der Szene verstanden werden (vgl. Eisewicht et al. 2018a).

von Writern durch die Städte, durch Abrissgebäude und an Free-Walls entlang führen und lernte so nicht nur, was sie mir antworteten und erzählten, sondern auch, wie sie wohin schauten, wie sie Graffiti lasen und wohin und wo entlang lang sie mich dabei führten. Kennzeichnend für diese *erste Passage*, Zugang zu Menschen im Feld und erste Einblicke zu erlangen, war einerseits das Registrieren dessen, was ich nicht verstehen konnte oder falsch verstand. Bei einem der ersten Gespräche, während ich mit einem Writer einen Fluss mit Grünflächen entlang ging, unter dessen Brücken, von der Stadt als Free-Wall genehmigt, viele Graffiti zu finden waren, fragte ich immer wieder danach, was ‚da stehe'. Mein Gesprächspartner ging daraufhin an die Graffiti heran, fuhr einige Elemente mit den Händen nach und sprach über diese Elemente, kaum aber über das, was an den Wänden stand. Graffiti zu lesen bedeutete für ihn augenscheinlich etwas anderes, als die Buchstaben lesen zu können. Manchmal kannte er die Writer und wusste daher, was dort stand, manchmal konnte er die Buchstaben jedoch auch nicht entziffern. Auffällig war, allerdings erst im Laufe der späteren Forschung, dass meine Gesprächspartner – so wie ich – zu der Zeit vor allem Übersetzungsleistungen erbrachten. Sie bemühten oft Analogien, die bei späteren Feldaufenthalten (auch mit und bei anderen Menschen) keine Verwendung mehr fanden (v. a. weil sie dann und dort keine Bedeutung hatten). Meine Gesprächspartner versuchten mir *verständlich* zu machen, was Graffiti für Außenstehende bedeuten kann, weil sie mir (zunächst) unterstellten, dass ich dies verstehen wollte und auch können müsste. Dies war jedoch etwas anderes, als was Graffiti in der Szene impliziert. In Reaktion auf dieses (auch unterstellte) Interesse von mir, wurden Graffiti oft als kreative Form der Stadtaneignung, als antikapitalistisches Statement und als künstlerischer Ausdruck etikettiert – also ganz so, wie viele dem Graffiti und der Szene gegenüber positiv eingestellte Arbeiten das Phänomen beschreiben. Auch die Regeln und Hierarchien wurden dabei recht simpel beschrieben – man sprüht nicht an alten Gebäuden, man achtet die anderen Writer und deren Werke, es gibt anerkannte ‚Kings' und Anfänger, sog. ‚Toys' etc.[124]

Mit bzw. nach dieser Phase des anfänglichen Lernens zu verstehen, warum Graffiti eher Schriftbilder als Bilder sind, was Graffiti von anderen Bildern in der Stadt unterscheidet; warum man sich als Writer bezeichnet etc., begann als *zweite Passage* ein allmählicher Eintritt ins Feld. Zuerst machte sich dies daran bemerkbar, dass sich meine Aufmerksamkeit in der Stadt änderte. Ich begann nach Spuren von Graffiti zu suchen (auch nach Tags an Stromkästen u. ä.), nach ungewöhnlichen Orten Ausschau zu halten, nach Veränderungen an be-

---

124 Allein mit Blick auf Graffiti an Kirchen und denkmalgeschützten Gebäuden dürfte klar sein, dass diese Aussagen in ihrer Gültigkeit recht begrenzt waren. Die Achtung alter Gebäude ist z. B. etwas, das auch Außenstehende verstehen und was sie mitunter dem Feld gegenüber ‚gewogen' machen soll (wenn Graffiti-Writer – im Sinne sozialer Erwünschtheit – diese Einstellungen auch explizit teilen). Es ist jedoch etwas, das im Feld hinter anderen – eben feldspezifischen – Relevanzen deutlich zurücktritt.

stimmten Stellen, nach Graffiti und Stilen, die aus der Masse für mich herausstachen. Ich versuchte nachzuvollziehen, wie diese Graffiti entstanden waren und wie die Writer an die Stellen gelangt waren, an die sie sie gesetzt hatten. Damit ähnelte mein Einstieg – ganz im Sinne der ‚Becoming of'-Ethnographien (vgl. Crang/Cook 2007, S. 38) – dem eines typischen Einsteigers. Die meisten Writer beschreiben ihren Weg in die Szene als einen, der damit beginnt, Graffiti wahrzunehmen und nach ihnen Ausschau zu halten. Das Beobachten des eigenen Viertels, der eigenen Stadt oder szenerelevanter Orte bleibt auch für ältere Writer eine zentrale Aktivität. Es geht Writern dabei darum, Stilveränderungen bei anderen Writern zu registrieren, neue Writer zu bemerken, neue Orte für potentielle Graffiti zu entdecken oder alte daraufhin zu überwachen, ob das eigene Piece dort noch zu sehen ist. Graffiti-Writer zu sein, heißt oft auch mit Gebieten vertraut zu sein, nicht nur hinsichtlich guter Fluchtwege und Zugänge, sondern auch hinsichtlich der Aktivitäten anderer Writer und der Veränderung in der Stadt (durch neue Häuser, neu verlassene Häuser etc.). Die Heimat eines Writers, die durch viele und gute Werke des Writers in einem Gebiet gekennzeichnet ist, die seine Zugehörigkeit und seinen Status in der Szene sichtbar machen, ist auch Ergebnis der wenig sichtbaren Arbeit des ständigen Beobachtens und Auskundschaftens, um Möglichkeiten zu entdecken und Risiken abzuschätzen. Beobachtet werden auch Bezüge zur eigenen Arbeit – wo andere Writer in der Nähe Farbgebung und Stil der eigenen Arbeit aufnehmen (die illegitime Übernahme wird dabei als ‚biten' bezeichnet), wo sie einen grüßen (als sogenannte ‚Shoutouts') oder kritisieren, indem sie das Graffiti übermalen oder durchstreichen (sogenanntes ‚Crossen') oder gar mit negativen Kommentaren versehen (z. B. jemanden als ‚Toy' delegitimieren). Auf Basis meiner Beobachtungen begann ich mich mit Menschen im Feld über das Gesehene auszutauschen. Das heißt, dadurch, dass ich nicht nur Meinungen erfragte, sondern auch meine eigene Meinung zu Graffiti einbrachte, markierte ich mein Interesse am Feld (vgl. Eisewicht/Kirschner 2015). Beobachtende Teilnahme bedeutete also nicht nur, Graffiti, das Verhalten und die Aussagen der Menschen zu beobachten, sondern mitzutun und dieses Tun auch anzuzeigen (z. B. eben durch das Kundgeben eigener Beobachtungen und Meinungen).

Wie mir schon bei meinen ersten Go Alongs klar wurde, konnte ich Graffiti durch das bloße Betrachten allein nicht verstehen. Eine große Rolle spielte auch die Nachvollziehbarkeit von Handbewegungen beim Sprühen des Bildes, aber auch von anderen Teilhandlungen, z. B. der Einschätzung, wie schwer oder leicht zugänglich ein Ort war. Neben dem Engagement in Gesprächen hieß dies auch, dass ich begann, bestimmte Elemente und Buchstaben mit Stiften auf Papier zu skizzieren, um nachvollziehen zu können, wie derlei zustande kam. Auch wenn das Kopieren des Stils anderer Writer (‚biten') kritisch gesehen wird, ist die Nachahmung anderer Stile in den eigenen Skizzen und Arbeiten typisch für Szeneeinsteiger (vgl. Ganter 2013, S. 27; Cost 88 nach Almqvist et al.

2014, S. 15). Szeneeinsteiger beobachten und skizzieren lange Zeit, bevor sie auf die Straße ‚nach draußen' gehen. Einerseits versuchte ich so, Varianten der Variation und Kombination von Buchstaben zu erproben. Dabei fiel mir auf, wie schwer es war, sich auf Buchstaben und Buchstabenkombinationen festzulegen. So gibt es für Writer eine Vielzahl an Auswahlorientierungen, die die komplexe Bedeutung eines Graffiti-Schriftbildes verdeutlichen. Dazu gehört eine Auswahl nach semantischen Gesichtspunkten, nach bildästhetischen Aspekten, nach lautmalerischen Kriterien, nach den Namen von Vorbildern, aber auch nach der praktischen Umsetzbarkeit. Für mich war es z. B. stets schwer, in meinen Skizzen ein ‚K' so zu zeichnen, dass es mit den nachfolgenden Buchstaben ein stimmiges Bild ergab, so dass ich meine erste Buchstabenkombination wieder aufgab.[125] Das half mir zu verstehen, dass die Syntax der Zeichenkombination beim Graffiti ästhetisch-stilistischen (Kombinations-)Möglichkeiten und individuellen Fertigkeiten folgt, die an den typographischen Elementen der Buchstaben und deren Gestaltung orientiert ist.

Deutlich wurden mir Probleme bei der Auswahl eines Schriftzugs, die viele erfahrene Writer kaum noch wissentlich wahrnehmen. Ich gewann neue Themen, über die ich mich mit Writern unterhalten konnte, auf die ich und auch meine Gesprächspartner sonst nur zufällig gekommen wären oder die eben oft von Writern als für einen Fremden uninteressant erachtet wurden. Ich gewann aber auch neues Material, das ich ihnen zeigte (durchweg etwas beschämt, da ich mich für nicht besonders begabt halte), worauf ich vielerlei Kritik, Bestärkungen und Tipps erhielt. Anhand meiner oder ihrer eigenen Skizzen zeigten mir Writer, was sie aktuell für interessant, für schwierig oder wie für umsetzbar hielten. So gewann ich ein Verständnis von Buchstaben und Schrift, das sich von meinem vorgängigen Alltagsverständnis zunehmend unterschied. Im Zuge dessen begann ich mich für Tags zu interessieren, welche mich hinsichtlich der reduzierten Form auf wenige Striche und der darin möglichen Variationen beeindruckten. Und ich merkte auch, welche Probleme v. a. damit einhergingen, nicht frei zu zeichnen, sondern sich an die grundlegenden Vorgaben eines Buchstabens zu halten. Damit veränderte sich auch meine Sprache: Ich wechselte z. B. von der Bezeichnung Graffiti-Maler oder -Sprüher zu der des Writers, die treffender für das ist, worum

125 Später verstand ich *mein* Problem mit dem ‚K': dessen ‚Bein' gelang mir nie richtig, so dass die ‚Punzen' (der Freiraum innerhalb des Buchstabens) ungünstig für die Verbindung zu anderen Buchstaben waren. Das sich nach rechts spreizende ‚K' war für mich schwerer mit anderen Buchstaben in Beziehung zu bringen, als z. B. das' P' oder ‚F', welche in ihrem ‚Fleisch' (hier der Freiraum unter dem P-Bogen oder den ‚Armen', d. h. den Querstrichen beim ‚F') Platz für Kleinbuchstaben boten. Das habe ich aber erst verstanden, nachdem ich verschiedene Buchstaben für mich erprobt und auch Wissen über die Bezeichnung dieser Probleme erworben hatte. Dies war insofern typisch, als viele Writer ein – teils sogar durch speziell dafür besuchte formale Weiterbildungen erworbenes – typographisches Fachwissen dazu einsetzen, ihren Stil weiterzuentwickeln.

es im Graffiti geht (vgl. Felisbret 2009, S. 7). In dieser *dritten Passage* (vom Fremden, zum typisch Beobachtenden, zum Skizzierenden) machte ich zunehmend Erfahrungen, die anschlussfähig an die der Writer waren. Wir konnten uns anders und zunehmend auf Augenhöhe unterhalten, weil ich Dinge ansprechen konnte, von denen ich vorher nicht wusste, wie sie bezeichnet wurden, und die ich, ohne es selber zu tun, wohl auch kaum bemerkt hätte. Writer ‚testeten' mich auch, indem sie meine Meinungen zu Graffiti hören wollten oder mich aufforderten, etwas zu skizzieren. So konnte ich – zumindest als Einsteiger – an den „konjunktiven Erfahrungsraum" (Mannheim 1980) anschließen, der für Writer typisch und gemeinsamkeitsstiftend ist.

Dies eröffnete mir neue Möglichkeiten, und Writer erzählten mir – im Vergleich zu vorherigen Interviews – mehr und auch teilweises anderes. Weniger ging es also um selbstermächtigende Stadtaneignung, als vielmehr pragmatisch darum, Platz für die eigenen Graffiti zu finden. Weniger ging es darum, ob oder warum Graffiti Kunst war, sondern um eigene Ausdrucksmöglichkeiten und stilistische Fähigkeiten. Einige Writer vertrauten mir schließlich so weit, dass sie mir eines Tages am Ende einer kleinen Tour durch das Viertel anboten, zum Bahnhof mitzukommen und beim Besprühen eines Zuges ‚Zeuge' zu sein. Ich lehnte dieses erste Angebot ab, denn obwohl ich sehr neugierig darauf war, war mir klar, dass ich inzwischen zwar einiges über Graffiti wusste, weniges aber noch über das Sprühen im öffentlichen Raum. Um also meine Kontakte nicht durch mein eigenes Verhalten zu verraten und um ihnen gegenüber auch anzuzeigen, dass ihr Wohlergehen für mich über meinem Forschungsinteresse stand, lehnte ich ab.[126] Damit war die *vierte Passage* vorbereitet: der Wechsel zum Graffiti im öffentlichen Raum und damit auch der Wechsel der Zeichenmittel zur Sprühdose und zu neuen Handlungsproblemen beim Graffiti-Sprühen. Letztlich war dies dann eine Mischung aus der sich entwickelnden eigenen Motivation, vom Skizzenblock auf die Straße zu wechseln, und dem zunehmenden Druck meines Umfeldes (durch freundliche Bestärkungen, Aufforderungen und Herausforderungen).

Das für mich aber auch den Fortschritt meiner Forschungsarbeit eindringlichste Erlebnis begann in der Küche einer Wohngemeinschaft: Ich saß zusammen mit einem meiner Feldkontakte und wir unterhielten uns (in Form eines quasi-alltäglichen Gesprächs, vgl. Honer 1993a, S. 74f.). Typischerweise handelte es sich bei solchen Kontakten anfänglich oft um eine Art des Taxierens von Forscher und Feldteilnehmer – dies aber umso weniger, je mehr man sich kennengelernt bzw. je mehr Beziehungsarbeit der Forscher geleistet hatte. Man sprach dabei – nicht nur, aber auch – über Graffiti. Manchmal waren solche

126 Reziprok zu dem mir entgegengebrachten Vertrauen ging es mir darum, die Writer nicht zu gefährden. Vielmehr bat ich darum, eher bei zunächst einfacheren Aktionen dabei zu sein und zu lernen und mir vermitteln zu lassen, was ich wie zu tun und zu lassen habe.

Treffen – bei denen man einfach etwas Zeit miteinander verbrachte – nicht besonders erkenntnisträchtig. Ab und zu hatte ich auch das Gefühl, dass man mir zu sehr misstraute, als dass man mit mir über wirklich wichtige oder konkrete Sachen sprechen konnte, weil ich entweder bestimmte Passagen noch nicht gemeistert hatte oder erwiesenermaßen noch nicht ‚auf Augenhöhe' mit Feldkontakten sprechen konnte (vgl. Kirschner 2015b). Und als Forscher befand ich mich anfangs häufig in einer solchen ausharrenden Position, weil ich darauf wartete, dass etwas passierte – eben das, was ich mir als Außenstehender vorstellte –, dass ‚tatsächlich' aber nichts passierte. Was ich dabei anfangs übersah, das war, wie unverzichtbar diese Situationen für den typischen Alltag von Szenezugehörigen waren: Manchmal trifft man sich, ‚raucht einen zusammen', wartet auf Leute, die doch nicht kommen und unterhält sich über alles Mögliche, außer über Graffiti und geht nicht aus dem Haus – und manchmal redet man sehr viel über Graffiti, tauscht sich aus und zieht dann gemeinsam los, um ‚eine Aktion' zu machen.[127] Die beiläufige Toleranz von Cannabiskonsum oder das Mitkonsumieren ist eine Form der Vertrauensarbeit, die den Forscher näher ans Feld bringt und anzeigen kann, dass er sich auf das Feld einlässt und zu dessen Bedingungen forscht und dass er darüber hinaus auch anderes duldet, bzw. kredibel im Sinne des Feldes ist.[128]

Um auf die Küche zurückzukommen: Als ich dort saß und mit meinem Gegenüber über Graffiti sprach und mich vor allem die Probleme beim Schreiben interessierten, schlug mein Gesprächspartner vor, dass wir noch eine Runde durch das Viertel laufen sollten. Wir zogen unsere Jacken an, machten uns also auf und gingen das Treppenhaus hinab. Mir war soweit klar, dass es meinem Feldkontakt auch darum ging, zu sprühen, da er zwei Dosen mitgenommen hatte. Ich dachte an ein weiteres Go Along. Als wir im Eingangsbereich des Hauses standen, reichte er mir mit den Worten „Du fängst an" jedoch auf einmal die Dose. Dies war ein Forschungsdatum, das mir einerseits weitere Kontakte aufschließen sollte, auch, weil ich durch eigene Erfahrungen weitergehend an den konjunktiven Erfahrungsraum von Writern anschließen konnte und damit andere Gespräche möglich wurden. Andererseits wurden mir dabei neue typische Handlungsprobleme deutlich, wie sie v. a. langjährige Szenezugehörige

127 Als Außenstehender kann sich der Forscher (mit außengeleiteten Focis) mitunter ‚die Beine in den Bauch stehen' und langweilen, während für Szenezugehörige äußerst Spannendes oder eben ganz Typisches des Szenealltags abläuft, weil der Forscher, wenn er Außenstehender ist (und in distanzierenden Ethnographien auch zu bleiben droht), mit ‚fremdem Blick' nicht in der Lage ist, die anleitenden Bestimmungsgründe des sozialen Handelns zu verstehen.

128 So, wie Alkohol in der europäischen Ethnographie ein nicht zu vernachlässigendes ‚Schmiermittel' ist (vgl. Bachmann 2009, S. 256), wie es im Übrigen auch sexuelle Anziehung und Beziehungen zwischen Forscher und Feldteilnehmern sein können (vgl. Irwin 2006), so haben verschiedene Szenen ihre spezifischen Rauschmittel. Im Falle von Graffiti handelt es sich dabei vorrangig um Cannabis (vgl. Eisewicht 2016a).

kaum explizieren können, angefangen bei Platz- und Namenswahl, bis hin zur Handhabung der Dose. Am eindrücklichsten waren aber die sinnlichen und emotionalen Qualitäten der Aktion. So war die Dose beim Schütteln z. B. viel lauter als gedacht (ein Grund, warum Writer ihre Dosen vor-schütteln) und meine Anspannung, Erregung und Angst führten dazu, dass ich nicht so sprühen konnte, wie ich mir das vorgestellt hatte. Dies sicher auch, weil ich mit den Möglichkeiten der Dose nicht vertraut war. Durch solche Erfahrungen konnte ich aber mit Writern recht offen darüber reden, welche Angst und Sorge man beim Sprühen hat und wie man diese bearbeitet. Graffiti meint also mehr als nur Graffiti-Sprühen, es meint mitunter auch Emotionsarbeit, sich selbst zu beruhigen, die Arbeit so vorzubereiten, dass Risiken minimiert werden etc. Und bei eben dieser Emotionsarbeit spielt auch Cannabis zu rauchen eine bedeutende Rolle. Es ermöglicht – wenn man denn tatsächlich loszieht – eine bessere Körperkoordination als z. B. Alkohol[129] (die notwendig für das Sprühen, ggf. aber auch für das Weglaufen ist) bei gleichzeitiger Entspannung und Wohlgefühl und damit oft vermindertem Angstempfinden (zur Rolles von Cannabis siehe auch Eisewicht 2016a).

Durch solche Erfahrungen und neue Kontakte, die sich auch durch eigene Vorträge und meine Lehrtätigkeit ergaben, wurde ich nicht nur besser (allerdings nicht gut, weil das – jedenfalls für mich – jahrelanger Übung bedurfte), sondern ich sah Graffiti auch anders, nicht nur unter ästhetischen Gesichtspunkten, sondern auch hinsichtlich der Hinweise auf die dabei notwendigen Handlungen. Ein Graffiti an einem schwierigen Ort, aber auch einfache, schnelle und simple Formen wurden zunehmend interessanter für mich (und stachen für mich öfters komplexere Werke an Free-Walls aus). Ich konzentrierte mich dann darauf, die Verschiedenheit des Feldes in den Blick zu nehmen, d. h. ich verbrachte recht viel Zeit mit zwei Writern, die für mich nahezu prototypisch für zwei unterschiedliche Orientierungen im Feld waren. Ich wurde dabei nicht nur zunehmend akzeptiert, sondern die Writer schrieben mir zunehmend zu, die Welt so zu sehen wie sie. Symptomatisch hierfür waren Evidenzen, in denen sich die verschiedenen Erfahrungen zu Graffiti zu einem Ganzen fügten (zur Rolle der Evidenz beim Verstehen ‚fremder Kulturen' vgl. auch Stenger 1996, 2006; zur phänomenologischen Evidenz vgl. Husserl 1984, S. 651ff.; im Überblick Heffernan 1983). Eines Abends ging ich mit einem befreundeten Writer

129 Hinweise darauf finden sich mitunter bei ‚gecrossten' also durchgestrichenen und damit explizit abgelehnten Graffiti und dazu (jedoch sehr selten) begleitenden Kommentaren (aus eigenem Material, z. B. „Don't drink and spray, get sober and try again" an einer Hauswand in Berlin-Neukölln 2016 oder „Don't drink and paint" als Kommentar zu einem Graffito an einer Unterführung in Dortmund-Barop 2019). Ohnehin lohnt es sich solche Kommentierungen von Graffiti als Daten zu erheben, da darin normative Vorstellungen der Szene expliziert werden. Da diese jedoch äußerst selten sind, erfordert auch dies eine intensive und extensive Suchbewegung und entsprechende Aufmerksamkeit.

durch die Stadt. Wir rauchten und unterhielten uns über das Studium und über Graffiti. Wir kamen auf Graffiti an Zügen zu sprechen, und ich hatte aus vorhergehenden Gesprächen eine Vermutung dazu, was mein Gegenüber davon hielt. Indem ich ihn also spiegelte, fühlte sich mein Freund verstanden. Und auch befördert durch unsere gemeinsame Drogenerfahrung fühlten wir uns beide voneinander verstanden – ich, weil ich erfolgreich im Feld passieren konnte, er, weil er einen Gleichgesinnten gefunden hatte. Von diesen Erfahrungen aus, die ich eben erst nach langfristiger Teilnahme machte, konnten dann typische Relevanzen, Motivationen, Handlungsentwürfe und Bewertungen rekonstruiert werden, die kennzeichnend für diesen Writer-Typus waren.

Neben einem tieferen Verständnis ging es auch um eine weitergehende Teilhabe am Feld. Das heißt, es ging zunehmend nicht nur um Graffiti, um deren Beobachtung und Anfertigung, sondern auch um das gemeinsame ‚Abhängen'. Man spielte Konsole, hörte Hip-Hop, rauchte gemeinsam einen Joint, diskutierte Graffiti und erzählte sich Stories darüber, wie man beinahe von der Polizei erwischt worden wäre. Diese Situationen beförderten das Verständnis von Graffiti über die Kernaktivität hinaus als vorrangig nonkompetitives, zusammengehörigkeitsorientiertes Miteinander-Sein und -Tun, bei dem es zu Konflikten v. a. mit fremden Crews und Writern kommt, zu denen wenig Kontakt besteht.[130] Unter Writern ging es dabei selten darum, wer Toy oder wer King war. Entscheidend war vielmehr die gemeinsame Begeisterung für Graffiti, inklusive allem, was dazu gehörte. Ein Writer bezeichnete die kolportierte Konkurrenz, den Wettbewerb und die Hierarchien in der Szene als „Famegeficke" und „Mythos" (eigenes Material; in den 1980ern schien die Wettbewerbsorientierung stärker ausgeprägt, vgl. Swet nach Almqvist et al. 2014, S. 31). Crews bildeten sich nach spezifischen, geteilten Interessen oder nach Meister-Schüler-Verhältnissen. Aus dieser Perspektive war die Frage nach der Kunst im Graffiti irrelevant. Es ging vielmehr darum, selber ‚gute' Graffiti (sogenannte ‚Burner') an ‚guten' Orten zu erstellen (dieses Interesse einte alle Writer). Vorrangig waren also Fragen nach gutem Stil, nach guten Aktionen, nach Gefahren und Chancen von ‚Spots' (also Orten für Graffiti) und nach möglichen Kooperationen. Wenn ein Spot und eine Idee von einem Writer für gut befunden wird, dann betrachtet dieser sein Bedürfnis, dort

---

130 Wenn Crews und Writer sich bekannt und nicht negativ zueinander eingestellt sind, dann fragen sie, bevor sie ein Graffiti übermalen, typischerweise um Erlaubnis (die typischerweise gegeben wird). Damit werden Konflikte vermieden und auch Reziprozitätsmuster etabliert. Kennen sich Writer nicht und stellt der Übermalte dann diesen Umstand fest, kann dies als aggressives Verhalten gewertet werden, dem entsprechend (auch mit körperlicher Gewalt) begegnet wird. Graffiti „ist eine Form der Straßenkunst und weil es von den Straßen kommt, gelten die Regeln der Straße" (Nicer nach Felisbret 2009, S. 30), dies meint eben auch Formen des Diebstahls zwischen und körperlicher Auseinandersetzung unter Writern. Dies ist ein Aspekt der Szene (der lokal mehr oder weniger stark ausgeprägt sein kann), der v. a. in positiv normierenden Arbeiten zu Graffiti oft unterschlagen wird.

ein Graffiti anzubringen, wie eine Art innere ‚Verpflichtung'. Ob es eine legale Fläche ist oder nicht, ob es um ein altes oder bewohntes Gebäude geht und ob man dabei ggf. ein vorhandenes Graffito übermalt, ist relativ unwichtig dafür, ob man ein Graffiti macht.[131] Wichtig sind solche Merkmale lediglich für die Umstände. Das heißt: Im Vergleich zu vielen Außenbeschreibungen und Fremdzuschreibungen zeichnet sich die Szenezugehörigkeit v. a. durch eine pragmatische Haltung aus. Wichtig ist was man braucht, was man wissen und können muss und von anderen Writern aus darf, um ein Graffiti zu machen – und das Interesse an Graffiti, an Orten dafür und an anderen Writern – dies macht die Zusammengehörigkeit in der Szene aus.[132]

Dass sich über die Passagen – Fremder zu sein, zu beobachten, zu skizzieren, zu sprühen und abzuhängen – mein Verständnis deutlich verändert hat, wurde mir immer dann klar, wenn ich alte Memos las oder mit Freunden sprach, die selber keinen Bezug zu Graffiti hatten. Sie spiegelten mir sozusagen meine eigenen, früheren Einstellungen: Ästhetisch ansprechende, komplexe (Master-)Pieces, wie sie oft an Free-Walls möglich sind, sind schön und akzeptabel – auch wenn oder vielleicht auch weil man sie nicht so richtig lesen kann. Als ich eines Tages im Zug mit einer Seniorin ins Gespräch kam und es schließlich um Graffiti ging, war eben dies auch ihr Tenor – diese bunten Bilder seien (ganz) schön und die Jugendlichen sollten so was tun dürfen, aber diese anderen Schmierereien seien doch wirklich unnötig und verschandelten das Stadtbild. Zu diesem Zeitpunkt hatte ich ein hohes Interesse an diesen Schmierereien, an Tags und sogenannten Anti-Style-Pieces, an solchen also, die mit Absicht

---

131 Besonders für aufstrebende Writer ist dabei die Balance aus ‚Respekt' gegenüber anderen Writern und ‚Disrespekt' besonders schwierig. Denn auch wenn scheinbar strikte Regeln der Szene oft wiedergegeben werden, weisen Writer auch auf die Notwendigkeit hin, diese Regeln zu brechen: „Du musst respektlos sein, um dir Respekt zu verdienen" (eigenes Material). Dies bedeutet mitunter auch, Konflikte eben szeneentsprechend auszutragen.

132 Als ich das begriffen habe, wurde es mir auch möglich, scheinbare Inkonsistenzen im Feld zu erklären, wie z. B. die, dass man Fremden gegenüber sagt, man besprühe keine alten Gebäude, es aber doch macht; dass man genau genommen oft andere Pieces übermalt, als Anfänger sogar übermalen muss und dabei Regeln missachtet und dies für legitim erachtet, es jedoch auch problematisch findet und schnell einen Konflikt sieht oder beschwört, wenn das eigene Werk ungefragt übersprüht wird, oder dass man keine Sachbeschädigung verursachen will, aber auch Säure und Ritzwerkzeuge verwendet usw. Vorrangig ist das Interesse am Graffiti, an dessen guter Sichtbarkeit, gutem Stil und professioneller Ausführung sowie an seiner möglichst langen Sichtbarkeit. Dies befördert die Suche nach freien Flächen und haltbareren Schreibmaterialien. So erklärt sich z. B. das ‚Scratchen' bzw. Ritzen oder ‚Etchen' bzw. Ätzen mit Säure, bei dem eine präzise Schriftführung nicht möglich ist, aber eine dauerhafte Sichtbarkeit gewährleistet ist. Ein Writer erläuterte dies am Fall von Bahnwaggons, die angeblich nach China verkauft werden, wodurch das gekratzte oder eingeätzte Graffito entlegenste Orte erreichen könne. Das Ritzen ist also auch eine Reaktion auf die häufigeren und grundlegenden Säuberungen von Graffiti und Ausdruck des Versuchs eines dauerhaften Graffito mit dadurch größerer Sichtbarkeit.

amateurhaft und schlecht ausgeführt sind.[133] Und die Tatsache, dass selbst eine Seniorin meine früheren Einstellungen teilte, erschien mir damals als irgendwie seltsam, aber auch bezeichnend für die Differenz zwischen Alltagsverständnis von und Szenebezug zu Graffiti.

Zusammengefasst: Mein existenzielles Engagement im Feld als Einsteiger ermöglichte mir einen szenetypischen Einstieg und damit Daten, die anders kaum oder gar nicht erhoben werden könnten. Es diente aber nicht nur der Datenerhebung, sondern auch der Beziehungsarbeit im Feld, da es über die eigenen Erfahrungen einerseits Themen mit Writern und andererseits Zugänge zu Writern ermöglichte, v. a. zu jenen, die es bevorzugten, mit Menschen ‚auf Augenhöhe' zu sprechen (was eine Zugehörigkeit zum Feld und die Kenntnis damit erworbener Wissensbestände voraussetzt). Dies ermöglichte eine dichte Beschreibung des Feldes auf deren Basis die mich interessierenden Fragen zu beantworten waren. Mit anderen Worten: Was mir vorher unverständlich (oder nochmals mit Baudrillard: ‚sinnentleert') erschien, war mir durch meine eigenen Erfahrungen zunehmend verständlich und selbstverständlich geworden – und vice versa. In dieser Selbstverständlichkeit von Aufmerksamkeitsrelevanzen, Handlungsorientierungen und Bewusstseinszuständen redeten die Menschen in der Szene miteinander. All dies erforderte, mich auf das Feld einzulassen und die eigenen Gewissheiten und moralischen Urteile anzuzweifeln bzw. abzulegen und konventionelle forschungsethische und methodologische Hemmnisse sozusagen Stück für Stück zu ignorieren.[134]

4.2.3 Style-Writing als Straßensportkunst

Auf Basis der so gesammelten Daten konnte Graffiti zunächst definiert und eingegrenzt werden: Graffiti meint das stilisierte, handschriftliche Schreiben von Buchstaben auf typischerweise öffentlich sichtbaren Flächen in einer begrenzten Zeit (der Anfertigung und Sichtbarkeit des Graffiti). Geschrieben wird dabei mit verschiedensten Materialien – ‚klassisch' mit Farbe aus Spraydosen oder Filzmarkern, aber eben auch mit Malerrollen, Feuerlöschern, Ritzwerk-

---

133 Cost 88 (nach Almqvist 2014, S. 15) beschreibt den Reiz des Anti-Style für erfahrene Writer so: „Manchmal versuche ich, ein richtig hässliches Toy Tag zu kopieren, schaffe es aber nicht. Es wurde von jemanden gemacht, der versucht das Tag zu beherrschen, es aber nicht hinbekommt. Ich beherrsche es, versuche aber, es nicht zu kontrollieren. Es ist schwer, etwas absichtlich hässlich zu machen, und noch schwerer, hässliches Zeug gut zu machen."

134 Dabei muss jeder Ethnograph für sich einschätzen, wo seine persönlichen moralischen Grenzen liegen – er muss aber prinzipiell bereit sein, sich im Feld als Person (bzw. in seiner Rolle) ein ‚stückweit' zu riskieren (vgl. Eisewicht 2015; Eisewicht/Hitzler 2019; siehe auch das Kapitel 5 zu Bedenken).

zeugen oder Säure. Wie schon die Selbstbezeichnung als ‚Writer' anzeigt, geht es dabei hauptsächlich um einen stilisierten Schriftzug (eine Kombination von typischerweise drei bis fünf Buchstaben)[135], entweder in einer schnellen, einfachen und einfarbigen Ausführung (Tag) oder aber großflächig, mehrfarbig und verziert (Piece). Im Vergleich zum alltäglichen handschriftlichen Schreiben geht es weniger um einen für Außenstehende verstehbaren semantischen Inhalt (über die Selbstbezeichnung bzw. Bezeichnung der eigenen Crew hinaus), als vielmehr um einen szenespezifischen Stil, der öffentlich präsentiert wird, was auf legalen Flächen (Free-Walls), aber v. a. auf illegalen Flächen, wie z. B. Häuserwänden oder Zügen geschieht.[136] Basis des Stils ist ein aus der bzw. mit der Hip-Hop-Kultur entstandenes Formenrepertoire, das sich ab Ende der 1960er v. a. in New York entwickelte (vgl. Felisbret 2009; Thompson 2009).[137] Solche Graffiti (die von anderen Formen unerlaubter Veränderung öffentlicher Flächen zu unterscheiden sind) lassen sich mit Blick auf ihren Ursprung in der Hip-Hop-Kultur oder ihr Thema des stilisierten Schreibens als ‚Hip-Hop-Graffiti' oder ‚Style-Writing' spezifizieren.

Hip-Hop-Graffiti- bzw. Style-Writer sind in dem Sinne „Graffiti Traditionalists" die „pure Graffiti" (Campos 2010, S. 6) anfertigen, als bei ihnen handschriftlich angebrachte Schriftzüge bzw. Schriftbilder (vgl. Metten 2011; Spitzmüller 2013) im Zentrum ihrer Arbeit und der Szene stehen. Viel mehr als die Oberflächen, die mitunter sogar grundiert werden, „[werden] die Buchstaben der von den Writern angenommenen Namen zu Leinwänden" (James Prigoff nach Felisbret 2009, S. 4). Diese Buchstaben werden stets neu geformt, ausge-

135 Diese Begrenzung hat ganz pragmatische Gründe für Writer – längere Buchstabengruppen brauchen mehr Platz und Zeit zum Sprühen, die in keinem Verhältnis zum Nutzen stehen (da ein einheitlicher Stil sich in jedem Buchstaben wiederholt), während drei Zeichen ausreichend Variationsmöglichkeiten bieten (da es z. B. einen mittleren Buchstaben gibt), um Kombinationen und Arrangements der Zeichen zu variieren und eine lokal einmalige Signatur zu entwickeln.

136 Innerhalb des Graffiti gibt es verschiedene Differenzierungen: a) nach spezifischen Stilen, wie z. B. das Schreiben in großen Blockbuchstaben (‚blocky'), in Wolkenform (‚bubbly'), in abstrakten Formen (‚Wildstyle') oder in dreidimensionaler Wirkung (‚3D-style'), aber auch das intendiert ‚schlechte' Schreiben (‚Anti-style'); b) nach der Zeit für das Sprühen (‚throw ups', ‚oneliner' und ‚bombing' als schnelle, einfache, ein- oder zweifarbige pieces vs. ‚masterpieces' als zeitaufwendige, komplexe Graffiti), c) nach der Farbgebung (als kostengünstiges silber-schwarzes ‚chromie' oder farbig), d) nach der räumlichen Verortung (z. B. als ‚rooftop' auf Dächern und Dachvorsprüngen, als ‚line piece' typischerweise an Schallschutzmauern an einer Bahnstrecke, an Zügen ‚trains', Güterzügen ‚cargo'/‚freight' vs. An legalen ‚free walls') oder e) nach Größe des Graffiti (v. a. bei Zügen als ‚top to bottom' für ein auf ganzer Höhe gesprühtes Graffiti, als ‚whole car' für einen gesamten Wagon, ‚whole train' für einen gesamten Zug).

137 Auch wenn es vorgängige Formen des öffentlichen Schreibens durchgehend seit der Antike gibt (vgl. Keegan 2014), sind diese nicht direkt Grundlage der heutigen Graffiti-Szene und ihrer Formsprache, werden aber mitunter zur Legitimation herangezogen (‚Graffiti gab es schon immer').

malt und verziert. Damit unterscheidet sich die Graffiti-Szene – bei teilweiser personeller Überschneidung – einerseits von solchen Szenen, die Graffiti anfertigen, in denen diese aber keine conditio sine qua non sind. Dies ist der Fall, z. B. bei Fußball-Ultras (zu einer der wenigen Arbeiten vgl. Grün 2016; zu Stickern im Fußball vgl. Rack 2018), die ihre Treue und Leidenschaft zu einem Verein ausdrücken. Derlei Graffiti (v. a. Pieces und kaum Tags) sind typischerweise deutlicher lesbar und weniger komplex als es die der eigentlichen Graffiti-Szene sind. Sie benennen vorrangig den Verein oder eine Ultra-Gruppierung und bleiben typischerweise auf den Einzugsbereich der Fangemeinde beschränkt. Das ist aber auch der Fall bei gesprühten politischen Slogans und Aufrufen z. B. von Antifa-Gruppen und Autonomen Nationalisten (vgl. Schedler 2009, S. 341; Sequeira 2016), die wiederum nie verziert, eher handschriftlich (d. h. nicht stilistisch überformt) sind und bei denen es ebenfalls vorrangig um den semantischen Inhalt geht. Andererseits grenzt sich die Graffiti-Szene von solchen Formen der Street-Art ab, die losgelöst von der freihändigen Anbringung auf Flächen funktionieren und nicht auf die Darstellung von Buchstaben fokussiert und darin beschränkt sind (vgl. Reinecke 2012).[138] Damit besteht ein gravierender Unterschied zu solchen Praktiken, bei denen der Ort der Produktion und der Ort der Präsentation auseinander fallen (können) und dadurch standardisierte, serielle Produktionen möglich werden. Dies gilt v. a. für mit Schablonen gesprühte Graffiti (sogenannte ‚Pochoirs' oder ‚Stencil-Graffiti'), bemalte Kacheln und Aufkleber, sowie selbst gestaltete Poster (sogenanntes ‚Paste-Up', ausgeschnitten als ‚Cut-Out' oder ‚Affiche'). Ein Street-Artist kann seine Schablone zu Hause ohne Zeitdruck anfertigen und perfektionieren und dann gleiche Bilder schnell dutzenderweise sprühen (die oft auch eher Anerkennung oder Duldung durch Szenefremde erfahren).[139] Ein Writer hingegen macht jedes Tag und Piece freihändig und damit stets neu und unter den Bedingungen ‚vor Ort' (und mitunter in chancenhaft stärkerer Ächtung seines Tuns).

Ein Graffiti und dessen Wert in der Szene sind durch drei Aspekte bestimmt.[140] *Erstens* das eigentliche Piece. Dazu zählen das geeignete Werkzeug, mit dem das Graffito angefertigt wird, die Größe des Stücks, die Komplexität von Farb- und Formgebung (z. B. der Einsatz von Elementen, Hintergründen

138 In der Loslösung von Buchstaben, Betonung der künstlerischen und oft legalen Auftragsarbeit von Street-Artists und zeitlichen Verortung (weil Street Art zumindest später als Style-Writing populär wurde), wird dieses auch als ‚Post-Graffiti' bezeichnet (vgl. Reinecke 2012, S. 23ff.).

139 Ein Street-Artist nutzt dergestalt – aus Sicht der Writer – die ‚Straße' lediglich als Präsentationsfläche (um ein möglichst breites und großes Publikum zu erreichen), statt auch umfänglich unter den Bedingungen der Straße und den damit einhergehenden Gefahren und Risiken zu arbeiten.

140 Der Einfachheit halber sind die folgenden Ausführungen auf Pieces beschränkt.

oder Characters), die Einheitlichkeit des Stils und die Proportionen der Zeichen und Zeichenelemente. Ein ‚gutes' Graffito hat einen einheitlichen, möglichst individuellen Stil, ist gut proportioniert und komplex in Farb- und Formgebung.[141] *Zweitens* der Ort an dem das Graffito angebracht wird. Dazu zählt die Oberfläche des Ortes und die mögliche Größe, aber auch die Zugänglichkeit zum Ort, die Sichtbarkeit des Graffito und ggf. am Ort schon vorhandene Graffiti. Ein ‚gutes' Graffito ist ein dem Ort entsprechendes, möglichst großes, gut sichtbares (für viele Menschen oder aus weiter Entfernung erkennbares), an einem schwer zugänglichen Ort[142] angebrachtes Graffito, das ggf. in Bezug zu den anderen Graffiti vor Ort gestellt wird. *Drittens* die an dem Ort aufgewendete Zeit für ein Graffito. Dazu zählt die Zeit, die man braucht, um zum Ort und wieder zurück zu gelangen, das Graffito anzubringen und damit die Zeit, die man dort potentiell unbeobachtet verbringen kann. Dazu zählt aber auch die Zeit zur Planung des Piece und des Zugangs, sowie dessen Verweildauer am Ort. Ein ‚gutes' Graffito ist ein den örtlichen Bedingungen und zeitlichen Möglichkeiten entsprechend maximal komplexes Graffito. Writer können aufgrund ihrer Erfahrung und Beobachtung von Spots abschätzen, wie herausfordernd ein Ort ist, wie viel Zeit ihnen an diesem zur Verfügung stehen wird und welche stilistische Komplexität in dieser Zeit an diesem Ort möglich ist. Einen guten Writer kennzeichnet, dass er möglichst viele, möglichst gute Graffiti über einen Zeitraum anfertigt und damit nicht nur sporadisch, sondern wiederholt sein Können demonstriert und entwickelt.

Da die örtlichen Hindernisse und zeitlichen Beschränkungen, aber auch die mögliche Überwachung durch Wachdienste und Polizei, nicht nur künstlerische Fähigkeiten, sondern auch körperliche Ausdauer und Kraft erfordern, ist Graffiti innerhalb der Szene, in der öffentliche Orte der Leinwand im Atelier

141 ‚Schlechter' Stil wird dabei durchaus explizit abgewertet oder entsprechende Graffiti werden durchgestrichen oder schneller übersprüht (als Kommentare z. B. „Ja genau, wir wollen keine Scheiße" als Kommentar zu einem gecrossten Line-Piece in Fulda 2016 oder schlicht „verkackt" als Kommentar zu einem Graffiti in Dresden-Bühlau 2019; eigenes Material), aber auch Regeln gilt es einzuhalten, z. B. dass mehrfarbige über einfarbige Graffito gesprüht werden dürfen, aber nicht umgedreht einfarbige über komplexe mehrfarbige Pieces (als Kommentar zu einem Chromie z. B. „silber über bunt ne is klar lern mal respekt" in Köln-Deutz 2014; eigenes Material).

142 Dabei wird in Teilen der Szene auch gefordert, nicht nur stilistische Entwicklungen bzw. die Beherrschung verschiedener Stile zu demonstrieren, sondern sich mitunter schwereren (weil stärker überwachten) Orten zu widmen und die Herausforderung dieser Orte zu meistern. Writer, die lediglich an Free-Walls arbeiten (ungeachtet der stilistischen Qualität der Pieces) sind in vielen lokalen Szenen wenig bis gar nicht anerkannt und auch Writer die keine Einsteiger mehr sind und die z. B. vorrangig an Abbruchhäusern oder in der Nähe von Free-Walls (sozusagen ‚halb-legal' bzw. geduldet) sprühen, können weniger anerkannt sein, als solche die sich größeren ortsbedingten Herausforderungen stellen (so plausibel zu deuten wäre z. B. der Kommentar „Eierloses Muttersöhnchen" zu einem Line-Piece in Berlin am S-Bahnhof Heidelberger Platz von 2016; eigenes Material).

vorgezogen werden, nicht ‚bloß' Kunst, sondern eine *Sportkunst*, bzw. oder „Sport Art" (Training 2013; vgl. Lacktman 2013). Interessanterweise wird diese Konnotation in den wissenschaftlichen Arbeiten nicht erwähnt, obwohl sie in der Szene Verwendung findet.[143] Graffiti an legalen Flächen stellen niedrige zeitliche und ortsbezogene Anforderungen an die Writer und sind daher in der Szene eher weniger bedeutsam, auch wenn sie oft komplexer und handwerklich feiner gearbeitet werden können. Einige Writer lehnen es sogar ab, an legalen Flächen zu arbeiten, und sie crossen mitunter die Graffiti von Writern, die nur legal arbeiten. Ein Writer beschreibt den Unterschied zwischen seiner Arbeit an der Free-Wall und dem Sprühen an einer illegalisierten Stelle mit dem Unterschied zwischen Masturbation und Sex mit einem Partner: Die Arbeit an der Free-Wall bringt weniger Freude und Aufregung und zumindest er machte sie alleine, wohingegen das Bemalen von Zügen oft gemeinsam koordiniert wird, aufregender und erlebnisreicher ist. An der Free-Wall trainiere er daher nur in Vorbereitung auf seine ‚eigentlichen' Arbeiten, z. B. in einer bestimmten Zeit seine Graffiti fertig zu stellen. Naheliegenderweise lassen sich an Free-Walls nur die eigentlichen Graffiti üben, nicht aber das Auskundschaften von Spots, das Klettern, Weglaufen und ‚Schmiere stehen'. Graffiti ist aber auch nicht ‚bloßer' Sport, sondern eine im Vergleich zum Vereins- und Leistungssport *weniger kompetitive* Sportkunst. Zwar gibt es auch in der Graffiti-Szene Konflikte und organisierte Wettbewerbe, wie z. B. „Graffiti-Battles" oder länger laufende „Style Wars" oder „Races". Aber typischerweise geht es zum einen um einen individuellen Ausdruck und um die eigene Entwicklung innerhalb der Szene, also darum, zunehmend bessere, d. h. komplexere Graffiti an schwierigeren Orten in kürzerer Zeit anzufertigen. Zum anderen geht es darum, mit Gleichgesinnten Ideen und Kritik auszutauschen oder gemeinsam schneller größere Graffiti zu schaffen.[144] Graffiti ist darüber hinaus eine öffentliche, nicht reglementierte Tätigkeit ‚auf der Straße', d. h. eine *Straßen*sportkunst. Aufgrund der für Szenen typischen dezentralen Organisation und der fehlenden Reglementierung, auch weil Graffiti-Writer nachts die Straßen und ‚dunklen Ecken' der Stadt mit anderen Menschen teilen, gilt auf der Straße eine gewisse Vorsicht vor Fremden, bei denen es sich um potentiell gewalttätige andere Writer, um Kriminelle,

---

143 So gibt es in Deutschland z. B. das „Sprühsport Magazin" (4 Ausgaben, 2016-2018), dass sich vorrangig dem Trainwriting widmet und auch als zentrale Orientierung finden sich entsprechende Kommentare (z. B. „Wir bleiben lieber Sport!" als Eigenkommentar zu einem Line-Piece am Bahnhof Köln-Süd 2017; eigenes Material; nicht nur als Selbstpositionierung sondern mitunter auch an Writer gerichtet, die ‚irgendwann' aus ‚irgendwelchen' Gründen illegalisiertes Writing aufgeben und damit ein Stückweit und je nach Prestige in der Szene dieselbe verlassen).

144 Die in diesem Sinne prosoziale Einstellung auch gegenüber Szeneneulingen zeigt sich im Credo „each one teach one" (vgl. Per nach Felisbret 2009, S. 164), das heißt im gegenseitigen Lehren und Lernen szenespezifischen Wissens (einschließlich szenespezifischer Fertigkeiten).

um Ordnungshüter etc. handeln kann. Writer müssen daher oft weglaufen (‚botten'), um nicht erwischt (‚gebustet') zu werden oder in andere Gefahr zu kommen. Sie trainieren das ‚Abhauen' mitunter explizit, und es gilt: Lieber einmal mehr zu früh weggerannt als zu spät und erwischt zu werden (vgl. Ferrell 1998; Snyder 2009, S. XIff.). Sie müssen sich ggf. aber auch körperlich zur Wehr setzen (vgl. Felisbret 2009, S. 30). Als Straßensportkunst ist für Writer aber auch die damit konnotierte Freiheit von staatlichen Reglementierungen (und damit von für Graffiti legalisierten Flächen) und das damit verbundene Erlebnis, selber Werke an eigenständig ausgewählten und erreichten Orten zu schaffen, dabei drohender Entdeckung zu entgehen und mit diesen Geschichten wieder zurückzukommen, von hoher Bedeutung (und darin von außen kaum kontrollierbar; vgl. Halsey/Young 2006).[145]

Wie es ein Writer zusammenfasste: „Graffiti riecht nach Farbe, Schweiß und Gras" (eigenes Material). Graffiti riecht nach Farbe, mit der Graffiti gesprüht werden; es riecht nach Schweiß, weil der Zugang zu den Orten, die Flucht vor Personen und die körperliche Auseinandersetzung Anstrengungen kosten; und Graffiti riecht nach Gras, einer nicht leistungssteigernden, sondern relaxierenden Substanz, die gerne als Joint gemeinsam konsumiert wird. Graffiti als Style Writing lässt sich daher typisieren als öffentlich gemachter, individueller Ausdruck körperlicher und kreativer Fähigkeiten zur Herstellung stilisierter Buchstabengruppen unter Rückgriff auf eine szeneeigene ‚Sprache', die von Szenefremden nur in Teilen verstanden wird, unter Gleichgesinnten aber typischerweise Anerkennung und Unterstützung findet.

Die Graffiti (wie auch die darin für Writer erkennbaren Handlungsspuren) können als kommunikativer Zusammenhang verstanden werden, über den Fähigkeiten, Bereitschaften und Berechtigungen vermittelt werden, auf welchen die Zugehörigkeit zur und Hierarchisierung in der Graffiti-Szene basiert. Die lokale Übernahme global tradierter Stile und Formen beim Graffiti-Schreiben kennzeichnet die Zugehörigkeit zur lokalen Szenegemeinschaft und macht Writer und deren Werke füreinander interpretierbar (vgl. Soeffner 2004c).[146] Unter Rückgriff auf die global verbreiteten Stile und die lokal bestehenden

145 Graffiti ähnelt damit anderen Szenen wie z. B. Skateboarding (vgl. Nowodworski 2019) und Sportklettern (Kirchner 2018), in denen die Demonstration der Befähigung und die Beherrschung authentifizierender Szenepraktiken zentral für die Anerkennung von Zugehörigkeit ist (vgl. zu einer Szenen-Typologie Eisewicht et al. 2018a; zu Authentizität in Szenen vgl. Eisewicht et al. 2016; zu authentifizierenden Tanzpraktiken in Szenen im Hip-Hop vgl. Eisewicht et al. 2018b; Eisewicht/Dietrich 2019).

146 Teils werden in lokalen Szenenetzwerken daher Stile nicht anerkannt, d. h. Pieces gecrossed und Writer bedroht, die nicht zum lokalen Stil gerechnet werden. Ein Writer begründete das Crossen von solchen Pieces so: „Das ist Berlin-Style, aber wir sind hier nicht in Berlin" (eigenes Material). Ein anderer Writer kritisierte das Bemalen von Zügen in seiner Stadt so: „Train-Pieces sind New York und wir sind hier nicht in New York. Ich finde das deswegen ein bisschen albern" (eigenes Material).

Eigenheiten bilden Writer nicht nur einen eigenen Stil aus, sondern setzen auch verschiedene Schwerpunkte. Sie teilen jedoch vor allem die Gemeinsamkeit am szenespezifischen Thema, an dem sich ihr Austausch und ihr Miteinander ausrichtet.[147] Dergestalt finden sich in der Graffiti-Szene Menschen jeden Alters, Geschlechts, Bildungsgrades etc., von der jugendlichen Hauptschülerin bis zum arbeitstätigen Familienvater.[148] Was Crews bzw. die Graffiti-Szene dabei als Zusammengehörigkeitsprojekt – also als Chance auf Vergemeinschaftung – auszeichnet, ist weniger das geteilte Kulturgut oder ein gleiches Können, als vielmehr die Unterstellung, dass der Andere in der Szene einer ist, wie man selbst und dies nicht nur mit Blick auf die materiale Erscheinung, sondern auch hinsichtlich mentaler Dispositionen.[149] Dass der Andere ‚meine Sicht der Dinge' teilt, dass ich mich als mit ihm zusammengehörig verstehe, weil ihm Graffiti auch etwas bedeutet und dieser Andere mir damit näher ist als jemand außerhalb der Szene, das kennzeichnet das Wir-Gefühl in Szenen und gleichsam die ‚Grenzen' jeder Gemeinschaft (Plessner 1981b).[150]

---

147 Prozesse der Kompetenzaneignung und -entwicklung sind dabei zunächst nur an die Bereitschaft des Graffitiaffinen gebunden, dazugehören zu wollen. Aus dieser Motivation heraus – und darüber hinaus nicht nur Writer zu sein, sondern ein ‚guter' Writer zu sein (was im eigenen, distinkten, sinnhaften ‚Style' seinen Ausdruck findet) – lassen sich die mitunter nicht-intendierten Lernprozesse in Szenen verstehen (in der Graffiti-Szene v. a. auch Körperwissen; zur Aneignung und Vermittlung von Körperwissen am Skateboarding vgl. Nowodworski 2019; im Trampolinspringen vgl. Singh 2019). Als Wollens-Gemeinschaft von Writern, die über je verschiedene (kognitive und körperlich-praktische) Wissensbestände verfügen, kann man Hierarchien in der Szene als eine durch das Können vermittelte Aushandlung von Berechtigungen verstehen, welche durch ein an der Vergemeinschaftung orientiertes Handeln und ein darin impliziertes Distinktionsbestreben und durch die Beschränkung von Ressourcen (v. a. Schreibflächen) und die dadurch erforderliche Aushandlung unter Writern befördert werden.

148 In der Szene sind weibliche Writer unterrepräsentiert (auch was ihre Darstellung auf Szenemagazinen angeht), was mitunter ein Hinweis auf eine szenetypische Geschlechterordnung ist (zu Variationen der Geschlechterordnung in Szenen vgl. Kirchner/Wustmann 2017; Wustmann/Kirchner 2017; Wustmann et al. 2019).

149 Zusammengehörigkeit als Gemeinschaftserleben impliziert darüber hinaus, dass man die Welt und die Dinge nicht nur gleich, sondern fraglos auch auf die ‚richtige' Weise sieht. Übereinstimmende Deutungsschemata in diesem Sinne lösen zwar nicht per se Wir-Gefühle aus. Aber *ohne* die quasi selbstverständliche Übereinstimmung von Deutungsschemata lassen sich Wir-Gefühle kaum stabilisieren (vgl. Hitzler 2014a).

150 Dabei ist mit zunehmender Kohäsion der Gruppenmitglieder (bis hin zum gemeinschaftlichen Wir-Gefühl), größerem Abgleichen und Angleichen untereinander und einer größeren (Deutungs-)Reichweite der gruppenspezifischen Weltsicht zu erwarten, dass sich prosoziales Verhalten nach Innen und Orientierung an der Gruppe verstärken. Dass sich sozusagen parallel dazu auch abgrenzendes Verhalten nach Außen und Distanzierung von anderen Gruppen verstärken, ist möglich, aber keineswegs zwangsläufig.

4.2.4 Style-Writer: Artist und Artisan

Unter Rückgriff auf den kulturellen Haushalt handlungsanleitenden Wissens lassen sich, wie bereits angedeutet, verschiedene Typen von Graffiti-Writern und Besonderheiten ihrer je eigenen Sicht auf Graffiti beschreiben. In Anlehnung an die Ausdifferenzierung von Kunst und Handwerk (vgl. Williams 1983, S. 31) sollen diese Typen als Artist (Künstler) und Artisan (Handwerker) bezeichnet und kurz beschrieben werden:

Der *Artist* legt seinen Fokus auf das ästhetische Ergebnis seiner Arbeit, d. h. es geht ihm um ein künstlerisch ansprechendes, komplexes Graffito. Ein ‚gutes Graffito' ist durch einen „gescheiten Style" (eigenes Material) gekennzeichnet, d. h., die Elemente und Proportionen passen zueinander und lassen einen individuellen ‚Charakter' erkennen. Als Adressaten des Artists gilt prinzipiell jedes, auch szenefremdes Publikum, d. h. wichtig sind ihm insbesondere Pieces an gut sichtbaren Orten. Da es um den künstlerischen Ausdruck geht, gilt es prinzipiell, den Zeitaufwand danach zu bemessen, wieviel notwendig ist, um ein möglichst ansprechendes Graffito anzufertigen. Daher haben für den Artist legale Auftragsarbeiten, Arbeiten für Galerien und illegalisiert angebrachte Pieces prinzipiell die gleiche Wertigkeit. Ein Großteil der Vorbereitung wird für Skizzen und Stilproben aufgewandt und auch die eigentliche Aktion des Graffiti-Sprühens dauert eher länger. Einer ‚meiner' Artists z. B. besuchte über mehrere Nächte denselben illegalen Spot und brauchte ungefähr drei Stunden, bis das von ihm gesprühte Piece seiner Meinung nach fertig war. Da bei solch langer Produktionszeit die Gefahr, entdeckt zu werden, groß ist, bevorzugen Artists ‚halblegale' und legale Flächen. Typischerweise sind sie weniger an Crews interessiert und arbeiten eher alleine. Sie konkurrieren untereinander v. a. in „Style Wars", in denen es um von der Szene als qualitativ ‚besser' bewertete Graffiti geht. Aufgrund ihrer Orientierung am künstlerischen Ausdruck wechseln bzw. entwickeln sie ihren Stil häufig weiter und sind eher an künstlerischen Berufen und Ausbildungen interessiert. Ziel der Artists ist es,

> „ein analytisches Denken und eine ihnen eigene künstlerische Sprache zu entwickeln, die sich über einfachen Vandalismus erhebt oder mehr ist, als eine urbane Pseudophilosophie mit solchem Mangel an Raffinesse, dass sie ein neunjähriges Kind vor Scham erröten ließe" (Campos 2010, S. 6; eigene Übersetzung).

Daran orientiert übt der Artist möglichst viele, verschiedene Stile und eignet sich eben auch typographisches und kunsthistorisches Wissen als Basis seiner Einschätzung von Graffiti und Writern an.[151]

---

151 Artists greifen dabei auch auf Materialien, Stile und Inspiration aus der ‚klassischen Kunst' zurück, z. B. auf Pinsel für bestimmte Ornamente oder auf Farben, die für be-

Der *Artisan* dagegen legt seinen Fokus eher auf die „krasse Aktion" (eigenes Material). Das heißt, es geht ihm um die handwerkliche Bewältigung der Anforderungen beim Schreiben. Ein ‚gutes Graffito' ist durch eine professionelle Durchführung gekennzeichnet. Während der Artist v. a. auf ein gutes Piece an einem guten, also sichtbaren Ort fokussiert, zählt für den Artisan mehr die Schwierigkeit des Ortes und die Schnelligkeit der Ausführung. Daher bevorzugt er illegalisierte Spots, um sein Können zu demonstrieren und als einer der bevorzugtesten, weil anspruchsvollsten Ziele gilt dabei die Zuggattung des Intercity-Express (ICE) als „der weiße Wal" (eigenes Material). Die Vorbereitungszeit dient daher weniger dem Skizzieren als dem tagelangen Auskundschaften des Spots, der Wege und Routen der Sicherheitskräfte, der Positionen von Kameras, möglicher Zugänge und Fluchtwege, aber auch des Ausdauer- und Krafttrainings, des Versteckens von Material in der Nähe des Spots etc.[152] Aufgrund der Schwierigkeit des Ortes und der begrenzten Zeit arbeitet der Artisan häufiger in Crews, um schneller und sicherer zu arbeiten. Einige Writer übernehmen Wachposten, während z. B. einer die ‚Outline' vorzieht (d. h. die Umrisse des Pieces sprüht), ein weiterer die ‚Fill-Ins' (das Ausfüllen der Outline) und ein dritter Detailarbeiten übernimmt. Da Graffiti aber v. a. an Zügen schnell wieder entfernt (‚gebufft')oder die Züge solange ‚nicht auf Strecke' geschickt werden, ist das Fotografieren der Aktion und des Piece von hoher Bedeutung (auch hier in Ähnlichkeit z. B. zur Foto- und Videodokumentation beim Skateboarding vgl. Eisewicht et al. 2018, S. 188). Bestenfalls wird das Graffiti an einem fahrenden Zug in einem Bahnhof fotografiert. Aber auch das ist riskant und erfordert mitunter lange Wartezeiten. Artisanen haben am Zug oft nur ein paar Minuten (typischerweise zwei, zweieinhalb Minuten zum Arbeiten und eine Minute für das Foto), in denen sie Gefahr laufen, erwischt zu werden. Da typischerweise mehr Zeit für die Planung der Aktion als für das Piece aufgewandt wird, sind solche Graffiti mitunter weniger komplex als legale Arbeiten (aber auch als Arbeiten von Artists an vergleichbaren Stellen). Da die Umstände solcher Graffiti Fremden häufig nicht bekannt sind, richten sich diese Arbeiten vor allem an ein Szene-Publikum, das versteht, welche Gefahr und welchen Aufwand ein illegalisiertes Graffiti unter diesen erschwerten Orts- und Zeitbedingungen erfordert. Dem Artisan geht es also darum, wiederholt, unter schwieriger werdenden Bedingungen, ein ‚gutes' Graffito zu sprühen, dies mitunter im stets gleichen oder wenig variierten Stil. Daran orientiert lernen Artisanen v. a., mit

---

stimmte Maler und Epochen stehen. Die Entwicklung einer eigenen Stilsprache ist es auch, die sie dabei mitunter zum Verlassen der Szene bringt bzw. aufgrund derer sie von anderen Writern zunehmend ausgeschlossen werden können.

152 Graffiti auf Zügen werden auch deshalb bevorzugt, weil Betriebsgelände leichter auszukunden sind als Spots, an denen jedermann jederzeit vorbeikommen kann. Manche Writer haben auch spezielle Schlüssel, um Züge und Türen auf Bahngeländen zu öffnen.

diesen widrigen Umständen zurechtzukommen. Sie trainieren Ausdauer und Kraft, wechseln ihre Spots (wenn dieser ‚gefickt', d. h. zu häufig genutzt wurde) und legen ‚Bunker' an (also Verstecke für Materialien und Fotos, um im Falle einer Hausdurchsuchung eine ‚saubere' Wohnung vorzuweisen). Das heißt, aufgrund ihrer anderen Relevanzsetzung und Motivation, Graffiti zu sprühen, lernen Artisanen anderes als Artists und bewerten Graffiti auch anders als diese. Was sie eint, ist ihr „Interesse an frohen Buchstaben" (eigenes Material), an der Entwicklung eines subjektiv als stimmig und sinnhaft empfunden Styles und an der Suche nach Anerkennung durch Gleichgesinnte, die sich v. a. darin äußert, dass Werke des Writers nicht oder nur mit dessen Erlaubnis übersprüht werden.

4.2.5 Wider die ‚Blindheit'

Grundlage (auch) der Beschreibung von Style-Writing als Straßensportkunst und als darin gemeinsam geteiltes, darin zugehörigkeitsstiftendes und zusammengehörigkeitsevozierendes Thema ist die umfassende und langfristige existenzielle Teilhabe am Geschehen und an möglichst vielen, vielfältigen Aktivitäten im Feld. Langfristig sein muss diese Teilhabe, weil die notwendigen Kontakte aufgebaut und basale Mitspielkompetenzen erst entwickelt werden müssen. Existenziell sein muss die Teilhabe, weil die aus dem eigenen Erleben erwachsenden Erfahrungen im Feld forschungsleitend sind und in weiteren Beobachtungen und Gesprächen im Feld überprüft werden müssen. Deutlich geworden sein sollte, welches Potential eines solchen etwelche vorgängigen eigenen Moralvorstellungen einklammernden Zugangs in der dadurch möglichen dichten Beschreibung dessen liegt, was den Menschen, um die es einem zu tun ist, wichtig erscheint. Etwas pathetisch formuliert geht es darum, Licht in das Dunkel zu bringen, das Robert E. Park (1950b, S. VI) in Verweis auf William James als Blindheit beschrieb:

> „Die Blindheit, von der James sprach, ist die Blindheit, die wahrscheinlich jeder von uns für die Bedeutungen in den Leben Anderer hat. In jedem Fall geht es Soziologen darum, zu erfahren, was hinter den Gesichtern der Menschen vorgeht, was es ist, was das Leben für jeden von uns entweder trüb oder spannend macht. […] Das, was den Schwung in das Leben eines jeden bringt, ist jedoch, wie James sagt, ein ‚persönliches Geheimnis', das in jedem Einzelfall entdeckt werden muss. Andernfalls (er)kennen wir die Welt nicht, in der wir wirklich leben" (eigene Übersetzung).

5 Die Bedenken

5.1 Dirty Hands und die Akzeptanz der Moral des Feldes

Wie durch die methodologisch-methodischen Ausführungen sowie in den beiden Anwendungsbeispielen insgesamt deutlich geworden sein sollte, zielen wir mit der lebensweltanalytischen Ethnographie – und insoweit entspricht deren Zielsetzung der von mehr oder weniger *jeder* Ethnographie – darauf ab, möglichst viele und vielfältige aktuelle und sedimentierte Äußerungs- und Vollzugsformen zu erfassen und interpretativ verfügbar zu machen, die mit der zu rekonstruierenden Wirklichkeits(an)sicht einhergehen. Wenn wir im Hinblick darauf aber für eine möglichst umfassende – um nicht zu schreiben: im Entscheidungsfalle rückhaltlose – Teilnahme des Forschers im Feld votieren[153], dann stellt sich die Frage, wie wir damit umgehen, dass im Feld Normen und Werte gelten können, die dem Forscher nicht nur als fremd und gewöhnungsbedürftig erscheinen (wie etwa in unserem ersten Anwendungsbeispiel), sondern die (wie etwa in unserem zweiten Anwendungsbeispiel) außerhalb des Feldes zudem hochgradig problematisiert oder auch juristisch illegalisiert sein können (zum Folgenden vgl. Eisewicht 2015; Eisewicht et al. 2015; Eisewicht/Hitzler 2019; Hitzler 2016).

Immer wieder fällt uns auf, dass Ethnographen zu dieser Thematik ein gespaltenes Verhältnis haben: Einerseits finden sich in der Geschichte der Ethnographie immer wieder Arbeiten, die in Kontexten illegalisierten Tuns und in Kontexten sozialer Tabuisierungen durchgeführt wurden (im Überblick vgl. Ferrell/Hamm 1998; als neuere Beispiele vgl. Venkatesh 2008; Bruns 2010; Khosravi 2010; Goffman 2014). Wenigstens seit William Foote Whytes „Street Corner Society" (1943) und Frederic Thrashers „The Gang" (1936) forschen Ethnographen in sogenannten problematischen Settings, bezeugen sie entsprechend problematisierte Verhaltensweisen und erleben sie diese (mehr oder weniger einverständlich) mit. Andererseits wird diese ‚Verstrickung' in methodischen Arbeiten zur Ethnographie gerne ausgeblendet, statt sie als Fragen – z. B. nach dem Umgang mit Illegalität im Feld – zu explizieren und produktiv für die Forschung zu nutzen. In hohem Maße problematisch ist diese Ausblendung eben zumindest dann, wenn man statt für Neutralität für Immersion im

153 Götz Bachmann (2009, S. 248) fasst das für die Ethnographie im Allgemeinen wie folgt zusammen: „Die Idee ist denkbar einfach: Will man etwas über andere Menschen heraus finden, geht man einfach zu ihnen hin, bleibt eine Weile, macht das mit, was diese Menschen dort normalerweise treiben, und lernt sie so durch eigene Erfahrungen besser kennen."

jeweiligen Feld votiert (vgl. Ferrell 1998, S. 12), weil dann Einsichten, die auf der Teilnahme an fragwürdigem Geschehen beruhen, entweder aus verdeckten Beobachtungen resultieren oder weil dann die prekäre Quelle dieser Erkenntnisse verborgen wird.

Unser Votum dafür, den Bedingungen des Feldes entsprechend opportunistisch und den dort üblichen Praktiken und Sichtweisen gegenüber affirmativ zu forschen, impliziert also, die im Feld gültigen moralischen[154] Standards auch (und vielleicht sogar gerade) da zu respektieren, wo sie nicht nur zu konkurrierenden, sondern auch zu den eigenen (Wert-)Setzungen des Forschers im Widerspruch stehen. Wenn und insoweit ein unter irgendwelchen Gesichtspunkten als problematisch erachtetes Verhalten typisch bzw. signifikant zu sein scheint für das, was in einem Feld geschieht, und wenn bzw. insofern der Ethnograph auf die umfassende sinnentsprechende Beschreibung einer kleinen sozialen Lebenswelt bedacht ist, muss er diesem (vermeintlich) feldtypischen Verhalten folgen – und das heißt mitunter, dass er eben nicht nur mitmachen, sondern dass er sich beim Mitmachen in keineswegs immer vorhersehbarer Art und Weise ‚die Hände schmutzig' machen muss. Damit reden wir keineswegs irgendwelchem Abenteurertum das Wort, sondern ‚lediglich' der Bereitschaft zur Übernahme einer adäquaten und angemessenen Teilnehmer-Rolle.[155]

Zu reflektieren ist also die Art der Involviertheit des Forschers in eigentümliches, eigenwilliges und auch in als problematisch angesehenes, moralisch herausforderndes und mitunter eben sogar illegalisiertes Feldgeschehen. Ob er nun vor allem als ‚normaler' *Bürger* mit einem bestimmten moralischen Bewusstsein, als analytisch strenger *Wissenschaftler*, als konsequent engagierter *Feldteilnehmer* oder als eine Art ‚Superreporter' agiert (der investigativ ermitteln will nicht nur was vor sich geht, sondern auch, was dahintersteckt): stets ist er unweigerlich situiert in einem komplexen, konfliktgeladenen ‚Bermuda-Dreieck' aus gesellschaftlichen, wissenschaftlichen und feldspezifischen Relevanzen zu dem er sich auch in seinem eigenen Verständnis – nicht nur als Bür-

---

154 Mit dem Begriff ‚Moral' bezeichnen wir dabei normative Vorstellungen, die Personen haben. (Forschungs-)Ethisch reflektiert können verschiedene Moralen unterschieden, bewertet und in Entscheidungshilfen transformiert werden (vgl. Hitzler 2016; Unger et al. 2014). Als normative Bewertungen basieren Moralentscheidungen nicht auf den Kriterien von wahr und unwahr bzw. von richtig und falsch, sondern auf denen von gut und schlecht bzw. von gut und böse. Sie sind persönliche, nur durch die individuelle Akzeptanz ‚übergeordneter legitimatorischer Instanzen' in Gruppen verschiedener Größe (von der Kleingruppe bis zur Weltgesellschaft) kollektiv stabilisierte und tradierte Einstellungen und Werthaltungen.

155 Dass das aus den unterschiedlichen Gründen oft nicht gelingt (vgl. Schmid 2015) und auch nicht wirklich durch andere Formen der Datengenerierung kompensiert werden kann, steht außer Frage.

ger, Wissenschaftler und Feldteilnehmer, sondern auch als *Person* – gegenüber verhalten muss:

Im Hinblick auf die Beziehung zwischen Forschenden und Gesellschaft liegt die Problematik z. B. darin, dass Forscher einerseits in der *Informationspflicht* gegenüber sie subventionierenden, finanzierenden und/oder mit juristischem Sanktionspotenzial bewehrten Autoritäten stehen bzw. zu stehen meinen, während sie andererseits selber zum *kriminellen Subjekt* werden können. Das heißt, sie gelangen an Informationen, zu dessen Herausgabe sie angehalten werden können[156] oder sie geraten in Verdacht, selber Straftäter zu sein.

Im Hinblick auf das Verhältnis des Forschers zur Wissenschaft kommt noch hinzu, dass eine Forschungsarbeit durchaus – gravierende – professionelle *Reputationsprobleme* nach sich ziehen kann. Missbilligung aufgrund divergenter Wissenschaftsauffassungen ist weder unwahrscheinlich noch folgenlos. Dass entsprechende Arbeiten Wissenschaftskarrieren nicht ruinieren, ist jedenfalls keineswegs selbstverständlich (vgl. Ferrell/Hamm 1998, S. 8) und macht es ‚menschlich' verständlich, dass es neben der wissenschaftlichen *Fremd-* nicht selten auch zu einer *Selbst*zensur kommt.

Im Hinblick auf die je eigenwilligen Moralvorstellungen, denen man in der Forschung begegnen kann, kann die Arbeit nicht nur für Forscher zeitraubend, psychisch und physisch *belastend und gefährlich* sein (bis hin dazu, dass er oder sie ausgeraubt werden; vgl. Jacobs 1998). Durch ihre Teilnahme können sie auch zur vollzugspraktischen, reputationstechnischen und strafrechtlichen Gefahr für das Feld werden (v. a. weil sie eben auch sozusagen als ‚staatliche Agenten' fungieren). So oder so baut sich für Forscher meist eine Spannung auf zwischen ihrem Forschungsinteresse (worauf auch immer es sich richtet) und der Problematik der Verwendung dieses Wissens (im Hinblick darauf, dass jemand, aus welchen Gründen und mit welchen Absichten auch immer, so etwas wissen will).

Aus diesen Herausforderungen können ggf. moralische Dilemmata erwachsen, vor denen einen keine Ethikkommission und keine eingeholte Einverständniserklärung zu schützen vermag. Feldforschung ist in ihrer Ergebnisoffenheit (und im Unwissen über die heiklen Antworten die man findet oder

---

156 Rik Scarce (1994) wurde im Rahmen seiner Arbeit zu radikalen Umweltaktivisten von FBI Agenten verhört, vor Gericht geladen und verhaftet, weil er sich weigerte Informationen zu Straftaten preiszugeben, die mit der von ihm untersuchten Gruppe im Zusammenhang stehen sollten. Ähnlich verhielt es sich mit Richard Leo (1995), der im Rahmen seiner Arbeit zu polizeilichen Verhörmaßnahmen vor Gericht geladen wurde, mit dem Ziel, ihn dazu zu zwingen, die Quellen seiner Ergebnisse offenzulegen. In beiden Fällen haben die Forscher die Verantwortlichkeit gegenüber ihren Informanten höher angesetzt, als die der Offenlegung ihrer Informationen. Im Fall von Leo hatte die Ethikkommission seiner Universität die Forschung bewilligt, ohne darauf hinzuweisen (genauer: ohne darauf hinweisen zu *können*), dass ihm eventuell eine Beugehaft seitens der Behörden drohen kann.

vielleicht auch sucht) stets existentiell riskant und in ihren (moralischen) Konsequenzen für Forscher und Beforschte unabsehbar (vgl. Murphy/Dingwall 2007: 340f.). Auch und gerade in Einwilligungserklärungen vorab festzulegen, was man moralisch duldet und was nicht, verdeckt lediglich das Problem der unabdingbaren bzw. unvermeidlichen Auseinandersetzung mit der jeweiligen Situation und ihren kontingenten Dynamiken.

> „Wenn in einem Interview Hinweise auf die Wohlgefährdung des/der Befragten oder anderer aufkommen, muss der Forscher immer noch die Glaubwürdigkeit dieser Bedrohung einschätzen. Falls der Forscher glaubt, dass eine Gefährdung ernst gemeint ist, es aber unwahrscheinlich ist, dass diese umgesetzt wird, sollte er dennoch Mittel und Wege finden, dem zuvorzukommen, um auf der sicheren Seite zu sein? Bewertungsfragen bleiben bestehen, gleich was in der Einwilligung steht: Wie glaubwürdig sind Gefährdungen? Sind sinnvolle Handlungen möglich, um diesen vorherzukommen? Welche Konsequenzen hätte dies für Beforschte und das Forschungsprojekt? Was wären mögliche Konsequenzen bei Nichtreaktion? Probleme dieser Art sind, glücklicherweise, selten, aber wenn sie aufkommen sind sie meistens nicht leicht zu lösen. Auch gibt es keine generelle Methode für ihre Auflösung" (Weiss 1994: 133; in eigener Übersetzung).

Die ‚Logik' des Feldes, die ‚Logik' der wissenschaftlichen Disziplin und die ‚Logik' der staatlichen Autoritäten auszubalancieren, stellt den Forscher in der Auseinandersetzung mit der Beziehungs- und Vertrauensarbeit im Feld und der notwendigen Deskription und Interpretation erkenntnisrelevanter Ereignisse vor mitunter ergebnisentscheidende Fragen. Das wiederum impliziert, dass es nicht nur um ‚irgendeine' Art von Präsenz im Feld geht, sondern um *affektuelle* Präsenz. Das jedenfalls meinen wir mit dem Plädoyer für das Sich-Einlassen bzw. für existenzielles Engagement. Wer sich als Forscher hingegen an *feldexternen* Konventionen und/oder Moralvorstellungen orientiert, riskiert damit, sich von der Teilhabe an erkenntnisrelevanten Situationen zu exkludieren. Damit aber wird eine ethnographische Studie anfällig für massive methodische Fehler (und damit für fehlende oder falsche Daten) – nicht zuletzt auch dadurch, dass Menschen im Feld dem Forscher nicht offen und umfassend Auskunft geben und dass dieser die (zumindest subjektive) Richtigkeit dieser Aussagen nicht adäquat einschätzen kann (vgl. Laurilla 1997). Prinzipiell wird, auch von uns, gefordert, die gültigen moralischen Standards in den von uns untersuchten Welten auch (und vielleicht sogar gerade) dort zu respektieren, wo sie nicht nur zu konkurrierenden, sondern auch zu den eigenen (Wert-)Setzungen des Forschers im Widerspruch stehen. Sich den sozialen ‚Verkehrsregeln' und der Moral bzw. den Moralismen des Feldes anzupassen oder jedenfalls anzunähern, impliziert also, die eigenen Selbstverständlichkeiten aufzugeben oder zumindest zeitweise zu suspendieren. Wie weit jedoch diese Akzeptanz, von persönlich schwer zu Akzeptierenden, gehen kann ist wiederum eine Frage der eigenen Fähigkeit, andere Moralen zu dulden und zu akzeptieren.[157]

Diese Toleranzfähigkeit hängt nicht zuletzt damit zusammen, in welcher Form man (methodisch) mit der ‚anderen' Moral des Gegenübers konfrontiert wird. Als vergleichsweise noch einigermaßen leicht zu handhaben erscheint ‚andere' Moral dann, wenn sie aus Dokumenten rekonstruiert werden kann, wenn also z. B. Gerichtsverfahren zur Sachbeschädigung durch Graffiti-Writer untersucht werden (vgl. Jeremias 2010; Neubacher 2006). Problematischer sind demgegenüber entsprechende Informationen typischerweise dann, wenn sie in Befragungen, Interviews und Gesprächen kundgetan werden.[158] Als noch einmal verschärfter erweist sich die Moralfrage dann, wenn Forscher Absichten und Taten nicht nur berichtet bekommen, sondern wenn sie diese selber bezeugen.[159] Und noch einmal virulenter bzw. ‚heikler' wird die Frage moralischer Eigenverantwortung schließlich, wenn Forscher selber problematische Handlungen mitmachen oder eigenständig ausführen.[160] Betont wird in den einschlägigen Arbeiten stets, dass das, was als moralisch herausfordernd empfunden wird, eben maßgeblich von den moralischen Vorstellungen der Forscher abhängt und dass der Umgang mit dieser Herausforderung stets individuell verhandelt wird.[161]

---

157 Jeff Ferrell (1998) fordert diese Risikobereitschaft auch da, wo der Forscher Schutz in der Rolle als Wissenschaftler suchen könnte, z. B. bei polizeilicher Verfolgung. Er illustriert dies anhand seines – allerdings erfolglosen – Versuchs, vor einer Polizeistreife wegzulaufen, nachdem er ein illegales Graffiti mit anderen Writern gemacht hatte und dabei entdeckt worden war. Ferrell vertritt eine Perspektive des radikalen Engagements und einer tiefen Versenkung im Feld (mit allem was dazu gehört), auch explizit im Kontext illegalisierter Handlungen. In seinem Ansatz des „Criminological Verstehen" steht er damit der lebensweltanalytischen Ethnographie nahe.

158 Robert S. Weiss (1994, S. 132) z. B. beschreibt, wie im Rahmen einer Interviewstudie eine HIV-positive Befragte berichtete, dass und wie sie fremde Männer über ungeschützten Geschlechtsverkehr mit HIV habe infizieren wollen, um sich für von ihr erlittene Misshandlungen zu rächen.

159 James Inciardi et al. (1993, S. 151ff.) berichten im Rahmen ihrer Studie über Crack-Kokain konsumierende Frauen, dass sie in Crack-Häusern sog. „House Girls" (ebd., S. 154) getroffen haben. Dabei handelte es sich u. a. um ein minderjähriges Mädchen, das vom Hausbesitzer mit so viel Crack versorgt wurde, wie sie haben wollte, und die sich dafür den Crack-Konsumenten so oft und auf so viele Arten für sexuelle Dienstleistungen zur Verfügung stellte, wie diese wollten.

160 Jeff Ferrell (1998) hat im Rahmen seiner Arbeit Graffiti-Writer bei illegalisierten Aktionen begleitet und ist mit diesen auch vor polizeilicher Verfolgung geflohen. Peter B. Kraska (1998) hat im Rahmen seiner Arbeit an illegalisierten Waffenübungen teilgenommen (und beschreibt sein persönliches Dilemma dabei Spaß zu empfinden; für explizierte Abscheu gegenüber seinen Beforschten vgl. Hamm 1993).

161 Ebenso, wie Forscher sich mit den Moralvorstellungen der Beforschten konfrontiert sehen, sind sie in aller Regel auch selbst Gegenstand der (moralischen) Beobachtung und Beurteilung. Gerade in Zeiten leichter Online-Recherchen und der diese begünstigenden Sichtbarkeiten im Internet werden auch Forscher auf ihre Motive und Normsetzungen

Forscher verschweigen – gar nicht so selten – in ihren Berichten heikle oder illegalisierte Aktivitäten, sei es nun zum Schutz des Feldes vor Eingriffen oder sei es aus Gründen des Selbstschutzes. Im Sinne der Loyalität zum Feld und zu den Menschen im Feld kann man dieses Vorgehen schützenden Schweigens als ‚*Protective Silence*' bezeichnen. Im Sinne einer autoritativen ‚Logik' (z. B. den Relevanzen der Strafverfolgung oder der Sozialen Arbeit entsprechend) werden solche Handlungen auch explizit berichtet, um Präventions- bzw. Therapiemaßnahmen anzuleiten. Im Sinne der ‚Logik' obrigkeitlicher Autoritäten ließe sich ein solches Vorgehen als ‚*Proactive Harm*', also als mutwillige ‚Beschädigung' des Feldes bezeichnen. Wahre Geständnisse („*True Confessions*" Ferrell/Hamm 1998) stehen dagegen im Sinne einer werturteilsfreien Wissenschaft für die Offenlegung entsprechender Ereignisse, sofern sie forschungsrelevant sind.[162]

Da aber Sozialwissenschaftler nicht von professionellen und gesetzlichen Verschwiegenheitspflichten wie im medizinischen und juristischen Kontext geschützt sind, gibt es hier keine ‚Patentlösung'. Vielmehr geht es darum, was der jeweilige Forscher für (noch) moralisch tolerierbar hält und wo bzw. wann er sich moralisch verpflichtet fühlt (oder gezwungen sieht), ‚heikle' Informationen ‚aus dem Feld' an Dritte weiterzugeben. Es scheint uns aber geboten, sich bereits vor dem Feldeinstieg (bevor man weiß, ob einem überhaupt und welcherlei problematisches Wissen begegnet) für entsprechende Problemstellungen zu sensibilisieren, sich dabei entsprechende Umgangsstrategien in der eigenen Darstellung zurechtzulegen und Grenzen der eigenen Feldarbeit zu bedenken.

5.2 Das unverzichtbare Doppelgängertum des Ethnographen

Mit der die lebensweltanalytische Ethnographie – ungeachtet anderer wichtiger Aspekte der Datenerhebung und -auswertung – *prägenden* Verbindung von Beobachtung und Teilnahme sowie von Hermeneutik und Phänomenologie

hin befragt und beobachtet – mit der Folge, dass dies erheblichen Einfluss auf die Reaktion der Menschen auf ihre Beforschung haben kann. Mitunter erfordert dies nicht nur, sich auf die Menschen einzulassen, die Gegenstand seines Forschungsinteresses sind, sondern auch, wie bereits erwähnt, ein strategisches ‚Methodologisches Impression Management' (Gengler/Ezzell 2017) zu bedenken.

162 Forscher behandeln Feldteilnehmer dabei auch als *Gegenstand* ihrer Berichte. Sie lassen sie aber auch als *Ko-(Re)Konstrukteure* an Interpretationen und Berichten mitarbeiten (vgl. von Unger 2013; zur Problematik dessen vgl. Horner 2000). Wenn Forscher der Auffassung sind, dass wissenschaftliche Rekonstruktionen nicht zwingend von Feldteilnehmern gebilligt werden, können sie *Gegendarstellungen* der Feldteilnehmern als Teil ihrer Forschungsberichte weiterverbreiten.

verfolgen wir – so hoffen wir nun gezeigt zu haben – dezidiert die Idee, die (Innen-)Sicht des normalen Teilnehmers an einem gesellschaftlich-kulturellen Geschehen wenigstens näherungsweise zu verstehen und (nicht teilnehmenden) Anderen verständlich zu machen. Damit verbinden wir – noch einmal ganz im Geiste Anne Honers – keineswegs den Anspruch, über andere Formen ethnographischer Arbeit zu befinden. Wir konstatieren lediglich, dass das entscheidende Qualitätskriterium für Erhebungsverfahren wie für Analysemethoden im Rahmen *unserer* ethnographischen Forschungsarbeit in der Antwort auf die Frage liegt, ob bzw. in welchem Maße sie geeignet sind, Relevanzen, Wissen und Praktiken der je Untersuchten, kurz: die Arten und Weisen, wie Menschen im Zusammenleben mit anderen *ihre* jeweilige Welt konstruieren, ihrem typisch gemeinten Sinn und ihrer objektivierten Bedeutung nach zu *re*konstruieren.

So unabdingbar uns zur Umsetzung dieses Konzepts eine möglichst breite Kenntnis geeigneter Methoden ist, um ein ethnographisches Design überhaupt angemessen entwerfen zu können und so unabdingbar es ist, die gewählten Methoden zu beherrschen, um Ethnographie praktisch betreiben zu können, so nachrangig erscheint uns für unser basales Erkenntnisinteresse – im Entscheidungsfalle – die Befolgung kanonischer Verfahrensregeln. Was die von uns protegierte Variante von Ethnographie kennzeichnet, das ist, etwas pathetisch formuliert, das Vertrauen darauf, dass letztendlich der Forscher selber sein bestes Instrument ist – bei der Datenerhebung ebenso wie bei der Datenauswertung. Darauf rekurrierend insistieren wir, wie wir im Vorhergehenden immer wieder betont haben, dezidiert auf eine sinnweltliche *Zweiteilung* des Forschungsprozesses: Einerseits muss der Forscher (teilhabepraktisch und ggf. auch emotional) möglichst intensiv in sein Feld hinein, um es optimal explorieren zu können, andererseits aber darf er naheliegenderweise sein wissenschaftsbezogenes Relevanzsystem nicht aufgeben, ohne Gefahr zu laufen, nicht mehr aus dem Feld herauszufinden. Das heißt, zum einen sehen wir uns im Feld als existenziell involvierte, unsere existenzielle Involviertheit reflektierende und diese Involviertheit perspektivisch nutzende Forscher[163]; zum anderen verstehen wir uns in der (einsamen) theoretischen Einstellung (also sozusagen am Schreibtisch) als pragmatisch distanzierte, rein kognitiv interessierte, werturteilsenthaltsame Wissenschaftler.[164] Das heißt, *im* Feld sollte der Forscher unse-

---

163 Dabei berufen wir uns durchaus auch auf die von Kurt H. Wolff herkommende Tradition der „Existential Sociology" vgl. Wolff 1976; Douglas 1976; Douglas/Johnson 1977; Kotarba/Fontana 1984; Kotarba/Johnson 2002.

164 Dabei berufen wir uns auf die Tradition der „verstehenden Soziologie", wie sie, unter Bezugnahme auf Max Weber, von Alfred Schütz programmatisch ausgearbeitet und von Thomas Luckmann pointiert worden ist und in diesem für unsere eigene Arbeit konstitutiven theoretischen „Kosmion" (Srubar 1988) inzwischen insbesondere von Hans-Georg

res Erachtens idealer Weise ‚einer werden (können), wie…', in der theoretischen Einstellung hingegen sollte er sich sozusagen absichtsvoll ‚dumm' stellen gegenüber *allen* (auch und insbesondere seinen eigenen) Alltagsgewissheiten des „Denkens-wie-üblich", des „Und-so-weiter", der „Vertauschbarkeit der Standpunkte" (vgl. Schütz 2010a) usw. – und vor allem gegenüber deren normativen Implikationen.[165] Die besondere methodische Kompetenz besteht mithin darin, erkenntnisoptimierend zwischen existenzieller Nähe und analytischer Distanz zu changieren. Dass damit eher ein mehr oder weniger häufiges, mehr oder weniger kurzzeitiges Changieren zwischen den Subsinnwelten des Alltags und der Theorie (vgl. Schütz 2003a) als eine klare zeitliche Aufeinanderfolge, dass also eben eher ein ‚zirkulärer' und kein ‚linearer' Erkenntnisprozess (vgl. Spradley 1979 und 1980) gemeint ist, haben wir ebenfalls erläutert (und das sollte in den beiden Anwendungsbeispielen auch deutlich geworden sein).[166]

Für den lebensweltanalytisch orientierten Ethnographen, so Anne Honer (1989, S. 300, FN 7), impliziert das alles unabdingbar, dass er sich einlassen muss auf unerwartete Erfahrungen, dass er bereit sein muss, sich verwirren zu lassen, Schocks zu erleben, eigene Moralvorstellungen (vorübergehend) auszuklammern, Vor-Urteile zu erkennen und aufzugeben, kurz: dass er eine *maximale* Bereitschaft haben muss, den anderen Sinn *so* zu verstehen, wie dieser gemeint ist, um die befremdliche Bedeutung so zu rekonstruieren, wie sie praktisch relevant wird. Deshalb eben kommt man auch aus *keinem* Feld so heraus, wie man hineingegangen ist. In der dergestalt beabsichtigten und absichtsvollen ‚professionellen Schizophrenie', im pointierten (Hin-und-Her-)Springen zwischen Sub-Sinnwelten, kommt das ebenfalls bereits genannte grundstrukturelle „Doppelgängertum" des Menschen (im Sinne von Plessner 1985) methodologisch zum Tragen.

Diese „Befremdung der eigenen Kultur" (Hirschauer/Amann 1997) dient vor allem dazu, die Relativität sozialer Konstruktionen jedweder Art zu erkennen, denn aus dem Wechsel zwischen den Weltsichten resultiert eben jene analytisch so fruchtbare Position des „marginal man", wie ihn Everett V. Stone-

---

Soeffner vertreten wird: vgl. Weber 1973; Schütz 2004a; Luckmann 2007d; Soeffner 1992, 2004a und 2014a; dazu auch Hitzler 1993b.

165 Epistemologisch gesehen geht es dabei, wie mehrmals erwähnt, um „Urteilsenthaltung", um die sogenannte Epoché (Husserl, passim).

166 Gleichwohl nochmals: Technisch gesehen impliziert das Konzept des zirkulären bzw. spiralförmigen Erkenntnisprozesses, dass auf das – wie auch immer entstandene – Forschungsinteresse bezogen, zunächst möglichst viele, möglichst mannigfaltige Daten zusammengetragen und analysiert werden. Auf der Basis dieser Datenauswertung werden dann gezielter, nämlich im Hinblick auf ihre mutmaßliche theoretische Relevanz, weitere Daten ausgewählt und interpretiert – und zwar so lange, bis das Erkenntnisinteresse befriedigt ist oder der Forschungsprozess aus anderen Gründen abgebrochen bzw. zu einem Ende gebracht werden muss.

quist (1961) eindringlich propagiert hat: Diesem Grenzgänger sind – strukturell aufgrund seiner Doppelpositionierung und individuell dann, wenn er fähig ist, zwischen den rigide differenten Bezugsrahmen bzw. Relevanzsystemen, die ihm qua Teilnahme sowohl an der Praxis seines jeweiligen Feldes als auch qua Teilhabe an der Praxis seiner „scientific community" zugänglich sind, hin und her zu wechseln – Einsichten in die Relativität jeweiliger Relevanzsetzungen möglich, die dem ‚Eingeborenen' *hier wie da*, der keine Alternativen kennt oder wahrnimmt oder zur Kenntnis zu nehmen bereit ist, verschlossen sind (vgl. auch Park 1950a; Schütz 2011; Berger 1983; Douglas 1976, S. 120). Damit aber wächst ihm – allen Umsetzungs- und Vollzugsproblemen zum Trotz – unter anderem auch die ganz praktische Aufgabe zu, *als* eine Art ‚Übersetzer' zwischen all den je ‚eigensinnigen' Welten zu fungieren, die wir ‚heute' in unserer bzw. als deren Insgesamt wir unsere Gesellschaft ‚heute' vorfinden.

Angesichts des offenen Ausgangs einer jeden Feldforschung erscheint es uns dabei als geboten – und das sollte auch im Rahmen eines Methodenbuches betont werden – nicht nur und im Zweifelsfall noch nicht einmal vor allem *methodisch* korrekt zu arbeiten und nicht nur ‚Fakten' aus dem Feld mit zurückzubringen, sondern Ethnographie als komplexes und darin anspruchsvolles Kunsthandwerk zu verstehen, bei dem es vor allem darum geht, anderen Weltsichten gerecht zu werden und *dadurch* neue (wissenschaftliche) Ideen zu generieren, denn

> „Jeder, der kein kompletter Idiot ist, kann Feldforschung machen. Und wenn die Menschen, bei denen er forscht, zuvor noch nicht studiert wurden, dann kann er nicht anders, als einen originellen Beitrag zum Wissen zu leisten. Aber wird es [ein Beitrag] zum theoretischen oder nur zum sachlichen Wissen? Jeder kann einen neuen Fakt generieren; die Sache ist, eine neue Idee hervorzubringen" (Evans-Pritchard 1976, S. 243; eigene Übersetzung).

Im konsequenten Interesse an der Binnenperspektive sehen wir dergestalt einen ‚abduktiven Blitzableiter' für Ideen und *die* (oder doch zumindest *eine*) Lösung der Krise der Repräsentation und Legitimation in der Ethnographie. Die Herausforderung feldsinnadäquater Ethnographie wird. u. E. von anderen Ansätzen nur unzureichend gelöst, weil diese entweder unzureichend auf Vertrautheit mit dem Feld achten oder weil dabei Vorannahmen nicht hinreichend suspendiert und die Interpretationsleistung nicht hinreichend methodisch kontrolliert reflektiert wird. Unser Interesse am subjektiven Sinn (und damit unser Beharren auf einem ‚dicken' Subjekt) gründet in der Einsicht, „dass die objektiven Eigenschaften historisch sozialer Wirklichkeit auf den universalen Strukturen subjektiver Orientierung in der Welt beruhen" (Luckmann 1979, S. 200). Dieses Interesse zu verfolgen erfordert die von uns dargestellten Verfahren, die in ihrer Gesamtheit lebensweltanalytische Ethnographie als solche methodologisch-methodisch spezifizieren (und in der Transparenz der Verfahrensschritte und der Reflexion der Konsequenzen derselben liegen u. E. die grundlegenden Kriterien für die Güte ihrer Anwendung; vgl. Eisewicht/Grenz 2018). Zugespitzt formuliert: Lebensweltanalytische Ethnographie ist weder Ethnographie schlechthin noch eine von uns als schlechthin ‚überlegen' angesehene Variante ethnographischen Arbeitens. Das impliziert auch, dass sie für viele sozialwissenschaftliche Fragestellungen nicht geeignet ist. Sie ist aber der einzige ethnographische Ansatz, der die epistemologischen Probleme nicht vernachlässigt, welche mit der Rekonstruktion des sinnhaften Aufbaus individueller und sozialer Lebenswelten einhergehen.

Literatur

Abbot, Andrew (2004): Methods of Discovery. New York: W. W. Norton.

Adams, Tony E./Ellis, Carolyn/Bochner, Arthur P./Ploder, Andrea/Stadlbauer, Johanna (2018): Autoethnografie in der Psychologie. In: Mey, Günter/Mruck, Katja (Hrsg.): Handbuch Qualitaitve Sozialforschung in der Psychologie. Wiesbaden: Springer VS, S. 1-22.

Adler, Patricia A./Adler, Peter (1987): Membership Roles in Field Research. Thousand Oaks: Sage.

Agar, Michael H. (1980): The Professional Stranger. Orlando: Academic Press.

Allport, Gordon (1955): Becoming: Basic Considerations for a Psychology of Personality. New Haven: Yale University Press.

Allport, Gordon (1968): The Person in Psychology. Boston: Beacon Press.

Almqvist, Björn/Lindblad, Tobias Berenthin/Nyström, Mikael/Sjöstrand, Torkel (2014): Graffiti City. Material, Style, Technik. Igling: Michael Fischer.

Apoifis, Nicholas (2017): Fieldwork in a furnace. Anarchists, anti-authoritarians and militant ethnography. *Qualitative Research* 17(1): 3-19.

Appadurai, Arjun (1986): The Social Life of Things. Cambridge: Cambridge University Press.

Archiv der Jugendkulturen/Gangway (Hrsg.) (2008): Hip Hop in Berlin. Berlin: Verlag des Archivs der Jugendkulturen.

Arrantes, Lydia Maria/Rieger, Elisa (Hrsg.) (2014): Ethnographie der Sinne. Bielefeld: transcript.

Atkinson, Paul/Coffey, Amanda (Hrsg.) (2001): Handbook of Ethnography. London: Sage.

Atkinson, Paul/Amanda Coffey/Delamont, Sara (2003): Key Themes in Qualitative Research. Walnut Creek: AltaMira.

Atteslander, Peter (2003): Methoden der empirischen Sozialforschung. Berlin: De Gruyter.

Avramidis, Konstantinos/Drakopoulou, Konstantina (2012): Graffiti Crews' Potential Pedagogical Role. *Journal for Critical Education Policy Studies* 10(1): 327-340.

Bachmann, Götz (2009): Teilnehmende Beobachtung. In: Kühl, Stefan/Strodtholz, Petra/ Taffertshofer, Andreas (Hrsg.): Handbuch Methoden der Organisationsforschung. Wiesbaden: Springer VS, S. 248-271.

Bachmann-Medick, Doris (2011): Turns und Re-Turns in den Kulturwissenschaften. In: Gubo, Michael/Kypta, Martin/Öchsner, Florian (Hrsg.): Kritische Perspektiven. „Turns", Trends und Theorien. Münster: LIT, S. 128-145.

Bahrdt, Hans-Paul (1980): Gruppenseligkeit und Gruppenideologie. *Merkur* 34(2): 122-136.

Bahrdt, Hans Paul (1996): Grundformen sozialer Situationen. München: C.H. Beck.

Basler, H.D./Hüger, D./Kunz, R./Luckmann, J./Lukas, A./Nikolaus, T./Schuler, M. S. (2006): Beurteilung von Schmerz bei Demenz (BESD). *Der Schmerz* 20(6): 519-526.

Baszanger, Isabelle (1998): Interventingpainmedicine. New Brunswick: Rutgers University Press.

Baudrillard (1978): Kool Killer oder Der Aufstand der Zeichen. Berlin: Merve.

Beck, Elke (2006): Schmerzeinschätzung und Schmerzeinschätzungsinstrumente bei Menschen im Wachkoma der Remissionsphasen I-IV nach Gerstenbrand. Stuttgart: Abschlussarbeit zur Weiterbildung zur Pflegeexpertin für Menschen im Wachkoma.

Beck, Ulrich (1986): Risikogesellschaft. Auf dem Weg in eine andere Moderne. Frankfurt a. M.: Suhrkamp.

Beck, Ulrich (1994): Jenseits von Stand und Klasse. In: ders./Beck-Gernsheim, Elisabeth (Hrsg.), Riskante Freiheiten. Frankfurt a. M.: Suhrkamp, S. 43-60.

Beck, Ulrich (2008): Der eigene Gott. Frankfurt a. M.: Verlag der Weltreligionen.

Beck, Ulrich/Beck-Gernsheim, Elisabeth (Hrsg.) (1994): Riskante Freiheiten: Individualisierung in modernen Gesellschaften. Frankfurt a. M.: Suhrkamp.

Beck, Ulrich/Beck-Gernsheim, Elisabeth (2002): Individualization. Institutionalized Individualism and Its Social and Political Consequences. London: Sage.

Beck, Ulrich/Giddens, Anthony/Lash, Scott (1996): Reflexive Modernisierung. Frankfurt a. M.: Suhrkamp.

Becker, Howard S./Geer, Blanche (1957): Participant Observation and Interviewing. A Comparison. *Human Organization* 16(3): 28-32.

Becker, Howard S./Geer, Blanche/Hughes, Everett C./Strauss, Anselm L. (1961): Boys in White. Student Culture in Medical School. Piscataway: Transaction.

Behforouzi, Human (2006): Die deutsche Graffiti-Szene. Eine explorative Studie zur Phaenomenologie und zu den Aktiven im Feld, unter Beruecksichtigung strafrechtlicher, kriminologischer und kriminalpraeventiver Aspekte. Tübingen: Eigenverlag.

Bender, Carsten/Schnurnberger, Marion (2017): Zwischen Sehen und Nicht-Sehen. Eine wahrnehmungs- und lebensweltanalytische Ethnographie zur Situation von Menschen mit Sehbeeinträchtigung im Alter. Weinheim und Basel: Beltz Juventa.

Berg, Eberhard/Fuchs, Martin (Hrsg.) (1993): Kultur, soziale Praxis, Text. Die Krise der ethnographischen Repräsentation. Frankfurt a. M.: Suhrkamp.

Berger, Peter A./Hitzler, Ronald (Hrsg.) (2010): Individualisierungen. Ein Vierteljahrhundert „jenseits von Stand und Klasse"? Wiesbaden: VS.

Berger, Peter L. (1983): Das Problem der mannigfaltigen Wirklichkeiten. Alfred Schütz und Robert Musil. In: Grathoff, Richard/Waldenfels, Bernhard (Hrsg.): Sozialität und Intersubjektivität. München: Fink, S. 229-251.

Berger, Peter L./Berger, Brigitte/Kellner, Hansfried (1975): Das Unbehagen in der Modernität. Frankfurt a. M.: Campus.

Berger, Peter L./Kellner, Hansfried (1984): Für eine neue Soziologie. Frankfurt a. M.: Fischer.

Berger, Peter L./Luckmann, Thomas (1969): Die gesellschaftliche Konstruktion der Wirklichkeit. Frankfurt a. M.: Fischer.

Berger, Peter L./Luckmann, Thomas (1995): Modernität, Pluralismus und Sinnkrise. Gütersloh: Bertelsmann Stiftung.

Berger, Peter L./Pauli, Ruth (2015): Altäre der Moderne. Religion in pluralistischen Gesellschaften. Frankfurt a. M.: Campus.

Bergmann, Jörg R. (1985): Flüchtigkeit und methodische Fixierung sozialer Wirklichkeit: Aufzeichnungen als Daten der interpretativen Soziologie. In Bonß, Wolfgang/Hartmann, Heinz (Hrsg.): Entzauberte Wissenschaft. Soziale Welt, 3. Sonderband. Göttingen: Schwarz, S. 299-320.

Berreman, Gerald D. (1962): Behind Many Masks. Ethnography and Impression Management. Ithaca: Society for Applied Anthropology.

Bertschi, Stefan (2010): Im Dazwischen von Individuum und Gesellschaft. Bielefeld: transcript.

Best, Shaun (2012): Understanding and Doing Successful Research. London: Routledge.

Bienstein, Christel/Hannich, Hans-Joachim (2001): Abschlussbericht. Forschungsprojekt zur Entwicklung und Evaluation von Förderungs- und Lebensgestaltungskonzepten für Wachkoma- und Langzeitpatienten im stationären und ambulanten Bereich, anhand von zu entwickelnden Qualitätskriterien. Dorsten-Wulfen: Eigenverlag.

Blee, Kathleen M. (2000): White on white. Interviewing Women in U.S. White Supremacist Groups. In: Winddance Twine, Francis/Warren, Jonathan W. (Hrsg.): Racing Research, Researching Race. New York: New York University Press, S. 93-109.

Blickfang Ultra (2016): Ausgabe 40, Oktober 2016. Freital: Burkhardt & Partner Verlag.

Böder, Tim/Eisewicht, Paul/Mey, Günter/Pfaff, Nicolle (Hrsg.) (2019): Stilbildungen und Zugehörigkeit. Materialität und Medialität in Jugendszenen. Wiesbaden: Springer VS.

Boelen, W.A. Marianne (1992): Street Corner Society. Cornerville revisited. *Journal of Contemporary Ethnography* 21(1): 11-51.

Bohnsack, Ralf (1999): Rekonstruktive Sozialforschung. Einführung in Methodologie und Praxis. Barbara Budrich: Opladen.

Bohnsack, Ralf (2003): Dokumentarische Methode und sozialwissenschaftliche Hermeneutik. *Zeitschrift für Erziehungswissenschaft* 6(4): 550-570.

Bohnsack, Ralf (2009): Qualitative Bild- und Videointerpretation. Die dokumentarische Methode. Barbara Budrich: Opladen.

Breidenstein, Georg/Hirschauer, Stefan/Kalthoff, Herbert/Nieswand, Boris (2013): Ethnographie. Die Praxis der Feldforschung. Konstanz: UVK.
Breuer, Franz/Muckel, Petra/Dieris, Barbara (2019): Reflexive Grounded Theory. Wiesbaden: Springer VS.
Breuer, Franz/Reichertz, Jo (2002): FQS Debates. Standards of Qualitative Social Research. *Historical Social Research* 27(4): 258-269.
Brewer, John D. (2001): Ethnography. Thousand Oaks: Sage.
Breyvogel, Wilfried (Hrsg.) (1998): Stadt, Jugendkulturen und Kriminalität. Bonn: Dietz.
Brink, Pamela J. (2003): What is Becoming of Ethnography. *Qualitative Health Research* 13(7): 1028-1030.
Brosziewski, Achim/Maeder, Christoph (2010): Lernen in der Be-Sprechung des Körpers. Eine ethnosemantische Vignette zur Kunst des Bogenschiessens. In: Honer, Anne/Meuser, Michael/Pfadenhauer, Michaela (Hrsg.): Fragile Sozialität. Inszenierungen, Sinnwelten, Existenzbastler. Wiesbaden: VS, S. 395-408.
Bruns, Bettina (2010): Grenze als Ressource. Die soziale Organisation von Schmuggel am Rande der Europäischen Union. Wiesbaden: VS.
Bryman, Alan (2016): Social Research Methods. Oxford: Oxford University Press.
Buber, Martin (1997): Das dialogische Prinzip. Gerlingen: Schneider.
Bulmer, Martin (1979): Concepts in the Analysis of Qualitative Data. *The Sociological Review* 27(4): 653-677.
Bundesgesetzblatt (2005): Neununddreißigstes Strafrechtsänderungsgesetz §§ 303, 304 StGB. Bundesgestzblatt Nr. 56: 2674.
Burawoy, Michael (1998): The Extended Case Method. *Sociological Theory* 16(1): 4-33.
Burzan, Nicole (2010): Zur Debatte um die Verknüpfung qualitativer und quantitativer Sozialforschung. In: Honer, Anne/Meuser, Michael/Pfadenhauer, Michaela (Hrsg.): Fragile Sozialität. Wiesbaden: VS, S. 93-102.
Burzan, Nicole (2015): Quantitative Methoden kompakt. Konstanz und München: UVK.
Burzan, Nicole (2016): Methodenplurale Forschung. Chancen und Probleme von Mixed Methods. Weinheim und Basel: Beltz Juventa.
Burzan, Nicole/Hitzler, Ronald (2016): Materiale Analysen als methodenplurales Konzept. Einleitung. In: Burzan, Nicole/Ronald Hitzler/Heiko Kirschner (Hrsg.): Materiale Analysen. Methodenfragen in Projekten. Wiesbaden: Springer VS, S. 1-10.
Burzan, Nicole/Hitzler, Ronald (Hrsg.): Typologische Konstruktionen. Prinzipien und Forschungspraxis. Wiesbaden: Springer VS.
Campbell, Elisabeth/Lassiter, Luke Eric (2015): Doing Ethnography Today. Malden: Wiley Blackwell.
Campos, Cristian (2010): 1000 Ideas for Graffiti and Street Art. Beverly: Rockport Publishers.
Cassell, Joan (1988): The Relationship of Observer to Observed when studying up. In: Burgess, Robert G. (Hrsg.): Studies in Qualitative Methodology. Conducting Qualitative Research. Greenwich: Jai Press, S. 89-108.
Castleman, Craig (1982): Getting Up. Subway Graffiti in New York. Cambridge: MIT Press.
Charmaz, Kathy (2006): Constructing Grounded Theory. Thousand Oaks: Sage.
Clair, Robin Patric (Hrsg.) (2003): Expressions of Ethnography. Albany: Sunny Press.
Clarke, Adele E. (2005): Situational Analysis. Thousand Oaks: Sage.
Clarke, John/Jefferson, Tony (2007): Working Class Youth Cultures. In: Gray, Ann/Campbell, Jan/Erickson, Mark/Hanson, Stuart/Wood, Helen (Hrsg.): CCCS Selected Working Papers. Volume 2. Oxon: Routledge, S. 200-218.
Clifford, James (1983): On ethnographic authority. *Representations* 1(2): 118-146.
Clifford, James/Marcus George E. (1986): Writing Culture. Berkeley: University of California Press.
Clough, Patricia Ticineto (1992): The end(s) of ethnography. From realism to social criticism. Newbury Park: Sage.

Coffey, Amanda/Holbrook, Beverley/Atkinson, Paul (1996): Qualitative Data Analysis: Technologies and Representations. *Sociological Research Online* 1(1), http://www.socresonline.org.uk/1/1/4.html.
Corbin, Juliet/Strauss, Anselm (2008): Basics of Qualitative Research. Thousand Oaks: Sage.
Crabtree, Andrew/Rouncefield, Mark/Tolmie, Peter (2012): Doing Design Ethnography. London: Springer.
Crang, Mike A./Cook, Ian (2007): Doing Ethnographies. London: Sage.
Därmann, Iris (2014): Kraft der Dinge. Phönomenologische Skizzen. Paderborn: Wilhelm Fink.
Dawe, Alan (1970): The Two Sociologies. *British Journal of Sociology* 11(2): 207-218.
Dechmann, Manfred D. (1978): Teilnahme und Beobachtung als soziologisches Basisverhalten. Bern: Paul Haupt.
Dellwing, Michael/Prus, Robert (2012): Einführung in die interaktionistische Ethnografie. Soziologie im Außendienst. Wiesbaden: Springer VS.
De Munck, Victor C. (1998): Participant Observation. A Thick Explanation of Conflict in a Sri Lankan Village. In: ders./Sobo, Elisa J. (Hrsg.): Using Methods in the Field. Lanham: Rowman & Littlefield, S. 39-54.
DeNora, Tia (2014): Making Sense of Reality. London: Sage.
Denzin, Norman K. (1992): Whose Cornerville is it, anyway? *Journal of Contemporary Ethnography* 21(1): 120-132.
Denzin, Norman K. (1997): Interpretative Ethnography. Tousand Oaks: Sage.
Denzin, Norman K./Lincoln, Yvonna (1994): Introduction. Entering the field of qualitative research. In: dies. (Hrsg.): Handbook of Qualitative Research. Thousand Oaks: Sage, S. 1-17.
Deppermann, Arnulf (2013): Interview als Text vs. Interview als Interaktion. In: *Forum Qualitative Sozialforschung* 14(13), Art. 13.
Dew, Christine (2008): Uncomissoned Art. An A-Z of Australian Graffiti. Melbourne: Melbourne University Publishing.
DeWalt, Kathleen M./DeWalt, Billie R. (2012): Participant Observation: A Guide for Fieldworkers Lanham MD: AltaMira Press.
Diekmann, Andreas (2007): Empirische Sozialforschung. Grundlagen, Methoden, Anwendungen. Frankfurt a. M.: Rowohlt.
Dillman, Don A. (1978): Mail and Telephone Surveys. The Total Design Method. New York: John Wiley & Sons.
Dorfmüller, M. (1992): Die Problematik des Langzeitpatienten auf Intensivstationen. *Deutsche Krankenpflegezeitschrift* 45(7): 466-470.
Douglas, Jack D. (1976): Investigative Social Research. Individual and team field research. Beverly Hills, London: Sage.
Douglas, Jack D./Johnson, John M. (Hrsg.) (1977): Existential Sociology. Cambridge: Cambridge University Press.
Dreßke, Stefan/Göckenjan, Gerd (2009): Schmerz und Rollenübernahme. Überlegungen zur Funktion und Deutung von Schmerzen in der medizinischen Rehabilitation und der Sterbendenversorgung. *Psychologie und Gesellschaftskritik* 33(3): 91-109.
Dumit, Joseph (2003): Picturing Personhood. Brain Scans and Biomedical Identity. Princeton: Princeton University Press.
Durkheim, Emile (1984): Die Regeln der soziologischen Methode. Frankfurt a. M.: Suhrkamp.
Durkheim, Emile (1999): Erziehung, Moral und Gesellschaft. Frankfurt a. M.: Suhrkamp.
Eberle, Thomas S. (1999): Sinnadäquanz und Kausaladäquanz bei Max Weber und Alfred Schütz. In: Hitzler, Ronald/Reichert, Jo/Schröer, Norbert (Hrsg.): Hermeneutische Wissenssoziologie. Konstanz: UVK, S. 97-119.
Eberle, Thomas S. (2000): Lebensweltanalyse und Handlungstheorie. Konstanz: UVK.
Eberle, Thomas S. (2013): Phenomenology as a Research Method. In: Flick, Uwe (Hrsg.): The Sage Handbook of Qualitative Data Analysis. London: Sage, S. 184-202.

Eberle, Thomas S. (2015a): Phänomenologie der olfaktorischen Wahrnehmung. Ein Beitrag zur Synästhesie der Sinne. In: Hitzler, Ronald (Hrsg.): Hermeneutik als Lebenspraxis. Weinheim und Basel: Beltz Juventa, S. 22-34.

Eberle, Thomas S. (2015b): Exploring Another's Subjective Life-World: A Phenomenological Approach. *Journal of Contemporary Ethnography* 44(5): 563-579.

Eberle, Thomas S. (2016): Phänomenologische Ansätze ethnographischer Approximation. In: Hitzler, Ronald/Kreher, Simone/Poferl, Angelika/Schröer, Norbert (Hrsg.): Old School –New School? Zur Frage der Optimierung ethnographischer Datengenerierung. Essen: Oldib, S. 51-67.

Ecarius, Jutta/Eulenbach, Marcel/Fuchs, Thorsten/Walgenbach, Katharina (2011): Jugend und Sozialisation. Wiesbaden: VS.

Eckert, Roland/Reis, Christa/Wetzstein, Thomas A. (2000): „Ich will halt anders sein wie die anderen." Abgrenzung, Gewalt und Kreativität bei Jugendlichen. Opladen: Leske + Budrich.

Eisewicht, Paul (2013): Vom Sketch zum Piece. Kompetenzerwerb in Szenen am Beispiel von Graffiti. In: Eberhard, Daniel Mark/Ruile, Anna Magdalena (Hrsg.): ‚each one teach one' Inklusion durch kulturelle Bildung im Kontext von Jugendszenen. Marburg: Tectum, S. 149-173.

Eisewicht, Paul (2015): „Follow the white rabbit" Forschungsperspektive und Zugang im Kontext von Illegalität. In: Poferl, Angelika/Reichertz, Jo (Hrsg.): Wege ins Feld. Methodologische Aspekte des Feldzugangs. Essen: Oldib, S. 217-233.

Eisewicht, Paul (2016a): Die Sicht der Dinge – Konzeptualisierung einer ethnographischen Artefaktanalyse anhand der Frage nach der Materialität von Zugehörigkeit. In: Hitzler, Ronald/ Burzan, Nicole/Kirschner, Heiko (Hrsg.): Materiale Analysen. Wiesbaden: Springer VS, S. 111-128.

Eisewicht, Paul (2016b): Zur Kartographierung ethnographischer Forschungsprogramme. In: Hitzler, Ronald/Kreher, Simone/Poferl, Angelika/Schroer, Norbert (Hrsg.): Old School – New School? Zur Frage der Optimierung ethnographischer Datengenerierung. Essen: Oldib.

Eisewicht, Paul (2018a): Zugehörigkeit und Zusammengehörigkeit in der Moderne – über Qualitäten posttraditionaler Gesellungsgebilde. In: Neuland, Eva/Schlobinski, Peter (Hrsg.): Handbuch Sprache in sozialen Gruppen. Handbücher Sprachwissen (HSW), Band 9. Berlin: DeGruyter, S. 17-34.

Eisewicht, Paul (2018b): Ins Feld stürzen oder planvoller Zugriff. Wie hemdsärmelig war und ist die Ethnographie? In: Hitzler, Ronald/Klemm, Matthias/Kreher, Simone/Poferl, Angelika/Schröer, Norbert (Hrsg.): Herumschnüffeln, Aufspüren, Einfühlen. Ethnographie als ‚hemdsärmelige' und reflexive Praxis. Essen: Oldib, S. 437-445.

Eisewicht, Paul (2018c): Schreibtischarbeit. Varianten interpretativer Typenbildung. In: Burzan, Nicole/Hitzler, Ronald (Hrsg.): Typologische Konstruktionen. Wiesbaden: Springer VS, S. 13-32.

Eisewicht, Paul (2020, i.V.): Konsolidierung der Ethnographie. Methodenorientierte Standardwerke in den 1970er und 1980er Jahren. In: Poferl, Angelika/Schröer, Norbert (Hrsg.): Handbuch Ethnographie. Wiesbaden: Springer VS.

Eisewicht, Paul/Dietrich, Marc (2019): Kopfnicker, Gangsigns und Bounce: Authentifizierende musikbegleitende Körperpraktiken im Rap. In: Böder, Tim/Eisewicht, Paul/Mey, Günter/Pfaff, Nicolle (Hrsg.): Stilbildung und Zugehörigkeit. Medialität und Materialität in Jugendszenen. Wiesbaden: Springer VS, S. 205-224.

Eisewicht, Paul/Emmling, David/Grenz, Tilo (2015): Auf feindlichem Terrain. Gewissheiten und Irritationen infolge existentieller Eingebundenheiten. In: Hitzler, Ronald/Gothe, Miriam (Hrsg.): Ethnographische Erkundungen. Wiesbaden: Springer VS, S. 231-253.

Eisewicht, Paul/Grenz, Tilo (2010): ‚Frei und auf den Beinen und gefangen will ich sein' Über die Indies. Berlin: Verlag des Archivs der Jugendkulturen.

Eisewicht, Paul/Grenz, Tilo (2018): Die (Un)Möglichkeit allgemeiner Gütekriterien in der Qualitativen Forschung – Replik auf den Diskussionsanstoß zu „Gütekriterien qualitativer Forschung" von Jörg Strübing, Stefan Hirschauer, Ruth Ayaß, Uwe Krähnke und Thomas Scheffer. *Zeitschrift für Soziologie* 47(5), 364-373.

Eisewicht, Paul/Grenz, Tilo/Pfadenhauer, Michaela (Hrsg.) (2012): Techniken der Zugehörigkeit. Karlsruhe: KIT Scientific Publishing.

Eisewicht, Paul/Hitzler, Ronald (2019): Diesseits der prinzipiellen Lösungen. Moralische Eigenverantwortlichkeit sozialwissenschaftlich Forschender im Kontext von Wissenschaftsverständnis, Feldgegebenheiten und gesellschaftlicher In-Pflicht-Nahme. In: Joller, Stefan/Stanisavljevic, Marija (Hrsg.): Moralische Kollektive. Theoretische Grundlagen und empirische Einsichten. Wiesbaden: Springer VS, S. 137-152.

Eisewicht, Paul/Kirschner, Heiko (2015): Giving In on the Field: Localizing Life-World Analytic Ethnography in Mediatized Fields. *Journal of Contemporary Ethnography* 44(5): 657-673.

Eisewicht, Paul/Niederbacher, Arne/Hitzler, Ronald (2016): Laboratorium statt Moratorium. Von der Peerkultur der Gleichaltrigen zum Szeneleben der Gleichartigen. In: Köhler, Sina-Mareen/Krüger, Heinz-Hermann/Pfaff, Nicolle (Hrsg.): Handbuch Peerforschung. Opladen: Verlag Barbara Budrich, S. 291-304.

Eisewicht, Paul/Nowodworski, Pao/Scheurer, Christin/Steinmann, Nico (2018a): Inszenierung von Zugehörigkeit – eine ethnographische Perspektive. In: Jubri-Forschungsverbund Techniken jugendlicher Bricolage (Hrsg.) (2018): Szenen, Artefakte und Inszenierungen. Interdisziplinäre Perspektiven. Wiesbaden: Springer VS, S. 175-214.

Eisewicht, Paul/Nowodworski, Pao/Scheurer, Christin/Steinmann, Nico (2018b): Seeing is Believing?! Potenziale und Grenzen des vergleichenden Sehens im Video. In: Moritz, Christine/Corsten, Michael (Hrsg.): Handbuch Qualitative Videoanalyse. Wiesbaden: Springer VS, S. 305-329.

Eisewicht, Paul/Pfadenhauer, Michaela (2015): Freizeitliche Gesellungsgebilde? Subkulturen, Teilkulturen und Szenen. In: Freericks, Renate/Brinkmann, Dieter (Hrsg.): Handbuch Freizeitsoziologie. Wiesbaden: Springer VS, S. 489-512.

Eisewicht, Paul/Wustmann, Julia/Pfadenhauer, Michaela (2016): Authentizität – ein Element kompetenter Zugehörigkeit zu Szenen. In: Kreutzer, Ansgar/Niemand, Christoph (Hrsg.): Authentizität – Modewort, Leitbild, Konzept. Theologische und humanwissenschaftliche Erkundungen zu einer schillernden Kategorie. Regenburg: Friedrich Pustet, S. 67-87.

Ekman, Paul (2007): Gefühle lesen. Heidelberg: Spektrum Akademischer Verlag.

Ellis, Carolyn/Adams, Tony E./Bochner, Arthur P. (2011): Autoethnography. An Overview. *Forum Qualitative Sozialforschung* (FQS) 12(1): Art. 10.

Emerson, Robert M. (Hrsg.) (1983): Contemporary Field Research. A Collection of Readings. Boston, Toronto: Little, Brown and Company.

Emerson, Robeet M./Fretz, Rachel I./Shaw, Linda L. (2011): Writing ethnographic fieldnotes. Chicago: University of Chicago Press.

Endreß, Martin (1999): Alfred Schütz. In: Kaesler, Dirk (Hrsg.): Klassiker der Soziologie. Band 1. München: Beck.

Endreß, Martin (2006): Alfred Schütz. Konstanz: UVK.

Erbslöh, Eberhard (1972): Techniken der Datensammlung 1: Das Interview. Stuttgart: B.G. Teubner.

Erickson, Ken C./Stull, Donald D. (1998): Doing Team Ethnography. London: Sage.

Evans-Prittchard, Edward Evan (1940): The Nuer. Oxford: Oxford University Press.

Evans-Prittchard, Edward Evan (1976): Witchcraft, Oracles, and Magic among the Azande. Oxford: Oxford University Press.

Felisbret, Eric (2009): Graffiti New York. New York: Abrams.

Ferrell, Jeff (1996): Crimes of Style. Urban Graffiti and the Politics of Criminality. Boston: Northeastern University Press.

Ferrell, Jeff (1998): Criminological Verstehen: Inside the Immediacy of Crime. In: ders./Hamm, Mark S. (Hrsg.): Ethnography at the Edge. Boston: Northeastern University Press, S. 20-42.

Ferrell, Jeff/Hamm, Mark S. (1998): True Confessions. Crime, Deviance, and Field Research. In: dies. (Hrsg.): Ethnography at the Edge. Boston: Northeastern University Press, S. 2-19.

Fetterman, David M. (2009): Ethnography Step-by-Step. Thousand Oaks: Sage.

Forsey, Martin G. (2010): Ethnography and the myth of participant observation. In: Hillyard, Sam (Hrsg.): New Frontiers in Ethnography. Bingley: Emerald, S. 65-80.
Förster, Larissa/Youkhana, Eva (2015): Grafficity. Visual Practices and Contestations in Urban Space. Paderborn: Wilhelm Fink.
Frake, Charles O. (1981): Die ethnographische Erforschung kognitiver Systeme. In: Arbeitsgruppe Bielefelder Soziologen (Hrsg.): Alltagswissen, Interaktion und gesellschaftliche Wirklichkeit. Opladen: Westdeutscher Verlag, S. 323-337.
Froschauer, Ulrike (2009): Artefaktanalyse. In: Kühl, Stefan/Strodtholz, Petra/Taffertshofer, Andreas (Hrsg.): Handbuch Methoden der Organisationsforschung. Wiesbaden: VS, S. 326-347.
Froschauer, Ulrike/Lueger, Manfred (2007): Film-, Bild- und Artefaktanalyse. In: Straub, Jürgen/Weidemann, Arne/Weidemann, Doris (Hrsg.): Handbuch interkulturelle Kommunikation und Kompetenz. Grundbegriffe – Theorien – Anwendungsfelder. Stuttgart: Metzler, S. 428-439.
Fuchs, Peter (2004): Das Fehlen von Sinn und Selbst. Überlegungen zu einem Schlüsselproblem im Umgang mit schwerst behinderten Menschen. Online unter: http://www.fen.ch/texte/gast_fuchs_behinderung-selbst.pdf (zuletzt aufgerufen am 17.5.2016)
Gallagher, Schaun (2012): Phenomenology. Hampshire und New York: Pallgrave Macmillan.
Ganter, Christoph Jeroo (2013): Graffiti School. Der Weg zum eigenen Style. München: Prestel.
Garfinkel, Harold (1967): Studies in Ethnomethodology. Englewood Cliffs: Prentice Hall.
Garson, John George/Read, Charles Hercules (1892): Notes and Queries on Anthropology edited for the Council of the Anthropological Institute. London: Anthropological Institute.
Garz, Detlef/Kraimer, Klaus (Hrsg.) (1994): Die Welt als Text. Frankfurt a. M.: Suhrkamp.
Geason, Susan/Wilson, Paul R. (1990): Preventing graffiti and vandalism. Canberra: Australian Institute of Criminology.
Gebhardt, Winfried (1996): Die Magie der Gemeinschaft. In: Brückner, Wolfgang/Grass, Nikolaus (Hrsg.): Jahrbuch für Volkskunde NF 19. Würzburg: Echter, S. 196-208.
Gebhardt, Winfried (1999), „Warme Gemeinschaft“ und „kalte Gesellschaft“. In: Meuter, Günter/Otten, Henrique Ricardo (Hrsg.): Der Aufstand gegen den Bürger. Würzburg: Königshausen & Neumann, S. 165-184.
Geertz, Clifford (1973): The Interpretation of Cultures. New York: Basic Books.
Geertz, Clifford (1983): Local Knowledge. New York: Basic Books.
Geertz, Clifford (1984): From the Native's Point of View. In: Shweder, R./LeVine, R. (Hrsg.): Culture Theory. Cambridge: Cambridge University Press, S. 123-136.
Geimer, Alexander (2011): Performance Ethnography und Autoethnography. *Zeitschrift für Qualitative Forschung* 12(2): 299-320.
Gengler, Amanda M./Ezzell, Matthew B. (2018): Methodological Impression Management in Ethnographic Research. *Journal of Contemporary Ethnography* 47(6): 807-833.
Gibson, James J. (1977): The theory of affordances. In: Shaw, Robert/Bransford, John (Hrsg.): Perceiving, acting, and knowing. Hoboken: John Wiley & Sons, S. 127-143.
Gilham, Bill (2008): Observation Techniques. Structured to Unstructured. London: Continnuum-3pl.
Gillet, Grant (1986): Why let people die? *Journal of Medical Ethics* 12: 83-86.
Glaser, Barney (1978): Theoretical Sensitivity. San Francisco: Sociology Press.
Glaser, Barney/Strauss, Anselm (1967): The Discovery of Grounded Theory. Chicago: Weidenfeld and Nicolson.
Glaser, Barney/Strauss, Anselm (1965): Awareness of Dying. Chicago: Aldine.
Gobo, Giampetro (2008): Doing Ethnography. London: Sage.
Goetz, Judith P./LeCompte, Margaret D. (1984): Ethnography and Qualitative Design in Educational Research. New York: Academic Press.
Goffman, Alice (2014): On the Run. Fugitive Life in an American City. Chicago: University of Chicago Press.
Goffman, Erving (1953): Communication Conduct in an Island Community. University of Chicago: unveröffentlichte Dissertation.

Goffman, Erving (1971): Verhalten in sozialen Situationen. Gütersloh: Bertelsmann.
Goffman, Erving (1974): Das Individuum im öffentlichen Austausch. Mikrostudien zur öffentlichen Ordnung. Frankfurt a. M.: Suhrkamp.
Goffman, Erving (1977): Rahmen-Analyse. Frankfurt a. M.: Suhrkamp.
Goffman, Erving (1982): Das Individuum im öffentlichen Austausch. Frankfurt a. M.: Suhrkamp.
Goffman, Erving (2009): Interaktion im öffentlichen Raum. Frankfurt a. M.: Campus.
Gold, Raymond L. (1958): Roles in sociological field observations. *Social Forces* 36(3): 217-223.
Gomez, Marisa A. (1993): The writing on our walls: finding solutions through distinguishing graffiti art from graffiti vandalism. *University of Michigan Journal of Law Reform* 26(3): 633-707.
Grathoff, Richard (1989): Milieu und Lebenswelt. Frankfurt a. M.: Suhrkamp.
Green, Adam Isaiah (2007): Queer Studies and Sociology. Locating the Subject and the Self in Sexuality Studies. *Sociological Theory* 25(1): 26-45.
Grenz, Tilo (2016): Spuren der Soziologiegeschichte. Prozessorientierte Analysen Kommunikativer Wissenskulturen. In: Moebius, Stephan/Ploder, Andrea (Hrsg.): Handbuch Geschichte der deutschsprachigen Soziologie. Band 2. Forschungsdesigns, Theorien und Methoden. Wiesbaden: Springer VS, S. 115-130.
Grenz, Tilo (2017): Mediatisierung als Handlungsproblem. Eine wissenssoziologische Studie zum Wandel materialer Kultur. Wiesbaden: Springer VS.
Grenz, Tilo (2018): Präsenstechniken und ihre Spuren. Zur soziologischen Vergegenwärtigung von Zukunft. *Blätter für Technikgeschichte* 80: 13-30.
Grenz, Tilo/Don, Igor (2015): Team-Ethnographie im Spannungsfeld zwischen teilnehmender Beobachtung und beobachtender Teilnahme. In: Poferl, Angelika/Reichertz, Jo (Hrsg.): Wege ins Feld – methodologische Aspekte des Feldzugangs. Essen: Oldib, S. 313-333.
Grenz, Tilo/Eisewicht, Paul (2012): Taking the Leap of Faith. Gemeinsamkeit, Zugehörigkeit und Zusammengehörigkeit im Spiegel der Technik. In: Eisewicht, Paul/Grenz, Tilo/Pfadenhauer, Michaela (Hrsg.): Techniken der Zugehörigkeit. Karlsruhe: KIT Scientific Publishing, S. 239-259.
Grenz, Tilo/Eisewicht, Paul (2019): Herausforderungen einer materialitätssensiblen Wissenssoziologie. In: Hitzler, Ronald/Reichertz, Jo/Schröer, Norbert (Hrsg.): Kritik der Hermeneutischen Wissenssoziologie. Problematisierungen, Entwicklungen und Weiterführungen. Weinheim und Basel: Beltz Juventa, S. 216-229.
Grewe, Henny A. (2012): Wachkoma: Deutungsmuster eines irritierenden Phänomens. In: Schröer, Norbert/Hinnenkamp, Volker/Kreher, Simone/Poferl, Angelika (Hrsg.): Lebenswelt und Ethnographie. Essen: Oldib, S. 367-378.
Grewe, Henny A./Hitzler, Ronald (2017): Die unerbittliche Gegenwärtigkeit der Vergänglichkeit des Körpers. Zur Entsinnung eines Menschen im sogenannten Wachkoma. In: Keller, Reiner/Meuser, Michael (Hrsg.): Alter(n) und vergängliche Körper. Wiesbaden: Springer VS, S. 255-276.
Gross, Friederike von (2007): Der Erwerb einkommensrelevanter Leistungskompetenzen in Jugendkulturen am Beispiel der Visual Kei-Szene. In: Mansel, Jürgen/Kahlert, Heike (Hrsg.): Arbeit und Identität im Jugendalter. Weinheim und München: Juventa, S. 183-200,
Gross, Peter (1994): Die Multioptionsgesellschaft. Frankfurt a. M.: Suhrkamp.
Gross, Peter (2007): Jenseits der Erlösung. Bielefeld: transcript.
Grün, Andreas (2016): Ultras und Graffiti. Ein Aufeinandertreffen zweier Subkulturen. In: Duttler, Gabriel/Haigis, Boris (Hrsg.): Ultras. Eine Fankultur im Spannungsfeld unterschiedlicher Subkulturen. Bielefeld: transcript, S. 157-171.
Gubrium, Jaber F. (1988): Analyzing Field Reality. London: Sage.
Gugutzer, Robert (2002): Leib, Körper und Identität. Wiesbaden: VS.
Gugutzer, Robert (2012): Verkörperungen des Sozialen. Bielefeld: transcript.
Gugutzer, Robert (2017): Leib und Situation. Zum Theorie- und Forschungsprogramm der Neophänomenologischen Soziologie. *Zeitschrift für Soziologie* 46(3): 147-166.
Gurwitsch, Aron (1976): Die mitmenschlichen Begegnungen in der Milieuwelt. Berlin: De Gruyter.

Haas, Hannes (1999): Empirischer Journalismus. Wien: Böhlau.
Häder, Michael (2006): Empirische Sozialforschung. Eine Einführung. Wiesbaden: Springer VS.
Hahn, Hans Peter (2013): Ethnologie. Frankfurt a. M.: Suhrkamp.
Hahn, Hans Peter (2005): Materielle Kultur. Berlin: Reimer.
Hahn, Hans Peter/Soentgen, Jens (2011): Acknowledging Substances. *Philosophy & Technology* 24(1): 19-33.
Halsey, Mark/Young, Alison (2006): ‚Our desires are ungovernable'. Writing graffiti in urban spaces. Theoretical Criminology 10(3): 275-306.
Hamm, Mark S. (1993): American Skinheads: The Criminology and Control of Hate Crime. Westport: Praeger.
Hammersley, Martyn (2017): What is ethnography? Can it survive? Should it? *Ethnography and Education* 13(1): 1-17.
Hammersley, Martyn/Atkinson, Paul (1984): Ethnography. Principles in Practice. London: Tavistock.
Hammersley, Martyn/Atkinson, Paul (1995/2007): Ethnography. Principles in Practice. London: Routledge.
Headland, Thomas N./Pike, Kenneth L./Harris, Marvin (Hrsg.) (1990): Emics and etics. The insider/outsider debate. Newbury Park: Sage.
Heath, Christian/Hindmarsh, Jon/Luff, Paul (2016): Video in Qualitative Research. London: Sage.
Heffernan, George (1983): Bedeutung und Evidenz bei Edmund Husserl. Bonn: Bouvier.
Heidegger, Martin (1972): Sein und Zeit. Tübingen: Niemeyer.
Heintz, Bettina/Huber, Jörg (Hrsg.) (2001): Mit dem Auge denken. Wien: Springer.
Heinzel, Friederike/Thole, Werner/Cloos, Peter/Köngeter, Stefan (Hrsg.) (2010): „Auf unsicherem Terrain" Ethnographische Forschung im Kontext des Bildungs- und Sozialwesens. Wiesbaden: VS.
Held, Klaus (1985): Einleitung. In: Husserl, Edmund: Die Phänomenologische Methode. Stuttgart: Reclam, S. 5-51.
Hemmingson, Michael (2009): Auto/Ethnographies. Rockville: Borgo Press.
Hepp, Andreas/Hitzler, Ronald (2014): Mediatisierung von Vergemeinschaftung und Gemeinschaft. Zusammengehörigkeiten im Wandel. In: Krotz, Friedrich/Despotovic, Cathrin/Kruse, Merle-Marie (Hrsg.): Die Mediatisierung sozialer Welten. Synergien empirischer Forschung. Wiesbaden: Springer VS, S. 35-52.
Hertl, Michael (1993): Ausdrucksphänomene als Äquivalent seelischer Inhalte und Vorgänge. In: ders. (Hrsg.): Der Gesichtsausdruck des Kranken. Stuttgart: Thieme, S. 181-219.
Hicks, Dan (2010): The Material-Cultural Turn. Event and Effect. In: ders./Beaudry, Mary C. (Hrsg.): The Oxford Handbook of Material Culture Studies. Oxford: Oxford University Press, S. 25-98.
Hildenbrand, Bruno (1983): Alltag und Krankheit. Stuttgart: Klett-Cotta.
Hirschauer, Stefan (2010): Die Exotisierung des Eigenen. Kultursoziologie in ethnografischer Einstellung. In: Wohlrab-Sahr, Monika (Hrsg.): Kultursoziologie. Wiesbaden: VS, S. 207-225.
Hirschauer, Stefan/Amann, Klaus (1997): Die Befremdung der eigenen Kultur. Frankfurt a. M.: Suhrkamp.
Hitzler, Ronald (1993a): Die Wahl der Qual. Ein Einblick in die kleine Lebens-Welt des Algophilen. *Zeitschrift für Sexualforschung* 6(3): 228-242.
Hitzler, Ronald (1993b): Verstehen. Alltagspraxis und wissenschaftliches Programm. In: Jung, Thomas/Müller-Doohm, Stefan (Hrsg.): ‚Wirklichkeit' im Deutungsprozess. Frankfurt a. M.: Suhrkamp, S. 223-240.
Hitzler, Ronald (1995): Sadomasochistische Rollenspiele. Ein Beitrag zur Ethnographie algophiler Milieus. *Soziale Welt* 46(2): 138-153.
Hitzler, Ronald (1998): Posttraditionale Vergemeinschaftung. Über neue Formen der Sozialbindung. *Berliner Debatte Initial* 9(1): 81-89.

Hitzler, Ronald (1999): Konsequenzen der Situationsdefinition. In: Hitzler, Ronald/Reichertz, Jo/ Schröer, Norbert (Hrsg.): Hermeneutische Wissenssoziologie. Konstanz: UVK, S. 289-308.
Hitzler, Ronald (2001): Künstliche Dummheit. In: Franz, Heike/Kogge, Werner/Möller, Torger/ Wilholt, Torsten (Hrsg.): Wissensgesellschaft. Bielefeld: IWT-Papier 25.
Hitzler, Ronald (2002): Sinnrekonstruktion. Zum Stand der Diskussion (in) der deutschsprachigen interpretativen Soziologie. *Forum Qualitative Sozialforschung* (FQS) 3(2): Art. 7.
Hitzler, Ronald (2005): Die Beschreibung der Struktur der Korrelate des Erlebens. In: Schimank, Uwe/Greshoff, Rainer (Hrsg.):Was erklärt die Soziologie? Berlin: LIT-Verlag, S. 230-240.
Hitzler, Ronald (2006): Wohin des Wegs? Ein Kommentar zur neueren Entwicklungen in der deutschsprachigen ‚qualitativen' Sozialforschung. *Forum Qualitative Sozialforschung* (FQS) 8(3): Art. 4.
Hitzler, Ronald (2007): Phänomenologie. In: Buber, Renate/Holzmüller, Hartmut H. (Hrsg.): Qualitative Marktforschung. Konzepte, Methoden, Analysen. Wiesbaden: Gabler, S. 81-92.
Hitzler, Ronald (2008): Von der Lebenswelt zu den Erlebniswelten. Ein phänomenologischer Weg in soziologische Gegenwartsfragen. In: Raab, Jürgen/Pfadenhauer, Michaela/Stegmaier, Peter/ Dreher, Jochen/Schnettler, Bernt (Hrsg.): Phänomenologie und Soziologie. Wiesbaden: VS, S. 131-140.
Hitzler, Ronald (2010): Ist da jemand? Über Appräsentationen bei Menschen im Zustand „Wachkoma". In: Keller, Reiner/Michael Meuser (Hrsg.): Körperwissen. Über die Renaissance der Körperlichen. Wiesbaden: VS, S. 69-84.
Hitzler, Ronald (2012a): Der Wille zum Wir. Events als Evokationen posttraditionaler Zusammengehörigkeit. Das Beispiel der Kulturhauptstadt Europas Ruhr 2010. In. Pries, Ludger (Hrsg.): Zusammenhalt durch Vielfalt? Bindungskräfte der Vergesellschaftung im 21. Jahrhundert. Wiesbaden: Springer VS, S. 65-81.
Hitzler, Ronald (2012b): Die rituelle Konstruktion der Person. Aspekte des Erlebens eines Menschen im sogenannten Wachkoma. *Forum Qualitative Sozialforschung* (FQS) 13(3): Art. 12.
Hitzler, Ronald (2014a): In der Konsensmaschinerie. Milieuzugehörigkeit zwischen dem Entdecken von Gemeinsamkeiten und dem Erleben von Gemeinschaft. In: Isenböck, Peter/Nell, Linda/Renn, Joachim (Hrsg.): Die Form des Milieus. Zeitschrift für Theoretische Soziologie (ZTS), 1. Sonderband. Weinheim und Basel: Beltz Juventa, S. 100-114.
Hitzler, Ronald (2014b): Praktische Deutungen. Eine komplexe Ethnographie zum Umgang mit Menschen im Wachkoma. In: ders./Gothe, Miriam (Hrsg.): Ethnographische Erkundungen. Methodische Aspekte aktueller Forschungsprojekte. Wiesbaden: Springer VS, S. 89-102.
Hitzler, Ronald (2015a): Sinngemäßes. Mit Thomas Eberle auf der Suche nach den Grundlagen und Herausforderungen interpretativer Sozialforschung. In: Brosziewski, Achim/Maeder, Christoph/ Nentwich, Julia (Hrsg.): Vom Sinn der Soziologie. Festschrift für Thomas S. Eberle. Wiesbaden: Springer VS, S. 115-136.
Hitzler, Ronald (2015b): Ist der Mensch ein Subjekt? – Ist das Subjekt ein Mensch? Über Diskrepanzen zwischen Doxa und Episteme. In: Poferl, Angelika/Schröer, Norbert (Hrsg.): Wer oder was handelt? Die Handlungsfähigkeit von Subjekten zwischen Strukturen und sozialer Praxis. Wiesbaden: Springer VS, S. 121-142.
Hitzler, Ronald (2015c): „...wie man in es hineingeht". Zur Konstitution und Konstruktion von Feldern bei existenzieller Affiziertheit. In: Poferl, Angelika/Reichertz, Jo (Hrsg.): Wege ins Feld. Methodologische Aspekte des Feldzugangs. Essen: Oldib, S. 72-90.
Hitzler, Ronald (2016a): Macht denn das noch Sinn? Ein Votum für bedingte Methodentoleranz. In: Hitzler, Ronald/Kreher, Simone/Poferl, Angelika/Schroer, Norbert (Hrsg.): Old School – New School? Zur Frage der Optimierung ethnographischer Datengenerierung. Essen: Oldib.
Hitzler, Ronald (2016b): Leben lassen – Sterben machen. Zum Umgang mit Menschen mit schwersten Hirnschädigungen. In: Kahl, Antja/Knoblauch, Hubert/Weber, Tina (Hrsg.): Transmortalität. Organspende, Tod und tote Körper in der heutigen Gesellschaft. Weinheim und Basel: Beltz Juventa.

Hitzler, Ronald (2016c): Wissensbestandsaufnahme. Zur Relevanz der WDA für die Rekonstruktion des Deutungsmusters „Wachkoma". In: Bosancic, Sasa & Keller, Reiner (Hrsg.): Wissenssoziologie und Diskursanalyse. Wiesbaden: Springer VS, S. 125-142.

Hitzler, Ronald (2016d): Zentrale Merkmale und periphere Irritationen interpretativer Sozialforschung. *Zeitschrift für Qualitative Forschung* (ZQF), 17(1+2): 171-184.

Hitzler, Ronald (2016e): Eigenverantwortung? Ethische Aspekte sozialwissenschaftlicher Feldforschung. *Soziologie* 4/2016: 441-447.

Hitzler, Ronald (2018a): Phänomenologie. In: Bohnsack, Ralf/Geimer, Alexander/Meuser, Michael (Hrsg.): Hauptbegriffe Qualitativer Sozialforschung. 4. Auflage. Opladen: Leske + Budrich/UTB, S. 188-190.

Hitzler, Ronald (2018b): Identität als Person – Bemerkungen zu Thomas Luckmanns anthropologischem Konzept. In: Endreß, Martin/Luckmann, Thomas (Hrsg.): Lebenswelttheorie und Gesellschaftsanalyse. Studien zum Werk von Thomas Luckmann. Köln: Herbert von Halem, S. 128-157.

Hitzler, Ronald (2018c): Professionelle Sichtweisen. Eine Typologie medizinischer Deutungen von Menschen im Wachkoma. In: Burzan, Nicole/Hitzler, Ronald (Hrsg.): Typologische Konstruktionen. Prinzipien und Forschungspraxis. Wiesbaden: Springer VS, S. 181-200.

Hitzler, Ronald (2018d): Ein Mensch wie du und ich? Zur Herausforderung des Wissens um den Anderen. In: Poferl, Angelika/Pfadenhauer, Michaela (Hrsg.): Wissensrelationen. Beiträge und Debatten zum 2. Sektionskongress der Wissenssoziologie. Weinheim und Basel: Beltz Juventa, S. 138-150.

Hitzler, Ronald/Bucher, Thomas/Niederbacher, Arne (2001): Leben in Szenen. Wiesbaden: VS.

Hitzler, Ronald/Eberle, Thomas S. (2000): Phänomenologische Lebensweltanalyse. In: Flick, Uwe/Kardorff, Ernst von/Steinke, Ines (Hrsg.): Qualitative Forschung. Ein Handbuch. Reinbek: Rowohlt, S. 109-118.

Hitzler, Ronald/Eisewicht, Paul (2018): Ethnografie. In: Bohnsack, Ralf/Geimer, Alexander/Meuser, Michael (Hrsg.): Hauptbegriffe Qualitativer Sozialforschung. 4. Auflage. Opladen: Leske + Budrich/UTB, S. 63-68.

Hitzler, Ronald/Gothe, Miriam (Hrsg.) (2015): Ethnographische Erkundungen. Wiesbaden: Springer VS.

Hitzler, Ronald/Grewe, Henny A. (2013): Wie das Bewusstsein (der einen) das Sein (der anderen) bestimmt. Über ungleiche Lebensbedingungen von Menschen im Wachkoma. In: Berli, Oliver/ Endreß, Martin (Hrsg.): Wissen und soziale Ungleichheit. Weinheim und Basel: Beltz Juventa, S. 240-259.

Hitzler, Ronald/Grewe Henny Annette (2015): Deutungsmuster „Wachkoma". Eine projektfokussierte Trajektanalyse. Projekt-Abschlussbericht an die DFG. Dortmund/Fulda.

Hitzler, Ronald/Honer, Anne (1984): Lebenswelt, Milieu, Situation. Terminologische Vorschläge zur theoretischen Verständigung. *Kölner Zeitschrift für Soziologie und Sozialpsychologie* (KZfSS) 36(1): 56-74.

Hitzler, Ronald/Honer, Anne (1988a): Der lebensweltliche Forschungsansatz. *Neue Praxis* 18(6): 496-501.

Hitzler, Ronald/Honer, Anne (1988b): Reparatur und Repräsentation. Zur Inszenierung des Alltags durch Do-It-Yourself. In: Soeffner, Hans-Georg (Hrsg.): Kultur und Alltag. Soziale Welt, 6. Sonderband. Göttingen: Schwartz, S. 267-283.

Hitzler, Ronald/Honer, Anne (1991): Qualitative Verfahren zur Lebensweltanalyse. In: Flick, Uwe/ Kardorff, Ernst von/Keupp, Heiner/Rosenstiel, Lutz von/Wolff, Stephan (Hrsg.): Handbuch Qualitative Sozialforschung. München: Psychologie Verlags Union, S. 382-385.

Hitzler, Ronald/Honer, Anne (1994): Bastelexistenz. Über subjektive Konsequenzen der Individualisierung. In: Beck, Ulrich/Beck-Gernsheim, Elisabeth (Hrsg.): Riskante Freiheiten. Frankfurt a. M.: Suhrkamp, S. 307-315.

Hitzler, Ronald/Honer, Anne (Hrsg.) (1997): Sozialwissenschaftliche Hermeneutik. Opladen: Leske + Budrich/UTB.

Hitzler, Ronald/Honer, Anne (2003): Kleine soziale Lebens-Welten/Lebensweltliche Ethnographie In: Bohnsack, Ralf/Marotzki, Winfried/Meuser, Michael (Hrsg.): Hauptbegriffe Qualitativer Sozialforschung. Opladen: Leske + Budrich/UTB, S. 99-100/112-114.

Hitzler, Ronald/Honer, Anne (2018): Lebenswelt. In: Bohnsack, Ralf/Geimer, Alexander/Meuser, Michael (Hrsg.): Hauptbegriffe Qualitativer Sozialforschung. 4. Auflage. Opladen: Leske + Budrich/UTB, S. 148-151.

Hitzler, Ronald/Honer, Anne/Pfadenhauer, Michaela (Hrsg.) (2008): Posttraditionale Gemeinschaften. Theoretische und ethnografische Bestimmungen. Wiesbaden: VS.

Hitzler, Ronald/Leuschner, Corinna Iris/Mücher, Frank (2013): Lebensbegleitung im Haus Königsborn. Konzepte und Praktiken in einer Langzeitpflegeeinrichtung für Menschen mit schweren Hirnschädigungen. Weinheim und Basel: Beltz Juventa.

Hitzler, Ronald/Pfadenhauer, Michaela (2004a): Individualisierungsfolgen. Einige wissenssoziologische Anmerkungen zur Theorie reflexiver Modernisierung. In: Poferl, Angelika/Sznaider, Natan (Hrsg.): Ulrich Becks kosmopolitisches Projekt. Auf dem Weg in eine andere Soziologie. Baden-Baden: Nomos, S. 115-128.

Hitzler, Ronald/Pfadenhauer, Michaela (2004b): Unsichtbare Bildungsprogramme? Zur Entwicklung und Aneignung praxisrelevanter Kompetenzen in Jugendszenen. Expertise zum 8. Kinder- und Jugendbericht der Landesregierung NRW. Düsseldorf.

Hitzler, Ronald/Pfadenhauer, Michaela (2008): Die Ökonomisierung der Produktion von Gemeinschaft. In: Karl-Siegbert Rehberg (Hrsg.): Die Natur der Gesellschaft. Verhandlungen des 33. Kongresses der Deutschen Gesellschaft für Soziologie in Kassel 2006. Frankfurt a. M.: Campus, S. 595-608.

Hobson, Peter (2003): Wie wir denken lernen. Gehirnentwicklung und die Rolle der Gefühle. Düsseldorf: Patmos.

Hofstadter, Douglas/Sander, Emmanuel (2014): Die Analogie. Stuttgart: Klett-Cotta.

Honer, Anne (1989): Einige Probleme lebensweltlicher Ethnographie. Zur Methodologie und Methodik einer interpretativen Sozialforschung. *Zeitschrift für Soziologie* (ZfS) 18(4): 297-312.

Honer, Anne (1993a): Lebensweltliche Ethnographie. Ein explorativ-interpretativer Forschungsansatz am Beispiel von Heimwerker-Wissen. Wiesbaden: Deutscher Universitäts Verlag.

Honer, Anne (1993b): Das Perspektivenproblem in der Sozialforschung. In: Jung, Thomas/Müller-Doohm, Stefan (Hrsg.): „Wirklichkeit" im Deutungsprozess. Frankfurt a. M.: Suhrkamp, S. 241-257.

Honer, Anne (1994): Das explorative Interview. *Schweizerische Zeitschrift für Soziologie* 20(3): 623-640.

Honer, Anne (1999): Bausteine zu einer lebensweltorientierten Wissenssoziologie. In: Hitzler, Ronald/Reichertz, Jo/Schröer, Norbert (Hrsg.): Hermeneutische Wissenssoziologie. Standpunkte zur Theorie der Interpretation. Konstanz: UVK, S. 51-67.

Honer, Anne (2000):Lebensweltanalyse in der Ethnographie. In: Flick, Uwe/Kardorff, Ernst von/Steinke, Ines (Hrsg.): Qualitative Forschung. Ein Handbuch. Reinbek: Rowohlt, S. 194-204.

Honer, Anne (2003): Interview. In: Bohnsack, Ralf/Marotzki, Winfried/Meuser, Michael (Hrsg.): Hauptbegriffe Qualitativer Sozialforschung. Opladen: Leske + Budrich/UTB, S. 94-99.

Honer, Anne (2011): Kleine Leiblichkeiten. Erkundungen in Lebenswelten. Wiesbaden: VS.

Honer, Anne (2012): Die Bedeutung existenziellen Engagements. In: Schröer, Norbert/Hinnenkamp, Volker/Kreher, Simone/Poferl, Angelika (Hrsg.): Lebenswelt und Ethnographie. Essen: Oldib, S. 21-30.

Honer, Anne (2018): Der staunende Schwamm. Bemerkungen zum explorativen Potenzial opportunistischer Feldarbeit – am Beispiel von Anne Honers Bodybuilder-Studie. In: Hitzler, Ronald/Klemm, Matthias/Kreher, Simone/Poferl, Angelika/Schröer, Norbert (Hrsg.): Herumschnüffeln – aufspüren – einfühlen. Ethnographie als ‚hemdsarmelige' und reflexive Praxis. Essen: Oldib, S. 17-27.

Honer, Anne/Hitzler, Ronald (2015): Life-World-Analytical Ethnography: A Phenomenology-Based Research Approach. *Journal of Contemporary Ethnography* 44(5): 544-562.

Horner, Bruce (2000): Critical Ethnography, Ethics, and Work. Rearticulating Labor. *Journal of Rhetoric, Culture, & Politics* 22(3): 561-584.
Hübner, Johannes (2015): Einführung in die theoretische Philosophie. Stuttgart: J.B. Metzler.
Husserl, Edmund (1954): Die Krisis der europäischen Wissenschaften und die transzendentale Phänomenologie. Den Haag: Martinus Nijhoff.
Husserl, Edmund (1984): Logische Untersuchungen. Zweiter Band. Den Haag: Martinus Nijhoff.
Husserl, Edmund (1985): Die phänomenologische Methode. Ausgewählte Texte I. Stuttgart: Reclam.
Husserl, Edmund (1992): Cartesianische Meditationen. In: ders.: Cartesianische Meditationen/Krisis. Gesammelte Schriften 8. Hamburg: Felix Meiner, S. 1-164.
Inciardi, James A./Lockwood, Dorothy/Pottieger, Anne E. (1993): Women and Crack-Cocaine. New York: Macmillan.
Irwin, Katherine (2006): Into the Dark Heart of Ethnography: The Lived Ethics and Inequalities of Intimate Field Relationships. *Qualitative Sociology* 29(2): 155-175.
Jacobs, Bruce A. (1998): Researching Crack Dealers: Dilemmas and Contradictions. In: Ferrell Jeff/Hamm, Mark S. (Hrsg.): Ethnography at the Edge. Boston: Northeastern University, S. 160-177.
Jacobson, David (1991): Reading Ethnography. Albany: State University of New York Press.
Jacobsson, Katarina (2016): Analyzing documents through fieldwork. In: Silverman, David (Hrsg.): Qualitative Research. London: Sage.
Jeremias, Xenia Valeska (2010): Jugenddelinqunez. Sozialwissenschaftliche Analyse von Graffitiverfahren in Berlin. Berlin: Univ.-Verlag TU Berlin.
Jermier, John M. (1991): Critical epistemology and the study of organizational culture. Reflections on Street Corner Society. In: Frost, Peter J./Moore, Larry F./Louis, Meryl Reis/Lundberg, Craig C./Martin, Joanne (Hrsg.): Reframing Organizational Culture. Newbury Park: Sage, S. 223-233.
Jerolmack, Colin/Khan, Shamus (2014): Talk is cheap. Ethnography and the attitudinal fallacy. *Sociological Methods & Research* 43(29: 178-209.
Jerolmack, Colin/Khan, Shamus (Hrsg.) (2018): Approaches to ethnography. New York: Oxford University Press.
Johnson, Jeffrey C./Avenarius, Christine/Weatherford, Jack (2006): The active participant-observer. Applying social role analysis to participant observation. *Field Methods* 18(2): 111-134.
Johnson, Mark (1987): The body in the mind. Chicago: University of Chicago Press.
Jubri-Forschungsverbund Techniken jugendlicher Bricolage (Hrsg.) (2018): Szenen, Artefakte und Inszenierungen. Interdisziplinäre Perspektiven. Wiesbaden: Springer VS.
Junker, Buford H. (1960): Field Work. Chicago: University of Chicago Press.
Juris, Jeffrey S. (2007): Practicing militant ethnography with the movement for global resistance in Barcelona. In: Shukaitis, Stevphen/Graeber, David (Hrsg.): Consistuent Imagination. Militant Investigations. Collective Theorization. Oakland: AK Press, S. 164-178.
Kalthoff, Herbert/Hirschauer, Stefan/Lindemann, Gesa (Hrsg.) (2008): Theoretische Empirie. Frankfurt a. M.: Suhrkamp.
Karl, Ute/Kolland, Franz (2010): Freizeitorientierte Soziale Arbeit mit älteren und alten Menschen. In: Aner, Kristen/Karl, Ute (Hrsg.): Handbuch Soziale Arbeit und Alter. VS: Wiesbaden, S. 77-86.
Keegan, Peter (2014): Graffiti in Antiquity. Oxon: Routledge.
Kelle, Udo/Kluge, Susann (2010): Vom Einzelfall zum Typus. Wiesbaden: Springer VS.
Keller, Reiner (2011): Diskursforschung. Wiesbaden: Springer VS.
Keller, Reiner (2012): Das interpretative Paradigma. Eine Einführung. Wiesbaden: Springer VS.
Keupp, Heiner (1988): Riskante Chancen. Heidelberg: Asanger.
Khosravi, Sharam (2010): ‚Illegal' Traveller. An Auto-Ethnography of Borders. Basingstoke: Palgrave Macmillan.
Kirchner, Babette (2018): Bewegunskompetenz. Sportklettern – zwischem (geschlechtlichem) Können, Wollen und Dürfen. Wiesbaden: Springer VS.

Kirchner, Babette/Betz, Gregor (2015): Ethnographie und Bildhermeneutik. Visuelle Daten im Rahmen lebensweltanalytischer Forschung. In: Hitzler, Ronald/Gothe, Miriam (Hrsg.): Ethnographische Erkundungen. Wiesbaden: Springer VS, S. 177-208.

Kirchner, Babette/Wustmann, Julia (2017): Fremde Geschlechtermuster – (Re-)Traditionalisierte. Perspektiven aus der Rockabilly Szene. *Journal Netzwerk Frauen- und Geschlechterforschung NRW* 41/2017: 44-47.

Kirschner, Heiko (2015a): Zurück in den Lehnstuhl. Lebensweltliche Ethnographie in interaktiven Medienumgebungen. In: Hitzler, Ronald/Gothe, Miriam (Hrsg.): Ethnographische Erkundungen. Wiesbaden: Springer VS, S. 211-230.

Kirschner, Heiko (2015b): ‚Lehnstuhl-Ethnographie' in synthetischen Situationen. Feldeinstieg und Orientierung in interaktiven Medienumgebungen. In: Poferl, Angelika/Reichertz, Jo (Hrsg.): Wege ins Feld. Methodologische Aspekte des Feldzugangs. Essen: Oldib, S. 267-289.

Klee, Andreas (Hrsg.) (2010): Politische Kommunikation im städtischen Raum am Beispiel Graffiti. VS: Wiesbaden.

Kleele, Sebastian/Müller, Marion/Dressel, Kerstin (2018): Spannungsfeld Graffiti. *Neue Kriminalpolitik* 30(3): 239-249.

Kleemann, Frank; Krähnke, Uwe/Matuscheck, Ingo (2009): Interpretative Sozialforschung. Eine praxisorientierte Einführung. Wiesbaden: VS.

Klein, Martin (2000): Schmerzempfindung und erhaltenes Bewusstsein im apallischen Syndrom? Medizinische, juristische und ethische Aspekte. *intensiv* 8(2): 63-68.

Klug, Daniel/Schmidt, Axel (2014): Körper(-Darstellungen) im Reality-TV. *Sozialer Sinn* 15(1): 77-107.

Knoblauch, Hubert (1995):Kommunikationskultur. Berlin: De Gruyter.

Knoblauch, Hubert (1996): Soziologie als strenge Wissenschaft? In: Preyer, Gerhard/Peter, Georg/Ulfig, Alexander (Hrsg.): Protosoziologie im Kontext. Würzburg: Königshausen & Neumann, S. 93-105.

Knoblauch, Hubert (2001): Fokussierte Ethnographie. *Sozialer Sinn* 2(1): 123-141.

Knoblauch, Hubert (2005): Wissenssoziologie. Konstanz: UVK/UTB.

Knoblauch, Hubert (2008): Transzendentale Subjektivität. Überlegungen zu einer wissenssoziologischen Theorie des Subjekts. In: Raab, Jürgen/Pfadenhauer, Michaela/Stegmaier, Peter/Dreher, Jochen/Schnettler, Bernt (Hrsg.): Phänomenologie und Soziologie. Wiesbaden: VS, 65-73.

Knoblauch, Hubert (2009a): Populäre Religion. Auf dem Weg in eine spirituelle Gesellschaft. Frankfurt a. M.: Campus.

Knoblauch, Hubert (2009b): Phänomenologische Soziologie. In: Kneer, Georg/Schroer, Markus (Hrsg.): Handbuch Soziologische Theorien. Wiesbaden: Springer VS, S. 299-322.

Knoblauch, Hubert (2011): Relativism, Meaning and the New Sociology of Knowledge. In: Richard Schantz/Markus Seidel (Hrsg.): The Problem of Relativism in the Sociology of (Scientific) Knowledge. Frankfurt a. M.: Ontos, S. 131-156.

Knoblauch, Hubert (2012): Grundbegriffe und Aufgaben des kommunikativen Konstruktivismus. In: Reiner Keller/Jo Reichertz/Hubert Knoblauch (Hrsg.): Kommunikativer Konstruktivismus. Wiesbaden: Springer VS, S. 25-47.

Knoblauch, Hubert (2016): Die kommunikative Konstruktion der Wirklichkeit. Wiesbaden: Springer VS.

Knoblauch, Hubert/Schnettler, Bernt (2015): Video and Vision. Videography of a Marian Apparition. *Journal of Contemporary Ethnography* 44(5): 636-656.

Knoblauch, Hubert/Tuma, René/Schnettler, Bernt (Hrsg.) (2013): Videographie. Einführung in die interpretative Videoanalyse sozialer Situationen. Wiesbaden: Springer VS.

Knorr Cetina, Karin (1984): Die Fabrikation von Erkenntnis. Frankfurt a. M.: Suhrkamp.

Konzeptgruppe (2005): Haus Königsborn/Dependancen. Konzept Haus Königsborn (mit Dependancen). Unna.

Kotarba, Joseph A./Fontana, Andrea (Hrsg.) (1984): The Existential Self in Society. Chicago: University of Chicago Press.

Kotarba, Joseph A./Johnson, John M. (Hrsg.) (2002): Postmodern Existential Sociology. Walnut Creek: AltaMira Press.
Kozinets, Robert V. (2002): The Field behind the Screen. Using Netnography for Marketing Research in Online Communities. *Journal of Marketing Research* 39(Febuary): 61-72.
Kraeftner, Bernd/Kroell, Judith (2009): Washing and assessing: Multiple diagnosis and hidden talents. In: Latimer, Joanna/Schillmeier, Michael (Hrsg.): Un/knowing bodies. Oxford: Wiley, S. 159-180.
Kraeftner, Bernd/Kroell, Judith/Warner, Isabel (2010): The syndrome we care for. In: Mol, Annemarie/Moser, Ingunn/Pols, Jeannette (Hrsg.): Care in Practice. On Tinkering in Clinics, Homes and Farms. Bielefeld: transcript, S. 301-322.
Kraimer, Klaus (2000): Fallrekonstruktion. Frankfurt a. M.: Suhrkamp.
Kramer, Karl-S. (1962): Zum Verhältnis zwischen Menschen und Ding. *Schweizerisches Archiv für Volkskunde* 58(2/3): 91-101.
Kraska, Peter B. (1998): Enjoying militarism. Political/personal dilemmas in studying U.S. paramilitary units. In: Ferrell Jeff/Hamm, Mark S. (Hrsg.): Ethnography at the Edge. Boston: Northeastern University, S. 88-110.
Krieken, Robert Van (2002): The paradox of the ‚two sociologies'. Hobbes, Latour and the Constitution of modern social theory. *Journal of Sociology* 38(3): 255-273.
Kromrey, Helmut (2009): Empirische Sozialforschung. Stuttgart: Lucius und Lucius.
Kühn, Jan Michael (2011): Die Szenewirtschaft elektronischer Tanzmusik. *Journal der Jugendkulturen* 17/Winter: 52-59.
Kühn, Rolf/Staudigl, Michael (Hrsg.) (2003): Epoché und Reduktion. Formen und Praxis der Reduktion in der Phänomenologie. Würzbrug: Königshausen & Neumann.
Kurt, Ronald (2002): Menschenbild und Methode der Sozialphänomenologie. Konstanz: UVK.
Kurt, Ronald (2004): Hermeneutik. Konstanz: UVK.
Kurt, Ronald/Herbrik, Regine (2019): Sozialwissenschaftliche Hermeneutik und hermeneutische Wissenssoziologie. In: Baur, Nina/Blasius, Jörg (Hrsg.): Handbuch Methoden der empirischen Sozialforschung. Wiesbaden: Springer VS, S. 545-564.
Kurtz, Thomas/Pfadenhauer, Michaela (Hrsg.) (2010): Soziologie der Kompetenz. Wiesbaden: VS.
Kusenbach, Margarethe (2008): Mitgehen als Methode. Der ‚Go-Along' in der phänomenologischen Forschungspraxis. In: Raab, Jürgen/Pfadenhauer, Michaela/Stegmaier, Peter/Dreher, Jochen/Schnettler, Bernt (Hrsg.): Phänomenologie und Soziologie. Wiesbaden: VS, S. 349-358.
Lacktman, Gabriel (2013): Growing up with Graffiti. Reflections on Transitioning from a Part-Time Felon to a Full-Time Artist, and then back again. *Art Education* 66(5): 13-20.
Lakoff, George (1990): Women, Fire, and Dangerous Things. What Categories reveal about the Mind. Chicago: University of Chicago Press.
Laurilla, Juha (1997): Promoting Research Access and Informant Rapport in Corporate Settings: Notes from Research from a Crisis Company. *Scandinavian Journal of Management* 13(4): 407-418.
LeCompte, Margaret D./Schensul, Jean J. (1999): Designing and Conducting Ethnographic Research. Walnut Creek: AltaMira Press.
LeCompte, Margaret D./Schensul, Jean J. (2016): Ethnography in Action. Walnut Creek: AltaMira Press.
Leo, Richard A. (1995): Trial and Tribulations: Courts, Ethnography, and the Need for an Evidentiary Privilege for Academic Researchers. *American Sociologist* 26(1): 113-134.
Levi-Strauss, Claude (1963): Structural Anthropology. New York: Basic Books.
Levi-Strauss, Claude (1969): The Elementary Structures of Kinship. Boston: Beacon Press.
Lichtblau, Klaus (2000): „Vergemeinschaftung" und „Vergesellschaftung" bei Max Weber. *Zeitschrift für Soziologie* 29(6): 423-443.
Lindemann, Gesa (2002): Die Grenzen des Sozialen. München: Fink.
Lindemann, Gesa (2005): Beobachtung der Hirnforschung. *Deutsche Zeitschrift für Philosophie* 53(5): 761-781.

Lindemann, Gesa (2006): Das Soziale von seinen Grenzen her denken. Weilerswist: Velbrück.
Lofland, John (1971): Analyzing Social Settings. Boston: Wadsworth.
Lofland, John/Lofland, Lyn H. (1984): Analyzing Social Settings. A Guide to Qualitative Observation and Analysis. Belmont: Wadsworth.
Lofland, John/Snow, David A./Anderson, Leon/Lofland, Lyn H. (2005): Analyzing Social Settings. Boston: Wadsworth.
Lorenz, Maren (2012): Vandalismus als Alltagsphänomen. Bonn: Bundeszentrale für politische Bildung.
Luckmann, Benita (1970): The Small Life-Worlds of Modern Man. *Social Research* 37(4): 580-586.
Luckmann, Thomas (1967): The Invisible Religion. New York, London: Methuen (Erweiterte deutschsprachige Neuauflage 1992: Die unsichtbare Religion. Frankfurt a. M.: Suhrkamp).
Luckmann, Thomas (Hrsg.) (1978): Phenomenology and Sociology. Harmondsworth: Penguin.
Luckmann, Thomas (1979): Phänomenologie und Soziologie. In: Sprondel, Walter; Grathoff, Richard (Hrsg.): Alfred Schütz und die Idee des Alltags in den Sozialwissenschaften. Stuttgart: Enke, S. 196-206.
Luckmann, Thomas (1980): Persönliche Identität als evolutionäres und historisches Problem. In: ders.: Lebenswelt und Gesellschaft. Paderborn: Schöningh, S. 123-141.
Luckmann, Thomas (1989): Kultur und Kommunikation. In: Haller, Max/Hoffmann-Nowottny, Hans-Jürgen/Zapf, Wolfgang (Hrsg.): Kultur und Gesellschaft (Verhandlungen des Soziologentags in Zürich 1988). Frankfurt a. M.: Campus, S. 33-45.
Luckmann, Thomas (1991): Protosoziologie als Protopsychologie? In: Herzog, Max/Graumann, Carl Friedrich (Hrsg.): Sinn und Erfahrung. Heidelberg: Asanger, S. 155-168.
Luckmann, Thomas (1993): Schützsche Protosoziologie? In: Bäumer, Angelica/Benedikt, Michael (Hrsg.): Gelehrtenrepublik – Lebenswelt. Vienna: Passagen, S. 321-326.
Luckmann, Thomas (2002a): Lebensweltliche Zeitkategorien, Zeitstrukturen des Alltags und der Ort des ‚historischen Bewusstseins'. In: ders.: Wissen und Gesellschaft. Konstanz: UVK, S. 55-67.
Luckmann, Thomas (2002b): Zum hermeneutischen Problem der Handlungswissenschaften. In: ders.: Wissen und Gesellschaft. Konstanz: UVK, S. 117-128.
Luckmann, Thomas (2007a): Philosophie, Sozialwissenschaft und Alltagsleben. In: ders: Lebenswelt, Identität und Gesellschaft. Konstanz: UVK, S. 25-61.
Luckmann, Thomas (2007b): Über die Grenzen der Sozialwelt. In: ders: Lebenswelt, Identität und Gesellschaft. Konstanz: UVK, S. 62-90.
Luckmann, Thomas (2007c): Aspekte einer Theorie der Sozialkommunikation. In: ders: Lebenswelt, Identität und Gesellschaft. Konstanz: UVK, S. 91-111.
Luckmann, Thomas (2007d): Von der alltäglichen Erfahrung zum sozialwissenschaftlichen Datum. In: ders: Lebenswelt, Identität und Gesellschaft. Konstanz: UVK, S. 151-163.
Lüders, Christian (2006): Pädagogische Ethnographie und Biographieforschung. In: Krüger, Heinz-Hermann/Marotzki, Winfried (Hrsg.): Handbuch erziehungswissenschaftliche Biographieforschung. Wiesbaden: VS, S. 137-148.
Lueger, Manfred (2010): Interpretative Sozialforschung: Die Methoden. Wien: Facultas.
Lueger, Manfred/Froschauer, Ulrike (2018): Artefaktanalyse. Grundlagen und Verfahren Wiesbaden: Springer VS.
Luhmann, Niklas (1993): ‚Was ist der Fall?' und ‚Was steckt dahinter?' Die zwei Soziologien und die Gesellschaftstheorie. *Zeitschrift für Soziologie* 22(4): 245-260.
Macdonald, Nancy (2001): The Graffiti Subculture. Youth, Masculinity and Identity in London and New York. Basingstoke: Palgrave Macmillan.
Maeder, Christoph (2007): Ethnographische Semantik. Die Ordnung der Mitgliedschaftssymbole am Beispiel des Bergsports. In: Buber, Renate/Holzmüller, Hartmut H. (Hrsg.): Qualitative Marktforschung. Wiesbaden: Gabler, S. 681-696.

Maeder, Christoph/Brosziewski, Achim (1997): Ethnographische Semantik. Ein Weg zum Verstehen von Zugehörigkeit. In: Hitzler, Ronald/Honer, Anne (Hrsg.): Sozialwissenschaftliche Hermeneutik. Opladen: Leske + Budrich, S. 335-362.
Maeder, Christoph/Brosziewski, Achim (2007): Kognitive Anthropologie: Vom Wort über das Wissen zur Mitgliedschaft in einer Kultur. In: Schützeichel, Rainer (Hrsg.): Handbuch Wissenssoziologie und Wissensforschung. Konstanz: UVK, S. 268-275.
Maeder, Christoph/Achim Brosziewski (2011): Ethnosonographie: Ein neues Forschungsfeld für die Soziologie? In: Schröer, Norbert/Bidlo, Oliver (Hrsg.): Die Entdeckung des Neuen. Qualitative Sozialforschung als Hermeneutische Wissenssoziologie. Wiesbaden: VS, S. 153-170.
Malinowski, Bronislaw (1922): Argonauts oft he Western Pacific. London: Routledge.
Mannheim, Karl (1980): Strukturen des Denkens. Frankfurt a. M.: Suhrkamp.
Marcus, George E. (1995): Ethnography in/ofthe World System. The Emergence of Multi-Sited Ethnography. *Annual Review of Anthropology* 24: 95-117.
Marcus, George E./Fisher, Michael M. J. (1986): Anthropology as Cultural Critique. Chicago: University of Chicago Press.
Mariampolski, Hy (2006): Ethnography for Marketers. A Guide to Consumer Immersion. London: Sage.
Martin, Wednesday (2015): Primates of Park Avenue. New York: Simon & Schuster.
Marx, Werner (1987): Die Phänomenologie Edmund Husserls. München: Fink.
Maso, Ilja (2011): Phenomenology and Ethnography. In: Atkinson, Paul/Coffey, Amanda/Delamont, Sara/Lofland, John/Lofland, Lyn (Hrsg.): Handbook of Ethnography. London: Sage, S. 136-144.
Matthiesen, Ulf (1983): Das Dickicht der Lebenswelt und die Theorie des kommunikativen Handelns. München: Fink.
Matthiesen, Ulf (Hrsg.) (1998): Die Räume der Milieus. Berlin: Edition Sigma.
Matthiesen, Ulf/Bürkner, Hans-Joachim (2004): Wissensmilieus. In: Matthiesen, Ulf (Hrsg.): Stadtregion und Wissen. Wiesbaden: VS, S. 65-89.
Mauss, Marcel (2013): Handbuch der Ethnographie. Paderborn: Wilhelm Fink.
Mayntz, Renate/Holm, Kurt/Hübner, Peter (1972): Einführung in die Methoden der Empirischen Sozialforschung. Opladen: Westdeutscher Verlag.
McCaffery, Margo (1997): Schmerz. Berlin: Ullstein.
McCall, George J./Simmons, Jerry L. (Hrsg.) (1969): Issues in Participant Observation. A Text and a Reader. Reading: Addison-Wesley.
McKinney, John C. (1966): Constructive Typology and Social Theory. New York: Appleton-Century-Crofts.
McNeill, David (1985): So you think gestures are nonverbal. *Psychological Review* 92: 350-371.
McNeill, David (Hrsg.) (2000): Language and Gesture. Cambridge: Cambridge University Press.
Mead, George Herbert (1973): Geist, Identität und Gesellschaft. Frankfurt a. M.: Suhrkamp.
Melzack, Ronald (1975): The McGill Pain Questionaire. Major Properties and Scoring Methods. *Pain* 1(3): 277-299.
Metten, Thomas (2011): Schrift-Bilder. Über Graffitis und andere Erscheinungsformen der Schriftbildlichkeit. In: Diekmannshenke, Hajo/Klemm, Michael/Stöckl, Hartmut (Hrsg.): Bildlinguistik. Theorien, Methoden, Fallbeispiele. Erich Schmidt: Berlin, S. 73-93.
Meuter, Norbert (2006): Anthropologie des Ausdrucks. Die Expressivität des Menschen zwischen Natur und Kultur. München: Fink.
Mey, Günter/Mruck, Katja (Hrsg.) (2011): Grounded Theory Reader. Wiesbaden: Springer VS.
Miles, Matthew B./Huberman, A. Michael (1994): Qualitative Data Analysis. London: Sage.
Miller, Daniel (1987): Material Culture and Mass Consumption. Oxford: Blackwell.
Mol, Annemarie (2002): The body multiple. Durham: Durham University Press.
Morris, David B. (1996): Geschichte des Schmerzes. Frankfurt a. M.: Suhrkamp.
Müller, Francis (2018): Designethnografie. Wiesbaden: Springer VS.

Murphy, Elizabeth/Dingwall, Robert (2007): The Ethics of Ethnography. In: Atkinson, Paul/Coffey, Amanda/Delamont, Sara/Lofland, John/Lofland, Lyn (Hrsg.): Handbook of Ethnography. London: Sage, 339-351.

Nacimiento, Wilhelm (2007): Apallisches Syndrom, Wachkoma, persistent vegetativ state. Wovon redet und was weiß die Medizin? In: Höflich, Wolfram (Hrsg.): Das sog. Wachkoma. Rechtliche, medizinische und ethische Aspekte. Berlin: Lit Verlag, S. 29-48.

Natanson, Maurice (1963): A study in philosophy and the social sciences. In: Natanson, Maurice (Hrsg.): Philosophy of the Social Sciences. New York: Random House, S. 271-285.

Nelson, Cary/Grossberg, Larry (Hrsg.) (1988): Marxism and the interpretation of culture. Urbana: University of Illinois Press.

Neubacher, Frank (2006): An den Grenzen des Strafrechts. Stalking, Graffiti, Weisungsverstöße. *Zeitschrift für die gesamte Strafwissenschaft* 118(4): 855-877.

Neumann-Braun, Klaus/Deppermann, Arnulf (1998): Ethnographie der Kommunikationskulturen Jugendlicher. Zur Gegenstandskonzeption und Methodik der Untersuchung von Peer-Groups. *Zeitschrift für Soziologie* 27(4): 239-255.

Nowodworski, Pao (2019): „Gestanden!" Aneignungsprozese durch Körperwissen beim Skateboarding. Eine lebensweltanalytische Ethnographie. Marburg: Tectum.

Nydahl, Peter (1999): Basale Stimulation in der Intensivpflege. *Pflegezeitschrift* 4/1999: 257-261.

O'Reilly, Karen (2009): Key Concepts in Ethnography. London: Sage.

Otterstedt, Carola (2005): Der nonverbale Dialog. Dortmund: Verlag modernes Lernen.

Owen, Adrian M./Coleman, Martin R. (2008): Functional neuroimaging of the vegetative state. *Nature Reviews Neuroscience* 9(March): 235-243.

Papenbrock, Martin/Tophinke, Doris (2016): Graffiti. Formen, Traditionen, Perspektiven. In: Hausendorf, Heiko/Müller, Marcus (Hrsg.): Handbuch Sprache in der Kunstkommunikation. Berlin: DeGruyter, S. 88-109.

Park, Robert E. (1950a): Human Migration and the Marginal Man. In: ders.: Race and Culture. Glencoe: Free Press, S. 345-356.

Park, Robert E. (1950b): An Autobiographical Note. In: ders.: Race and Culture. Glencoe: Free Press, S. V-IX.

Pels, Dick/Hetherington, Kevin/Vandenberghe, Frédéric (2002): The status of the Object. *Theory, Culture & Society* 19 (5/6): 1-21.

Pfadenhauer, Michaela (2005): Ethnography of Scenes. Towards a Sociological Life-world Analysis of (Post-traditional) Community-building. *Forum Qualitative Sozialforschung* (FQS) 6(3): Art. 43.

Pfadenhauer, Michaela (2007): Das Experteninterview. Ein Gespräch auf gleicher Augenhöhe. In: Buber, Renate/Holzmüller, Hartmut (Hrsg.): Qualitative Marktforschung. Konzepte, Methoden, Analysen. Wiesbaden: Gabler 2007, S. 449-461.

Pfadenhauer, Michaela (2008): Organisieren. Eine Fallstudie zum Erhandeln von Events. VS: Wiesbaden.

Pfadenhauer, Michaela (2010a): Kompetenz als Qualität sozialen Handelns. In: Kurtz, Thomas/ Pfadenhauer, Michaela (Hrsg.): Soziologie der Kompetenz. Wiesbaden: VS, S. 149-172.

Pfadenhauer (2010b): Artefakt-Gemeinschaften?! Technikverwendung und –entwicklung in Aneignungskulturen. In: Honer, Anne/Meuser, Michael/Pfadenhauer, Michaela (Hrsg.): Fragile Sozialität. VS: Wiesbaden, S. 355-370.

Pfadenhauer, Michaela/Eisewicht, Paul (2015): Kompetenzerwerb in Jugendszenen. In: Sandring, Sabine/Helsper, Werner/Krüger, Heinz-Hermann (Hrsg.): Jugend. Theoriediskurse und Forschungsfelder. Springer VS: Wiesbaden, S. 289-310.

Pfadenhauer, Michaela/Grenz, Tilo (2015): Uncovering the Essence. The Why and How of Supplementing Observation with Participation in Phenomenology-Based Ethnography. *Journal for Contemporary Ethnography* 44(59): 598-616.

Pike, Kenneth Lee (1967): Language in Relation to a unified theory of structure of human behavior. Den Haag: Mouton.

Pink, Sarah (2009): Doing Sensory Ethnography. London: Sage.
Platt, Jennifer (1983): The Development of the „Participant Observation" Method in Sociology. *Journal of the History of the Behavioral Sciences* 10(10): 379-393.
Plessner, Helmuth (1981a): Die Stufen des Organischen und der Mensch. Gesammelte Schriften IV. Frankfurt a. M.: Suhrkamp.
Plessner, Helmuth (1981b): Grenzen der Gemeinschaft. In: ders.: Gesammelte Schriften V. Frankfurt a. M.: Suhrkamp, S. 7-133.
Plessner, Helmuth (1982a): Lachen und Weinen. In: ders.: Gesammelte Schriften VII. Frankfurt a. M.: Suhrkamp, S. 201-388.
Plessner, Helmuth (1982b): Ausdruck und menschliche Existenz. In: ders.: Gesammelte Schriften VII. Frankfurt a. M.: Suhrkamp, S. 435-445.
Plessner, Helmuth (1983): Mit anderen Augen. In: ders.: Gesammelte Schriften VIII. Frankfurt a. M.: Suhrkamp, S. 88-104.
Plessner, Helmuth (1985): Soziale Rolle und menschliche Natur. In: ders.: Gesammelte Schriften X. Frankfurt a. M.: Suhrkamp, S. 227-240.
Poferl, Angelika/Reichertz, Jo (Hrsg.) (2015): Wege ins Feld. Methodologische Aspekte des Feldzugangs. Essen: Oldib.
Prisching, Manfred (2007): Die zweidimensionale Gesellschaft. Wiesbaden: VS.
Prisching, Manfred (2009): Das Selbst, die Maske, der Bluff. Über die Inszenierung der eigenen Person. Wien: Molden.
Prus, Robert (1996): Symbolic Interaction and Ethnographic Research. Albany: State University of New York Press.
Raab, Jürgen/Keller, Reiner (Hrsg.) (2016): Wissensforschung – Forschungswissen. Beiträge und Debatten zum 1. Sektionskongress der Wissenssoziologie. Weinheim und Basel: Beltz Juventa.
Raab, Jürgen/Pfadenhauer, Michaela/Stegmaier, Peter/Dreher, Jochen/Schnettler, Bernt (Hrsg.) (2008): Phänomenologie und Soziologie. Wiesbaden: VS.
Rack, Sonja (2018): Fanbotschaften. Typisierungen von Fußballstickern im öffentlichen Raum. In: Burzan, Nicole/Hitzler, Ronald (Hrsg.): Typologische Konstruktionen. Wiesbaden: Springer VS, S. 129-151.
Radcliffe-Brown, Alfred Reginald (1952): Structure and Function in Primitive Society. Glencoe: Free Press.
Rafaeli, Anat/Pratt, Michael G. (Hrsg.) (2006): Artifacts and Organizations. New York: Psychology Press.
Ragin, Charles C./Becker, Howard S. (Hrsg.) (1992): What is a Case? Cambridge: Cambridge University Press.
Rehberg, Karl-Siegbert (1993): Gemeinschaft und Gesellschaft – Tönnies und Wir. In: Brumlik, Micha/Brunkhorst, Hauke (Hrsg.): Gemeinschaft und Gerechtigkeit. Frankfurt a. M.: Fischer, S. 19-48.
Reichertz, Jo (2000): Objektive Hermeneutik und hermeneutische Wissenssoziologie. In: Flick, Uwe/von Kardorff, Ernst/Steinke, Ines (Hrsg.): Qualitative Sozialforschung. Reinbek: Rowohlt, S. 514-524.
Reichertz, Jo (2003): Die Abduktion in der qualitativen Sozialforschung. Opladen: Leske + Budrich.
Reichertz, Jo (2007): Qualitative Sozialforschung. Ansprüche, Prämissen, Probleme. *Erwägen – Wissen – Ethik* 18(2): 195-208.
Reichertz, Jo (2013): Gemeinsam interpretieren. Wiesbaden: Springer VS.
Reichertz, Jo/Englert, Carina Jasmin (2011): Einführung in die qualitative Videoanalyse. Eine hermeneutisch-wissenssoziologische Fallanalyse. Wiesbaden: VS.
Reinecke, Julia (2012): Street-Art. Eine Subkultur zwischen Kunst und Kommerz. Bielefeld: transcript.
Ritzer, George (1975): Sociology. A multiple paradigm science. *The American Sociologist* 10(3): 156-167.
Rosenthal, Gabriele (2005): Interpretative Sozialforschung. Weinheim und München: Juventa.

Ruile, Anna (2012): Kulturunternehmen HipHop. Marburg: Tectum.
Russel, Catherine (1999): Experimental Ethnography. Durham: Duke University Press.
Sackmann, Reinhold/Kison, Silvio/Horn, André (2009): Graffiti Kontrovers. Die Ergebnisse der ersten mitteldeutschen Graffitistudie. Haale a.d. Saale: Mitteldeutscher Verlag.
Saerberg, Siegfried (2015): Chewing Accidents: A Phenomenology of Visible and Invisible Everyday Accomplishments. *Journal of Contemporary Ethnography* 44(5): 580-597.
Sartre, Jean-Paul (1967): Kritik der dialektischen Vernunft. Reinbek: Rowohlt.
Sartre, Jean-Paul (1991): Das Sein und das Nichts. Reinbek: Rowohlt.
Scarce, Rik (1994): (No) Trial (but) Tribulations: When Courts and Ethnography conflict. *Journal of Contemporary Ethnography* 23(1): 123-149.
Schedler, Jan (2009): Übernahme von Ästhetik und Aktionsformen der radikalen Linken. In: Braun, Stephan/Geisler, Alexander/Gerster, Martin (Hrsg.): Strategien der extremen Rechten. Wiesbaden: VS, S. 332-357.
Scheffer, Thomas/Meyer, Christian (2011): Soziologische vs. ethnologische Ethnographie. Tagungsbericht. *Forum Qualitative Sozialforschung* (FQS) 12(1): Art. 25.
Schein, Edgar (1990): Organizational culture. *American Psychologist* 45(2): 109-119.
Scheler, Max (1980): Der Formalismus in der Ethik und die materiale Werteethik? Bern: Francke.
Scheler, Max (2008): Die Wissensformen und die Gesellschaft. Bonn: Bouvier.
Schensul, Jean J./LeCompte, Margaret (2016): Ethnography in Action. A Mixed Methods Approach. Lanham: AltaMira Press.
Schmid, Christian J. (2015): Ethnographische Gameness. Reflexionen zu extra-methodologischen Aspekten der Feldarbeit im Rockermilieu. In: Hitzler, Ronald/Gothe, Miriam (Hrsg.): Ethnographische Erkundungen. Wiesbaden: Springer VS, S. 273-294.
Schmid, Raphael (2011): Professionelle Jugendkulturarbeit. Ein Handlungsfeld der Sozialen Arbeit? In: Spitzer, Helmut/Höllmüller, Hubert/Hönig, Barbara (Hrsg.): Soziallandschaften. Wiesbaden: VS, S. 303-317.
Schmidt, Robert (2011): Die Entdeckung der Praxeographie. In: Suber, Daniel/Schäfer, Hilmar/Prinz, Sophia (Hrsg.): Pierre Bourdieu und die Kulturwissenschaften. Konstanz: UVK, S. 98-106.
Schmidt, Robert F./Struppler, Albrecht (1983): Der Schmerz. München: Piper.
Schmidt-Lauber, Brigitta (2003): Gemütlichkeit. Frankfurt a. M.: Campus.
Schmitt, Angelika/Irion, Michael (2001): Graffiti. Problem oder Kultur. München: Beust.
Schneickert, Christian/Schumacher, Florian (2015): Graffiti-Writing als Distinktion von „unten". In Danko, Dagmar/Moeschler, Oliver/Schumacher, Florian (Hrsg.): Kunst und Öffentlichkeit. Wiesbaden: Springer VS, S. 211-234.
Schnell, Rainer/Hill, Paul B./Esser, Elke (2011): Methoden der empirischen Sozialforschung. München: Oldenbourg.
Schnettler, Bernt (2004): Zukunftsvisionen. Konstanz: UVK.
Schnoor, Oliver/Pfadenhauer, Michaela (2009): Kompetenzentwicklung in Jugendszenen. Das Karriere-Konzept als Zugang zur Rekonstruktion situierter Lernprozesse. *Zeitschrift für Qualitative Forschung* 10(2): 293-320.
Schröer, Norbert (2002): Verfehlte Verständigung? Konstanz: UVK.
Schröer, Norbert/Hinnenkamp, Volker/Kreher, Simone/Poferl, Angelika (Hrsg.) (2012): Lebenswelt und Ethnographie. Essen: Oldib.
Schröer, Sebastian (2013): HipHop als Jugendkultur? Berlin: RabenStück.
Schulze, Gerhard (1992): Die Erlebnisgesellschaft. Kultursoziologie der Gegenwart. Frankfurt a. M.: Campus.
Schütz, Alfred (2003a): Über die mannigfaltigen Wirklichkeiten. In: ders.: Theorie der Lebenswelt 1 (ASW V.1). Konstanz: UVK, S. 147-247.
Schütz, Alfred (2003b): Symbol, Wirklichkeit und Gesellschaft. In: ders.: Theorie der Lebenswelt 2 (ASW V.2). Konstanz: UVK, S. 117-220.
Schütz, Alfred (2004a): Der sinnhafte Aufbau der sozialen Welt (ASW II). Konstanz: UVK.

Schütz, Alfred (2004b): Das Problem der Relevanz. In: ders.: Relevanz und Handeln 1 (ASW VI.1). Konstanz: UVK, S. 57-249.
Schütz, Alfred (2005): William James' Begriff des ‚Stream of Thought' phänomenologisch interpretiert. In: ders.: Philosophisch-phänomenologische Schriften 2 (ASW III.2). Konstanz: UVK, S. 33-63.
Schütz, Alfred (2010a): Wissenschaftliche Interpretation und Alltagsverständnis menschlichen Handelns. In: ders.: Zur Methodologie der Sozialwissenschaften (ASW IV). Konstanz: UVK, S. 329-399.
Schütz, Alfred (2010b): Parson's Theorie des sozialen Handelns. In: ders.: Zur Methodologie der Sozialwissenschaften (ASW IV). Konstanz: UVK, S. 241-311.
Schütz, Alfred (2010c): Phänomenologie und Kulturwissenschaft. In: ders.: Zur Methodologie der Sozialwissenschaften (ASW IV). Konstanz: UVK, S. 165-200.
Schütz, Alfred (2011): Der Fremde. In: ders.: Relevanz und Handeln 2 (ASW VI.2). Konstanz: UVK, S. 55-89.
Schütz, Alfred/Gurwitsch, Aron (1985): Briefwechsel 1939-1959. München: Fink.
Schütz, Alfred/Luckmann, Thomas (2003): Strukturen der Lebenswelt. Konstanz: UVK.
Schütze, Fritz (1994): Ethnographie und sozialwissenschaftliche Methoden der Feldforschung. In: Groddeck, Norbert/Schumann, Michael (Hrsg.): Modernisierung sozialer Arbeit durch Methodenentwicklung und -reflexion. Freiburg i.Br.: Lambertus, S. 189-297.
Schwartz, Morris S./Schwartz, Charlotte Green (1955): Problems in Participant Observation. *American Journal of Sociology* 60(4): 343-353.
Seidman, Steven (1993): Identity and Politics in a ‚Postmodern' Gay Culture. In: Warner, Michael (Hrsg.): Fear of a queer Planet. Minnesota: University of Minnesota Press, S. 105-142.
Sequeira, Jilian Margaret (2016): Antifascist Graffiti. Crime or contribution? Undergraduate Honors Theses Paper 985. Wiliamsburg: College of Wiliam and Mary.
Shibutani, Tamotsu (1955): Reference Groups as Perspectives. *American Journal of Sociology* 60(6): 562-569.
Simi, Pete/Futrell, Robert (2010): American Swastika. New York: Rowman and Littlefield.
Singer, Peter (1979): Practical Ethics. Cambridge: Cambridge University Press.
Singh, Ajit (2019): Wissenskommunikation im Sport. Wiesbaden: Springer VS.
Snow, David A./Benford, Robert D./Anderson, Leon (1986): Fieldwork Roles and Informational Yield. A Comparison of Alternative Settings and Roles. *Urban Life* 14(4): 377-408.
Snyder, Gregory J. (2009): Graffiti Lives. Beyond the Tag in New York's Urban Underground. New York: NYU Press.
Soeffner, Hans-Georg (1992): Die Ordnung der Rituale. Frankfurt a. M.: Suhrkamp.
Soeffner, Hans-Georg (1999): ‚Strukturen der Lebenswelt'. Ein Kommentar. In: Hitzler, Ronald; Reichertz, Jo; Schröer, Norbert (Hrsg.): Hermeneutische Wissenssoziologie. Konstanz: UVK, S. 29-38.
Soeffner, Hans-Georg (2000a): Gesellschaft ohne Baldachin. Über die Labilität von Ordnungskonstruktionen. Weilerswist: Velbrück.
Soeffner, Hans-Georg (2000b): Sozialwissenschaftliche Hermeneutik. In: Flick, Uwe/Kardorff, Ernst von/Steinke, Ines (Hrsg.): Qualitative Forschung. Ein Handbuch. Reinbek: Rowohlt, S. 164-174.
Soeffner, Hans-Georg (2004a): Alltagsverstand und Wissenschaft. In: ders.: Auslegung des Alltags – Der Alltag der Auslegung. Konstanz: UVK, S. 15-60.
Soeffner, Hans-Georg (2004b): Anmerkungen zu gemeinsamen Standards standardisierter und nicht-standardisierter Verfahren. In: ders.: Auslegung des Alltags – Der Alltag der Auslegung. Konstanz: UVK, S. 61-77.
Soeffner, Hans-Georg (2004c): Emblematische und symbolische Formen der Orientierung. In: ders.: Auslegung des Alltags – Der Alltag der Auslegung. Konstanz: UVK, S. 61-77.
Soeffner, Hans-Georg (2010): Symbolische Formung. Weilerswist: Velbrück.
Soeffner, Hans-Georg (2012): Widerständige Lebenswelten. Anne Honer gewidmet. *Soziologie* 41(4): 437-442.

Soeffner, Hans-Georg (2014a): Interpretative Sozialwissenschaft. In: Mey, Günter/Mruck, Katja (Hrsg.): Qualitative Forschung. Analysen und Diskussionen. Wiesbaden: Springer VS, S. 33-51.

Soeffner, Hans-Georg (2014b): Fragiler Pluralismus. In: ders./Boldt, Thea D. (Hrsg.): Fragiler Pluralismus. Wiesbaden: Springer VS, S. 207-224.

Soeffner, Hans-Georg/Hitzler, Ronald (1994): Hermeneutik als Haltung und Handlung. Über methodisch kontrolliertes Verstehen. In: Schröer, Norbert (Hrsg.): Interpretative Sozialforschung. Opladen: Westdeutscher, S. 28-55.

Sparks, Andrew C. (2009): Ethnography and the Senses. Challenges and Possibilities. *Qualitative Research in Sport and Exercise* 1(1): 21-35.

Spittler, Gerd (2001): Teilnehmende Beobachtung als Dichte Teilnahme. *Zeitschrift für Ethnologie* 126(1): 1-25.

Spitzmüller, Jürgen (2013): Graphische Variation als soziale Praxis. Berlin: De Gruyter.

Spradley, James P. (1979): The Ethnographic Interview. New York: Holt, Rinehart & Winston.

Spradley, James P. (1980): Participant Observation. New York: Holt, Rinehart & Winston.

Srubar, Ilja (1988): Kosmion. Frankfurt a. M.: Suhrkamp.

Srubar, Ilja (2007): Phänomenologie und soziologische Theorie. Wiesbaden: Springer VS.

Srubar, Ilja (2015): Lebenswelt und Trauma. In: Hitzler, Ronald (Hrsg.): Hermeneutik als Lebenspraxis. Weinheim und Basel: Beltz Juventa, S. 79-92.

Stacy, Judith (1988): Can there be a feminist ethnography? *Women's Studies International Forum* 11(1): 21-27.

Stanley, Liz (2011): Mass-Observation's Field Work Methods. In: Atkinson, Paul/Coffey, Amanda/Delamont, Sara/Lofland, John/Lofland, Lyn (Hrsg.): Handbook of Ethnography. London: Sage, S. 92-108.

Stender, Johan/Gosseries, Olivia/Bruno, Marie-Aurélie/Charland-Verville, Vanessa/Vanhaudenhuyse, Audrey/Demertzi, Athena/Chatelle, Camille/Thonnard, Marie/Thibaut, Aurore/Heine, Lizette/Soddu, Andrea/Boly, Mélanie/Schnakers, Caroline/Gjedde, Albert/Laureys, Steven (2014): Diagnostic precision of PET imaging and functional MRI in disorders of consciousness. A clinical validation study. Lancet 384(No. 9942): 514-522.

Stenger, Georg (1996): Interkulturelles Denken. Eine neue Herausforderung für die Philosophie. Ein Diskussionsbericht. *Philosophisches Jahrbuch* 103(2): 323-338.

Stenger, Georg (2006): Philosophie der Interkulturalität. Erfahrungen und Welten. Eine phänomenologische Studie. Freiburg: Karl Alber.

Stonequist, Everett V. (1961): The Marginal Man. New York: Russell & Russell.

Strauss, Anselm (1978a): Negotiations: Varieties, Processes, Contexts, and Social Order. San Francisco: Jossey-Bass.

Strauss, Anselm L. (1978b): A Social Worlds Perspective. In: Denzin, Norman (Hrsg.): Studies in Symbolic Interaction. Volume 1. Greenwich: JAI Press, S. 119-128.

Strauss, Anselm L. (1987): Qualitative analysis for Social Scientists. Cambridge: Cambridge University Press.

Strauss, Anselm L. (1998): Grundlagen qualitativer Sozialforschung. München: Fink.

Strauss, Anselm L./Corbin, Juliet (1990): Basics of Qualitative Research. Grounded Theory Procedures and Techniques. London: Sage.

Strübing, Jörg (2014): Grounded Theory. Wiesbaden: Springer VS.

Thomas, Jim (1993): Doing Critical Ethnography. Newbury Park: Sage.

Thomas, Stefan (2017): Ethnografie in der Psychologie. In: Mey, Günter/Mruck, Katja (Hrsg.): Handbuch Qualitative Forschung in der Psychologie. Wiesbaden: Springer VS, S. 1-21.

Thomas, Stefan (2019): Ethnografie. Eine Einführung. Wiesbaden: Springer VS.

Thomas, William I. (1931): The relation of research to the social process. In: Lyon, Leverett S./Lubin, Isador/Meriam, Lewis/Wright, Philip G. (Hrsg.): Essays on research in the social sciences. Washington: Brookings Institution, S. 173-194.

Thomas, William I. (1965): Person und Sozialverhalten. Neuwied: Luchterhand.

Thomas, William I./Thomas, Dorothy S. (1928): The Child in America. Behavior Problems and Programs. New York: Knopf.
Thomson, Margo (2009): American Graffiti. New York: Parkstone.
Thrasher, Frederic M. (1936): The Gang. A Study of 1,313 Gangs in Chicago. Chicago: New Chicago School Press.
Training (2013): Effektiv und Teuer. Ulm: Ebner & Spiegel.
Unger, Hella von (2013): Partizipative Forschung. Wiesbaden: Springer VS.
Unger, Hella von/Narimani, Petra/M'Bayo, Rosaline (Hrsg.) (2014): Forschungsethik in der qualitativen Forschung. Wiesbaden: Springer VS.
Vanberg, Viktor J. (1975): Die zwei Soziologien. Individualismus und Kollektivismus in der Sozialtheorie. Tübingen: Mohr.
Van Maanen, John (1979): The fact of fiction in organizational ethnography. *Administrative Science Quarterly* 24(4): 539-550.
Van Maanen, John (1991): Playing back the Tape. Early days in the field. In: Shaffir, William B./Stebbins, Robert A. (Hrsg.): Experiencing Fieldwork. Newbury Park: Sage, S. 31-42.
Van Maanen, John (2011): Tales of the Field. On Writing Ethnography. Chicago: University of Chicago Press.
Velsen, Joop van (1967): The extended-case method and situational analysis. In: Epstein, Arnold Leonard (Hrsg.): The craft of social anthropology. London: Tavistock, S. 129-149.
Venkatesh, Sudhir (2008): Gang leader for a day. A rogue sociologist takes to the streets. New York: Penguin.
Vermeulen, Han F. (2015): Before Boas. The Genesis of Ethnography and Ethnology in the German Enlightenment. Lincoln: University of Nebraska Press.
Vilnai-Yavetz, Iris/Rafaeli, Anat (2006): Managing Artifacts to avoid Artifact Myopia. In: Rafaeli, Anat/Pratt, Michael G. (Hrsg.) (2006): Artifacts and Organizations. New York: Psychology Press, S. 9-21.
Vom Lehn (2019): Phenomenology-Based Ethnography for Management Studies and Organizational Analysis. *British Journal of Management* 30(1): 188-202.
Vom Lehn, Dirk/Hitzler, Ronald (Hrsg.) (2015): Special Issue: Phenomenology-based Ethnography. *Journal of Contemporary Ethnography* 44(5).
Wales, Elisabeth/Brewer, Barbara (1976): Graffiti in the 1970's. *Journal of Social Psychology* 99(1): 115-123.
Warneken, Bern Jürgen (2006): Die Ethnographie popularer Kulturen. Eine Einführung. Wien: Böhlau.
Weber, Max (1972): Soziologische Grundbegriffe. In: ders.: Wirtschaft und Gesellschaft. Grundriss der verstehenden Soziologie. Tübingen: Mohr, S. 1-30.
Weber, Max (1973): Der Sinn der „Wertfreiheit" der soziologischen und ökonomischen Wissenschaften. In: ders.: Gesammelte Aufsätze zur Wissenschaftslehre. Tübingen: Mohr, S. 489-540.
Weisheit, Ralph A. (1998): Marijuana Subcultures. Studying Crime in Rural America. In: Ferrell Jeff/Hamm, Mark S. (Hrsg.): Ethnography at the Edge. Boston: Northeastern University, S. 178-203.
Weiss, Robert S. (1994): Learning from Strangers. The Art and Method of Qualitative Interview Studies. New York: Free Press.
Werse, Bernd (2007): Cannabis in Jugendkulturen. Kulturhistorische und empirische Betrachtungen zum Symbolcharakter eines Rauschmittels. Berlin: Verlag des Archivs der Jugendkulturen.
Whyte, William Foote (1943/1955): Street Corner Society. The Social Structure of an Italian Slum. Chicago: University of Chicago Press.
Whyte, William Foote (1984): Learning from the Field. London: Sage.
Whyte, Wiliam Foote (1991): Participatory action research. Thousand Oaks: Sage.
Whyte, Wiliam Foote (1993): Revisiting Street Corner Society. *Sociological Forum* 8(2): 285-298.
Wilde, Denise (2015): Dinge sammeln. Annäherung an eine Kulturtechnik. Bielefeld: transcript.
Williams, Raymond (1983): Cultural Keywords. New York: Oxford University Press.

Willis, Jerry W. (2007): Foundations of Qualitative Research. Interpretative and Critical Approaches. Thousand Oaks: Sage.
Wilson, Thomas P. (1970): Normative and Interpretive Paradigms in Sociology. In: Douglas, Jack D. (Hrsg.): Understanding everyday life. Toward the reconstruction of sociological knowledge. Chicago: Aldine, S. 57-79.
Wolcott, Harry F. (1999): Ethnography. A Way of Seeing. Walnut Creek: AltaMira Press.
Wolcott, Harry F. (2001): Writing up Qualitative Research. Thousand Oaks: Sage.
Wolff, Kurt H. (1976): Surrender and Catch. Dordrecht: Reidel.
Wolff, Stephan (2000): Dokumenten- und Aktenanalyse. In: Flick, Uwe/Kardorff, Ernst von/Steinke, Ines (Hrsg.): Qualitative Forschung. Ein Handbuch. Reinbek: Rowohlt, S. 502-514.
Wolfinger, Nicholas H. (2002): On writing fieldnotes. Collection strategies and background expectancies. Qualitative Research 2(1): 85-95.
Wundrak, Rixta (2016): Verschleierung und Vereinnahmung alltäglicher Geschichte/n. Eine wissenssoziologische Diskursethnographie (WDE) narrativer Interviews in Rumänien und Israel. Zeitschrift für Diskursforschung 4(1): 71-91.
Wustmann, Julia/Kirchner, Babette (2017): „Und der Mann ist wieder Kavalier". Die Rockabilly-Szene im Spannungsfeld zwischen traditionellen und modernen Geschlechtermustern. In: Burzan, Nicole/Hitzler, Ronald (Hrsg.): Theoretische Einsichten. Wiesbaden: Springer VS, S. 201-212.
Wustmann, Julia/Kirchner, Babette/Meuser, Michael (2019): Von Theatral bis Retro – Inszenierung von Männlichkeit(en) in den Szenen Visual Kei und Rockabilly. In: Fleischer, Laura Patrizia/Heesch, Florian (Hrsg.) „Sounds like a real man to me". Populäre Kultur, Musik und Männlichkeit. Wiesbaden: Springer VS, im Erscheinen.
Zborowski, Mark (1969): People in pain. San Francisco: Jossey-Bass.
Zieger, Andreas (1998): Neue Forschungsergebnisse und Überlegungen im Umgang mit Wachkoma-Patienten. Die Rehabilitation 37(4): 167-176.
Zieger, Andreas (2004): Wie stellt sich Koma dar. Modifizierte Formen des Komas. Journal für Anästhesie und Intensivbehandlung 11/2004: 274-277.
Zifonun, Darius (2015): Posttraditional Migrants. A Modern Type of Community. Journal of Contemporary Ethnography 44(5): 617-635.
Zifonun, Darius (2016): Versionen. Soziologie sozialer Welten. Weinheim und Basel: Beltz Juventa.
Zinnecker, Jürgen (2000): Pädagogische Ethnographie. Zeitschrift für Erziehungswissenschaft 3(2): 381-400.